「太平洋の巨鷲」山本五十六

用兵思想からみた真価

大木 毅

角川新書

序　章　山本五十六評価の変遷と本書の視点

戦争中の神格化

「昭和海軍の将星列伝を企画すれば、どんな人選になっても、山本五十六の名が外れることはあるまい」と、日本近現代史の泰斗である秦郁彦《はたいくひこ》は、昭和の陸海軍人を扱った列伝の冒頭で断じている。続く秦の評言を引用しよう。

「時移り人変わって歴史に不朽の名を留める人はわずかとなる。東郷〔平八郎《へいはちろう》〕と乃木〔希《まれ》典《すけ》〕が明治の陸海軍を象徴しているとすれば、昭和の陸海軍を代表するのは誰か。陸軍の方は東条〔英機《ひでき》〕、山下〔奉文《ともゆき》〕、阿南《あなみ》〔惟幾《これちか》〕、石原《いしわら》〔莞爾《かんじ》〕、荒木〔貞夫《さだお》〕……と候補者が乱立して票が割れそうだが、海軍は山本が満票に近い票を集めるのではなかろうか」（秦『昭和史の軍人たち』。〔 〕内は筆者の補註《ほちゆう》。ルビを補い、あるいは省いた。以下同様）。

筆者もまた、秦の意見に全面的に同意する。しかしながら、その「昭和海軍の大スター」（秦）に対する評価は、山本《やまもと》が世に在った時代から令和の今日に至るまで大きく転変し、現在では毀誉褒貶《きよほうへん》あるものとしなければならない。以下、本論に入る前に、山本評価の変遷を概観しておこう。

そもそも山本が世間に知られるようになった時期、一九三〇年代の彼の評判は、一部の理解者を措《お》けば、芳しいものではなかった。軍縮条約による保有艦艇の制限に賛成し、独伊との接近に反対した山本は、既存勢力との対決と拡張主義を是とする当時の風潮にあっては、軟弱な親英米派とみなされており、むしろ激しい批判の対象になっていたのだ。

けれども、山本が連合艦隊司令長官となり、真珠湾《しんじゆ》攻撃をはじめとする太平洋戦争の緒戦で大きな戦果を挙げると、彼は一躍「名将」に祭り上げられる。一九四三年に前線で「戦死」したとあってはなおさらであった（山本の死をめぐる問題については、本書第九章で述べる）。「山本元帥に続け」のスローガンが叫ばれ、その神格化がはじまったのだ。この時期、敗戦までの期間には、朝日新聞社編『元帥山本五十六傳』（一九四三年）、近代史家渡邊幾治《わたなべいくじ》郎《ろう》による『史傳山本元帥』（一九四四年）、人気作家山岡荘八《やまおかそうはち》の手になる『元帥山本五十六』（一九四四年）、大佛次郎《おさらぎじろう》が書いた児童向けの伝記『山本五十六元帥』（一九四四年）など、山本を讃仰《さんぎょう》する伝記等が多数刊行され、名将山本五十六《いそろく》像を日本人に刷り込んだのである。珍しいところでは、海軍軍人・政治家の米内光政《よないみつまさ》が、山本の人となりを語った『常在戦場』（一九四三年）がある。おそらくは編者の七田今朝一《しちだけさいち》海軍少将がプロパガンダ目的で記したと思われる部分が多々あるが、山本が敬愛した米内ならではの言葉も含まれており、今日なお史料的価値を有した文献となっている。

また、山本の書簡集（海軍大佐廣瀬彦太編『山本元帥・前線よりの書簡集』）も出版されたが、その内容には戦意高揚を目的とするものと思われる改竄《かいざん》が加えられ、しかも、それが同盟通信に報じられてアメリカに伝わることとなったから、大きな誤解を招くことになった（本書二八六頁参照）。

「名将」像の確立

いずれにせよ、かような経緯と戦争中のプロパガンダにより、山本五十六は卓越した提督と偶像視されるようになった。ところが、日本が戦争に敗れ、アメリカの占領下に入ったのちも、山本の人気と評判は衰えなかったのである。戦争中は隠されていた、満洲《まんしゅう》事変から敗戦までの真相を究明せんとする動きのなかで、山本が独伊との同盟、さらには日米開戦にも反対していたことが広く知られはじめたからだった。ここに、対米戦争不可なりと確信していたにもかかわらず、海軍実戦部隊のトップである連合艦隊司令長官として勝利を追求しなければならなくなった「悲劇の提督」という要素が、山本評価に加わった。海軍軍人で終戦工作に奔走した高木惣吉《たかぎそうきち》の研究（『山本五十六と米内光政』、一九五〇年）や郷土長岡《ながおか》の後輩で山本に私淑していた反町栄一《そりまちえいいち》による伝記（『人間山本五十六』、一九五六－一九五七年）の刊行も、かかるイメージの形成に大きく与《あずか》っている。

さらに、人気俳優を山本役に起用した映画も製作されていく。一九五三年に公開された『太平洋の鷲』（東宝。大河内傳次郎《おおこうちでんじろう》が山本を演じた）ならびに一九五六年公開の『軍神山本元帥と連合艦隊』（新東宝。佐分利信《さぶりしん》主演）である。これらの映画は、独伊への接近や日米戦争に反対しながら、ひとたび開戦に至るや、知謀のかぎりをつくして奮戦し、前線で斃《たお》れるに至った悲劇の名将という、今日、平均的な日本人が抱いているような山本五十六像をすでに描きだしていた。山本五十六をテーマとした映画で代表的なものといえば、おそらくは三船《みふね》敏郎《としろう》主演の『連合艦隊司令長官山本五十六』（東宝。一九六八年公開）であろう。この作品も、右に記した山本イメージに沿った内容になっているが、そうした理解は、一九五〇年代にはもう固まっていたのである。

しかし、何といっても、山本五十六のイメージを決定づけたのは、小説家阿川弘之《あがわひろゆき》が、一九六四年から月刊誌『文芸朝日』（朝日新聞社）に一年間連載し（当時のタイトルは『史傳　山本五十六』)、一九六五年に上梓《じょうし》した評伝であったろう。阿川は、この『山本五十六』を執筆するにあたり、小説を書くつもりはなかったと述懐したという(村松剛《むらまつたけし》による新潮文庫版『山本五十六』解説)。つくりごとを入れずに、ノンフィクションを著す意図だったということだろう。事実、当時入手できるかぎりの史資料を博捜《はくそう》し、多数の関係者に取材した本書は、山本五十六伝の古典となった。阿川の筆は、歴史的存在として対象を描くにとどまらず、勝負事が好きで、情に厚く、ひそかに情熱的な恋愛に落ちていたなどの人間的な側面にまでおよび、山本の人気を大衆的なレベルにまで高めたのであった。

この評伝は大きな影響をおよぼし、戦争に反対しながら、その戦争を指揮しなければならなかった、人間くさく、愛すべき名将という山本の人物評価の基調を確立したといっても過言ではない。戦争中に海軍報道班員を務めた作家戸川幸夫《とがわゆきお》による『人間提督　山本五十六』(一九七六年)もまた同様に「悲劇の提督」像を強調している。

愚将論の台頭と研究の現状

かくのごとく、一九七〇年代までは、日米戦争必敗を予測し、開戦に反対する一方で、真珠湾攻撃などの大功を立てた名将であるとの山本評価が一般的であり、定説であったとしてよかろう。しかしながら、山本の指揮や統率に対する批判、それも強い批判がなかったわけではない。それは、山本と対立する立場にあった旧海軍軍人、多くは対米強硬派であった、いわゆる「艦隊派」（本書七二頁参照）と目されていた人々のあいだで、伏流のようにささやかれていた。前出の阿川弘之は、山本と親しかった者だけではなく、対立していた海軍軍人にも多数取材しているが、かかる事情について、こう記している。

「この人たちは、戦前、戦中、戦後を通じ、山本に対し終始極めて批判的である。山本五十六は、誰にも親しまれ、敬愛された人物のように、一般に考えられているかも知れないが、事実は必ずしもそうでない。彼には部内にかなり敵が多かったし、今でも敵は決して少なくない。旧海軍の軍人がみんな、『故山本五十六元帥』を偶像視し鑽仰《さんぎょう》していると思うのは、一種の空想に過ぎまい」（阿川『山本五十六』、文庫版、上巻）。

ところが、一九八三年になって、こうした旧海軍軍人内の批判を代弁するがごとき評伝が出版された。自身、海軍兵学校出身で、終戦時には海軍少尉に任官していた生出寿《おいでひさし》による『【凡将】山本五十六』である。生出の山本批判は多岐にわたった。

なぜ、対米戦争は不可と認識していながら、自ら海軍大臣に就任するか、あるいは、連合艦隊司令長官の職を賭《と》してでも、それを阻止しようとしなかったのか。

真珠湾攻撃は、時代後れとなった戦艦を沈めたのみで、米太平洋艦隊に決定的な打撃を与えることはできなかった。にもかかわらず、開戦劈頭《へきとう》の奇襲で、いわば寝込みを襲ったということで、米国民の闘争心に火をつけ、戦略的には大きなマイナスとなった。そもそも、ハワイ作戦をやるべきではなかったのではないか。

ミッドウェイ（「ミッドウェー」の表記も多々みられるが、本書では、引用や書名を除き、「ミッドウェイ」を用いる）海戦、ガダルカナルをめぐる攻防に敗れたのは、山本の作戦指導の欠陥ゆえではないのか。大和《やまと》・武蔵《むさし》をはじめとする戦艦が無用の長物となったのも、山本の運用が失敗したからではないか。

米戦闘機に待ち伏せされ、撃墜されたのも、山本の判断ミスゆえではないか。

何よりも、山本五十六は連合艦隊司令長官として不適だったのではないか。

生出は、これらの疑問を検討した上で、山本五十六は「凡将」だと結論づけたのである。

こうした指摘が当たっているかどうかについては、事実関係をもとに論じていく必要があるから、本書の当該章でいちいち検討していくことにしたい。ただ、生出の著書が、それまでの山本五十六論では控えられていた批判の引き金となり、今日、さまざまな局面でみられる「凡将」評価をさらに踏み越えた「愚将」論の源になっていることだけを、ここで指摘しておこう。

ともあれ、戦争中から広められてきた山本「名将」テーゼに対し、一九八〇年代に「凡将」、もしくは「愚将」というアンチテーゼが出された。作用に対する反作用であるといえよう。しかし、テーゼとアンチテーゼがあれば、弁証法的に総合《ジンテーゼ》が求められるのが常である。

生出の批判が出たのちも、山本五十六の評伝は多数刊行された。そのなかには、ジャーナリスト・作家の半藤一利《はんどうかずとし》が著した『山本五十六の無念』（一九八六年。『山本五十六』として二〇〇七年に平凡社より再刊、二〇一一年に平凡社ライブラリーに収録）ほかの「凡将」論への反論もあった。それらの研究における具体的な論述や主張については、やはり本書の行論中、必要に応じて触れていくことにしたい。さりながら、そうした研究を概観するならば、「名将」テーゼから「凡将」アンチテーゼを経て、山本五十六のもろもろの側面について是々非々で検討するジンテーゼに向かっているように思われる。

なお、最近の注目すべき傾向としては、日本近現代史を専攻する歴史学者による論考が現れてきたことが挙げられる（田中宏巳『山本五十六』、二〇一〇年。畑野勇「山本五十六――その避戦構想と挫折」筒井清忠編『昭和史講義【軍人篇】』、二〇一八年）。昭和の軍人が、いよいよ正面切って歴史学の対象とされるようになったのである。

本書の視座

このように汗牛充棟《かんぎゅうじゅうとう》ただならぬ数の山本五十六研究が存在するなか、ただ人物評伝を書くのでは、屋上屋を架すだけのことにしかならない。そうした重複を避けるためには、しかるべき独自の視座を採る必要があろう。

前掲の『昭和史講義【軍人篇】』の編者、歴史社会学者の筒井清忠《つついきよただ》は、その「昭和陸軍の派閥抗争――まえがきに代えて」で、日本で戦争や軍隊、軍人に関する研究がながらくタブーとされてきたことから、研究者の育成が立ち後れており、にもかかわらず、読者の需要はけっして少なくないがゆえに、必ずしも適格でない著者による不正確な本や雑誌記事が市場にあふれている現状を嘆いている。おそらくは、ここで指摘されているような事情が影響していると思われるが、軍人を、その職能、軍事の専門家としての能力から分析した研究は、日本においてはきわめて少ないのである。

欧米の軍事史研究では（社会史的・日常史的に軍隊や戦争を扱う「広義の軍事史」に対する、従来の「狭義の軍事史」では、ということだが）、戦略・作戦・戦術の、「戦争の諸階層」(levels of war) に則して軍人を評価するのは、ごく普通の手法となっている。ところが、日本の研究にあっては、そうした軍事史的分析を行うものはごくまれで、多くは政治との関わりに集中し、軍人としての評価はなおざりにされているといわざるを得ない。

戦争の諸階層

そこで、本書では、人間山本五十六の評伝（それは、既存の山本五十六伝と同工異曲のものにしかならないだろう）ではなく、軍人、もしくは用兵思想家としての山本を論述していくこととしたい。具体的には、彼のキャリアの各段階における事績は、戦略・作戦・戦術の三つの次元の視座からいかに評価されるかという判断を積み重ねていき、最終的にトータルな評価を下す。加えて、指揮官の重要な要件である統率についても、適宜検討していく。

その作業に入る前に、本書の分析の前提となる戦略・作戦・戦術の区分について、説明を加えておこう。古代や中世には、戦争を遂行するにあたっての思考枠組みとしては、戦争に勝つ策を定める「戦略」と、戦闘を有利に進めるわざとしての「戦術」しかなかった。「戦略」strategy の語源が「将帥の導き」、「戦術」tactics のそれが「配置」であると記せば、そのニュアンスがわかりやすくなるかと思う。

ところが、近代になって、国民軍、一般兵役制による巨大な軍隊が出現し、戦争は時間的・空間的に拡大する。かかる変化とともに、「戦略」と「戦術」の二分法では、戦争を理解する、もしくは実行する上で充分ではなく、その中間の次元に「作戦」operation という概念を置くのが適当であると考えられるようになった。つまり、戦争に勝つための「戦略」を、戦場で実行する方策として「作戦」を立案・配置する。さらに、その「作戦」を現場で成功させるために「戦術」をふるうのである。

この戦争の三階層が、いかにして相互に関わり合うかについては、論者により、軍隊により、微妙に異なる（一五頁の図参照）。戦略・作戦・戦術の三つの次元が画然とした階層を成しているとする解釈（模式図1）、それぞれの次元が一部で重なり合っているとみる理解（模式図2）などだ。戦略が作戦・戦術を、作戦が戦術をと、下位次元を包含していると考える説もある（模式図3）。ちなみに、筆者は模式図2の理解を採用している。

各階層では、以下のようなことが行われる。

戦略次元　外交、同盟政策、国家資源（人的資源・物的資源）の戦力化、戦争目的・軍事目標の設定、戦域レベルでの戦争計画の策定。

作戦次元　戦略次元で設定された戦争目的を達成するために、「戦役」（campaign）、一定の時間的・空間的領域で行われる軍事行動を計画立案し、実施する（「作戦」）。

戦術次元　「作戦」実施に際して生起する戦闘・交戦に勝つための方策を立て、実行する。

戦略・作戦・戦術の三次元からの評価

軍人は通常、下級指揮官から出発し、戦術次元の職務を遂行することになる。だが、しだいに階級が上がり、重要な役職に就くにつれて、作戦次元、さらには戦略次元の任務を与えられ、それぞれの階層における能力を試される。軍事研究一般に、より高位の次元、戦術次元よりは作戦次元、作戦次元よりは戦略次元で能力があるほうが評価は高くなる。

また、職務・階級の上下にかかわらず、一貫して要求されるのは、部下を服従させ、死地に赴かせることを可能とする統率力である。

山本五十六の経歴でいえば、下級指揮官時代には、戦術的能力が問題になろう。軍縮会議代表や海軍次官としては、その戦略的識見が吟味されなければならない。連合艦隊司令長官となれば、当然、作戦・戦略次元の事績が検討される。

このように、戦略・作戦・戦術の三次元における指揮能力と統率の面から軍人を評価する手法は、欧米では常識的なものであり、本書も、さような視点から山本五十六の生涯を追うこととしたい。そうせずに、たとえば「名将」といった漠然たる概念によりかかれば、議論は明晰《めいせき》さを失うであろう(日本語の「名将」は、戦争に勝つ能力があるか否かのほかに、人格的な評価も反映されたあいまいな言葉で、分析には不向きであると思われる)。

さて、いささか理に走った文章が続き、読者は退屈しはじめているかもしれない。大急ぎで、本論に取りかかるとしよう。

ときは明治、ところは雪国長岡、のちに昭和海軍のスーパースターとなる男が産声を上げる……。

戦争の三階層

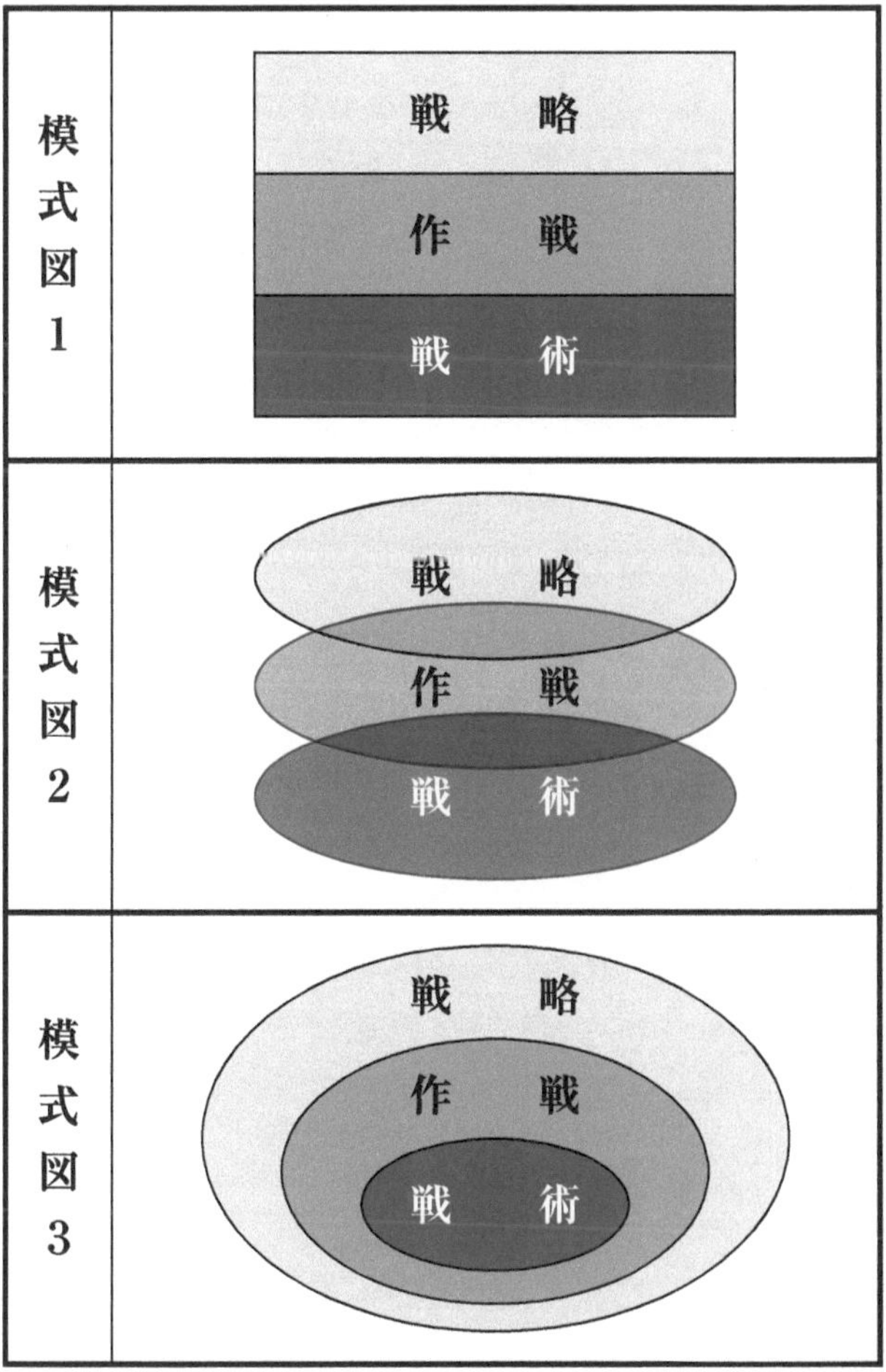
模式図1
戦略
作戦
戦術
模式図2
戦略
作戦
戦術
模式図3
戦略
作戦
戦術

目次

連合艦隊司令長官・山本五十六【1942（昭和 17）年 5 月】

半藤一利／秦郁彦／横山恵一『日米開戦と真珠湾攻撃秘話』
（中公文庫、2013年、6～7頁）を参照

太平洋要図
（昭和16〔1941〕年）

日本海軍の階級
(1941年)

将校	大将 中将 少将 大佐 中佐 少佐 大尉 中尉 少尉
准士官	兵曹長（兵曹長） (1942年11月以降、以下同様)
下士官	一等兵曹（上等兵曹） 二等兵曹（一等兵曹） 三等兵曹（二等兵曹）
兵	一等水兵（水兵長） 二等水兵（上等水兵） 三等水兵（一等水兵） 四等水兵（二等水兵）

日本陸軍の階級
(1941年)

将校	大将 中将 少将 大佐 中佐 少佐 大尉 中尉 少尉
准士官	准尉 (1937年、「特務曹長」を改称)
下士官	曹長 軍曹 伍長
兵	兵長 (1941年、「伍長勤務上等兵」を改称) 上等兵 一等兵 二等兵

＊海軍の将校は兵科士官を示す。将校相当官である機関科は大佐までしかなく、将官になると科の区別は無くなる。昭和17年11月に、兵科、機関科は統合され、機関科士官の呼称は廃止された。
＊同時に、陸海軍間の階級呼称の混乱を避けるために、兵の階級呼称を、陸軍と揃えた。
＊海軍では1942年11月以降、(　)内に改称された。

第一章　雪国生まれの海軍士官

長岡士族の子

「明治十七（一八八四）年四月四日　晴　甚五郎来り殺生《せつしょう》約束。又小原隠居来り囲む。二戦目妻虫気づき、両人とも退散。産婆迎に参る。正午出産、男子なり」（反町前掲書。以下、旧字旧かな・カナは新字新かなに、また適宜句読点を補って、引用する）。

友人甚五郎《じんごろう》が魚釣りの約束をしにやってきた。また、小原のご隠居も来て、囲碁の対局となったところに、妻が産気づき、友人たちは退散。助産師を迎えに行き、正午、無事に男児出産……。

いかにも明治の昔、鄙《ひな》の閑々《かんかん》たる暮らしをほうふつとさせる一節であろう。一八八四年のこの日、新潟県古志《こし》郡長岡本町《ながおかほんまち》（当時の町名）大字玉蔵院町《ぎょくぞういんちょう》三十一番に住まう長岡士族高《たか》野貞吉《のさだよし》、すなわち、引用した日記の書き手のもとに、男子が誕生したのである。その子こそ、のちの元帥山本五十六《やまもといそろく》であった。

父の貞吉は、代々長岡藩の儒官兼槍術《そうじゅつ》の師範役を務めた家柄である高野家の長女美保《みほ》と結婚し、実家の長谷川《はせがわ》家から婿入りした。だが、美保が亡くなったため、次女の美佐《みさ》と再婚、四人の男子をもうけている。ところが、美佐も他界してしまい、三女の峯《みね》と再々婚、娘二人（一人は早世）と男子一人を得た。そこに、もう一人の男の子が生まれたわけである。貞吉は、この五十六歳でさずかった子に、五十六と名付けた。

なお、こうして生を受けた高野五十六が長岡の名家山本家（幕末の長岡藩上席家老・軍事総督山本帯刀《たてわき》を出した家柄である）の名跡を継ぎ、山本五十六となったのは三十三歳のときである。よって、本書でもしばらくは、その本姓《ほんせい》に従い、高野五十六とするか、もしくは五十六と記すことにしよう。

五十六の父貞吉は、戊辰《ぼしん》戦争に従軍したのち、長岡に戻り、柏崎《かしわざき》県庁に出仕した。その後、古志郡村松《むらまつ》村で小学校長を務めているから、高野家の収入はそう低くはなかったと思われる。けれども、なにぶん大家族であるから、家計を維持するのも簡単なことではない。また、質実剛健を旨とする士族の家風もあって、暮らしぶりは慎《つつ》ましやかだった。「海の魚を食べるのは正月元日と二日、三日で、口に入れると飛び上る様な塩辛い塩引（塩鮭）と月一回位の干鯡、その他は父や兄や自分達が釣ってくる小川の雑魚鮒くらいのものであった」と、五十六の兄、季八《きはち》はしばしば語ったという（反町前掲書）。筆者（大木）は、空襲で焼けたのち、長岡市により史跡として再建された高野五十六の生家を実見したことがあるが、とてもお屋敷などといえるものではなく、これで豪雪地帯の冬を越すのは一苦労であったろうと想像させられる。

無口な秀才

ともあれ、高野五十六は、父貞吉に厳しくしつけられ、武道や手習い、漢籍の素読を叩《たた》き込まれて育った。一八九〇（明治二十三）年、五十六は七歳で、古志郡坂之上《さかのうえ》（当時の表記）小学校に入学する。このころ、幼少期の五十六について、戦争中の軍神山本元帥式の伝記のなかには、「手のつけられない餓鬼大将」で、「学校に入ってもすぐ一方の旗頭になった」としているものもあるが（近藤良信『海鷲の父　山本五十六元帥』）、これは彼のリーダーシップを強調したいがためのフィクションらしく、実際には、もの静かな秀才というところだったようだ。当時の教師の回想が伝えられている。

「五十六少年は能く出来た子だ。おとなしくて本当に黙りっ子だった。紺縞の木綿の着物を着て、一番後の席に手を胸の所にくんで居った姿が今も見える様《よう》だ」。

高野五十六が、早くも小学生にして、無口の印象を残していることは興味深い。心許した者には、必ずしもそうではなかったとの証言もあるが、この評判は彼に終生ついてまわるのである。

ちなみに、五十六が十一歳のときに、甥《おい》の力《ちから》に宛てて、成績を報告した手紙が残されているから、参考までに引用しておこう。なお、力は、甥といっても、十歳以上年上である。五十六とその長兄で力の父である譲《ゆずる》が三十二歳も年齢が離れていたことから、かかる関係になった。二人は、兄弟のようにして育った間柄であった。

習字　九十、九十、甲、甲、八十七、九十二
英語　九十、九十一
図画　甲、九十五、九十二、九十八
修身　九十
読方　八十七、九十九
作文　百、九十五
地理　九十八

歴史　九十五
理科　九十二
珠算　百
筆算　八十、九十

（反町前掲書）

また、当時の高野五十六が、米国人宣教師「ニューエル」のもとに通い、キリスト教について学んでいたことは、彼のアメリカ理解を考える上で重要なポイントであろう。後年、海軍兵学校在学中に、聖書を読んでいることを友人に論難された五十六は、かえってキリストの偉大さをとうとうと説いたという挿話が残されているが、そうした素地も、この時代につちかわれたものか。

風土の影響？

一八九六（明治二十九）年、坂之上小学校を卒業した高野五十六は、長岡中学（旧制）に入学した。当時の学制や社会の仕組みからすれば、上をめざすには中学に入ることが必須である。加えて、五十六には、旧長岡藩士の期待がかけられていた。当時、高野家では、当主貞吉が恩給暮らしに入っており、倹約を心がけねばならぬ状態にあったものの、中学の学費を出せないような状態ではなかった。

長岡中学の後輩で、五十六と親しく交際しており、その詳細な伝記を書いた反町栄一《そりまちえいいち》は、つぎのように述べている。

「その頃の高野家は、たしかに金持ではなかった。しかし赤貧洗うが如《ごと》しとはいえない。清貧ではあったが決して赤貧ではなかった。ここをはき違えてもらっては困ります。その昔、殿様からもらった土地を、四百何十坪そっくりそのまま今でも持っているのは、長岡で高野家ただ一軒だけだという事実を見ても、清貧か赤貧かわかるでしょう」（伊東俊一郎『常在戦場の人　山本五十六』）。

ところが、明治八年に創立された育英団体「長岡社」が、秀才高野五十六を社員にすれば面目が立つとして、月額一円の貸費を受けるよう、貞吉に頼み込んできたのである。維新以来の藩閥の天下にあって、長岡の有為な青少年に学問をさせ、我が世を誇る薩長《さっちょう》の人間に伍《ご》していけるようにするという長岡社の方針に共鳴していた貞吉は、五十六を貸費生とした。

ここで、五十六を論じる場合にしばしば問題とされる、長岡の風土や歴史が彼に与えた影響について、検討しておこう。作家・ジャーナリストの半藤一利《はんどうかずとし》は、そうした側面を重視する代表的な論者だ。ちなみに、半藤は旧制長岡中学を卒業しており、五十六の後輩に当たる。

やや長くなるが、その半藤の五十六評価を引用しよう。

「山本という軍人には、越後人特有の孤高を楽しむ風があった。口が重く、長々しい説明や説得を嫌った。結論しかいわない。わからぬものに、おのれの内心を語りたがらず、ついてくるもののみを好む傾きがある。偏愛である。わからん奴には説明してもわからん、と木で鼻をくくったような横着なところがあった」。

「一年の大半を曇天と雪の下で暮らす越後人は、鬱屈《うつくつ》した想いを抱きつづける。耐えに耐えるわが想いを、他人様がわかってたまるものかと思う。やがて吐け口のないエネルギーは尖鋭化して、一つの目標に向けて凝結していくのである。

そして、それが突然に噴出するとき、越後人は常識や理屈を超えた烈しい熱気を胸奥に抱くのである。〔中略〕越後弁にいういっちょ前の仕事をやってやろうと本音が叫びだされ、爆発し、そして休むことなく激しく動き、見事な成果を追い求める」。

また、戊辰戦争に際して、長岡藩家老として、いくさを避けようと努力しながらも、ついには戦いを選んだ河井《かわい》継之助《つぐのすけ》を例に挙げて、半藤は断じる。

「〔前略〕山本五十六が生をうけ育った長岡という城下町は、そういう孤高の士風をもつところであった。山本という軍人を理解するためには、そうした風土からの影響を無視することはできないように思う。そしてその忍耐強さ、克己の一方で、河井継之助によって示されたような、炸裂するような非合理への爆発力を、決して近代の長岡人も失ってはいないのである。太平洋戦争における連合艦隊司令長官山本五十六はまさにその象徴的な人物であった」（半藤『山本五十六』、平凡社ライブラリー版）。

五十六が対米戦争に反対していながら、いざ開戦となると積極果敢な戦略を採ったこと、また、ときとして必要なことさえも部下に伝えなかったその「寡黙」さの理由を、長岡の風土と歴史に帰する、かくのごとき議論は、どの程度、的を射ているのか。

この問題を厳密に判定することは困難だろう。かかるアプローチは、いわば文学のものであり、社会科学的な分析にはなじまないやり方であるからだ。実際、ある歴史的存在の思考様式が、どこまで環境によって形成され、どこからが個人の資質や性向に由来するものなのか、精密に腑《ふ》分《わ》けすることは不可能に近い作業といえる。

だが、ここまでみてきたように、長岡に生まれ育ち、青年期にさしかからんとしていた五十六がすでに、その生涯の特性になった「沈黙」を身にまとっていたことは間違いない。彼が、言葉をつくすのを億劫《おっくう》がる人物だったことは、後年、連合艦隊司令長官として戦争を遂行する際に、指揮上の問題を来《きた》すことになる。その無口は、話が通じぬと思った相手には、言わねばならないことまでも言わぬと評されるほどになっていたのだ。

しかし、彼自身は、おのが無口を欠点とは思わず、むしろ、ある種の知恵と考えていた節がある。五十六が残した短冊の一つにいわく、「怜悧なる頭には閉じたる口あり」（稲川明雄『山本五十六のことば』）。

海軍士官を志望する

高野五十六は、長岡中学でも成績優秀だった。けれども、家計の面からみて、高校・大学へ進むことは難しいと思ったらしく、学費の要らない軍の将校養成学校を志望するようになる。彼が選んだのは陸軍士官学校ではなく、海軍兵学校（以下、場合によっては、海兵と略記する）であった。だが、海洋や艦船にはなじみが薄いはずの長岡に生まれ育った五十六が、何故に海軍入りを決意したのかを示す史料はない。それゆえ、推測によるしかないのだけれども、叔父の野村貞《のむらてい》が少将にまで進級した海軍士官であったこと、前出の甥、力に強く勧められたことが大きかったと思われる。力は、軍人になることを希望していたにもかかわらず、病弱でその願いを果たせなかったがため、夢を五十六に託したというのだ。

しかし、五十六の長男義正《よしまさ》のショッキングな証言をもとにすれば、より深刻な動機があったとも考えられる。甥の力は、ずば抜けて優秀であったけれども、五十六が中学二年のときに夭逝《ようせい》している。五十六の父で、力の祖父である貞吉は、この優秀な子の死をひどく嘆いた。そのあまりに、「おまえ（五十六のこと）は、高野家にとって、どうでもいい存在だ。家を継ぐべき力にかわって、おまえが死んでくれたらよかったのに」と、五十六に洩《も》らしてしまったと、義正は記しているのだ。ただし、義正は、この話を五十六から直接聞いたのではなく、父の小学生時代の恩師から知らされたのだとしている（山本義正『父・山本五十六』）。

なお、別の同時代文献にも、五十六は、力の代わりに死んでくれれば良かったとされたとする記述があり、貞吉が悲嘆のあまり、心ないことを口にしてしまったという可能性はあるようだ（山岡前掲書）。かかる残酷な言葉を本当に浴びせられたのだとすれば、少年高野五十六は、本来ならば力が務めるはずだった役割を、自分が果たさなければならないと思いつめたものと推測することはできよう。

ともあれ、ひとたび海軍兵学校を受験すると決めるや、高野五十六の研鑽《けんさん》の方向は変わった。軍隊指揮官を養成する学校を受けるからには、頭脳のみならず、体力も必要となる。のち、一九四二（昭和十七）年十一月に、五十六自身がまとめた略歴「履歴一班」をみよう。

「三学年に進級。小学校以来、昨年（一学年修業）迄《まで》首席を続けしも、昨春自己の才能及《および》躰《たい》格《かく》を顧み、努力勉強にて学業に執着するは大成する所以《ゆえん》にあらざるを覚え、学科を放棄して運動に熱中、二学年修了成績は十数番目なりしを記憶す」（反町前掲書）。

運動のなかでも、とりわけ夢中になったのは、器械体操と野球だった。器械体操は、朝晩練習に励んだ甲斐《かい》あって、中学四年生のころには、大車輪や「大和《やまと》魂」（鉄棒に腰かけて両手を真横にのばし、身体のバネと反動を使って、後方に一回転して降り立つわざ）をこなすようになっていた。彼が鉄棒につかまると、下級生が集まってきて、その妙技に見惚《みほ》れたとのエピソードが残されている。五十六はのちのち余興を求められると、軽業めいた技を披露することがしばしばだったが、それは、この時期の修練のたまものだったらしい。

一九〇一（明治三十四）年三月、同級生三十六名中（入学時は約百名だったけれども、途中退学者や転校者が続出した）五番の成績で長岡中学を卒業した高野五十六は、七月の海軍兵学校入学試験に向けて、準備をはじめた。結果は吉と出た。五十六は二番で合格し、海兵三十二期生に採用されたのである。このクラスには、嶋田繁太郎《しまだしげたろう》や吉田善吾《よしだぜんご》、秀才で知られた塩沢幸一《しおざわこういち》、そして、莫逆《ばくぎゃく》の友となる堀悌吉《ほりていきち》などがおり、高野五十六の生涯に重大な関わりを持つことになる。だが、十八歳の五十六には、むろん、そんなことは知るよしもなかった。

江田島生活

高野五十六が江田島《えたじま》の海軍兵学校で入校式にのぞんだのは、一九〇一年十二月十七日のことである。ただし、そこで手渡された「海軍兵学校生徒を命ず」と記された辞令の日付は、前日の十六日となっていた。当時の海軍兵学校は三年制で、生徒は、勉学にとどまらず、海軍軍人としての生活や行動の原則を叩き込まれ、スパルタ式に体力の涵養《かんよう》に努めさせられる。

時季によっては、遠泳訓練で不合格になると、退校、即日帰郷を命じられるほど厳しかったという。

学科は、教科書の内容をひたすら頭に詰めこんでいく暗記一辺倒のやり方で、創造性や独創性は重視されない。それが合わなかったのか、高野五十六は、入校一年目の前期試験でしくじってしまう。彼自身の筆を借りよう。最初の試験の翌年、一九〇三（明治三十六）年九月、兄の季八に宛てた手紙より引用する。

「かかること〔試験で他人と競い、好成績を得て賞賛されること〕は、口にするも好まざるところに候《そうろう》が、春期なる昨年五月の試験には、其時《そのとき》の位置に比し非常なる不成績を得て、多分多くの人の笑いを買い（しかし一人の友を得）候。

小弟は勿論《もちろん》、試験が人の優劣を現わすものに非ざるを信じ居《おり》候《そうろう》も（まけ惜みながら）校中、上校長より下一般に至るまで、試験を見る。実に重きに過ぎ、一点にても少なきものは、一点だけ愚なるものの如くあつかわるる残念さに、今度の半期だけは少なくとも九〇『パーセント』以上を得て見せんと決心致《いたし》候」（『長岡市双書45　山本五十六の書簡』）。

この誓い通りに、五十六は、後期試験では「九〇『パーセント』」を獲得した。「九〇『パーセント』」とは、平均九十点以上のことで、そうした成績を挙げた生徒には、学術優等章、制服の襟の両側につける金のチェリーマークが与えられるのである。ちなみに、「ハンモックナンバー」と称される海兵卒業席次は、各学年成績の総合得点で決まるから、特定の試験で好成績を得ただけでは上位に入れない。しかも、「ハンモックナンバー」は、海軍士官のキャリアを左右するほどの影響を与えたから、チェリーマークを獲得しつづけることが重要なのであった。

なお、引用した手紙の文中にある「一人の友」とは、堀悌吉を指しているということは、多くの山本五十六伝や研究の一致するところとなっている。なるほど、親友堀による感化は、五十六の識見、さらには戦略論をも大きく変えたと思われるから、彼については、本書第三章で詳しく述べることとしたい。

また、ある海兵の先輩が「山本生徒は、寡言《かげん》で少しも飾気《かざりけ》なく」と語っていることからもわかるように、江田島の五十六は、やはり無口な男との印象を与えていたようだ。もっとも、海軍兵学校時代の五十六を研究した鎌田《かまた》芳朗《よしろう》によると、「兵学校在校時の兄季八や甥の気次郎あての手紙を読むと、本質的な物言わずではなく、話すべき言葉が心の中に山積する、いわゆる感受性のつよいタイプの人間のように見うけられる。それほど手紙では能弁なのである」（鎌田芳朗『山本五十六の江田島生活』）。

初陣にのぞむ

一九〇四（明治三十七）年十一月十四日、高野五十六は海軍兵学校を卒業した。ハンモックナンバーは、卒業生百九十二名のうち、十一番であった。まずは、将来の提督を狙える席次だ。

通常、海兵生徒は卒業とともに少尉候補生となり、遠洋航海に出る。練習艦隊を組んで、太平洋各地に寄港しながら、艦船勤務を実際に体験し、船乗りの暮らしに慣れるとともに、諸外国のありさまを実見することによって、少尉候補生たちの視野を広げるのが目的である。

ところが、高野五十六ら、海兵三十二期生は遠洋航海を経験できなかった。もちろん、この年の二月に日露戦争が勃発《ぼっぱつ》し、練習艦隊が外国を回ることなど、考えられなくなったからだった。その代わりに、鹵獲《ろかく》商船「韓崎丸《からさきまる》」で二か月間国内をめぐり、一応の船乗り修業を終えた高野五十六候補生は、一九〇五（明治三十八）年一月、装甲巡洋艦日進《にっしん》乗組を命じられた。日進はイギリス製で、本来アルゼンチンが発注していたものを、日露開戦直前に急遽《きゅうきょ》売却してもらったという新鋭艦だ。五十六は、この日進で初陣となる日本海海戦にのぞむことになる。

当時、ロシア帝国は、中国より租借していた旅順《りょじゅん》に強力な艦隊を配置しており、これにヨーロッパのバルト海から回航される艦隊（「バルチック艦隊」）を合わせ、圧倒的な兵力を以《もっ》て、日本海軍を圧倒する計画を立てていた。ところが、バルチック艦隊が喜望峰《きぼうほう》をまわってアジアに向かう大航海を行っているあいだに、日本軍は旅順を陥落させ、極東のロシア艦隊も撃滅してしまう。その結果、来たるべき連合艦隊とバルチック艦隊の激突こそ、日露戦争の決戦になると目されるようになったのだ。連合艦隊があらたな敵艦隊を撃滅すれば、戦勝の栄光は極東の小国に輝く。しかし、バルチック艦隊が、ロシアが極東に持つもう一つの根拠地ウラジオストックに入ることができたなら、日本は大陸との連絡線をおびやかされ、戦争は長びくであろう。そうなれば、日本は戦争を継続しかねて、敗北の憂き目に遭うかもしれない。

一九〇五年五月二十七日、両艦隊は対馬《つしま》沖に激突した。この日本海海戦で、高野五十六は伝令として、日進の艦橋に配置されていた。艦長が命令を下すや、艦内の当該部署に駆けていって、それを伝えるのが役目である。

日進の所属する第一戦隊は、連合艦隊司令長官東郷平八郎《とうごうへいはちろう》大将の座乗する戦艦三笠《みかさ》を先頭に縦列をつくり、有名な敵前大回頭にかかる。最後尾の日進も、バルチック艦隊の砲撃を受けたが、さしたる被害はない。そうして、日本側に有利に砲戦が進み、大勢は決したかと思われた午後六時五十分、日進に爆発が起こり、高野五十六は重傷を負った。以下、彼自身の回想を引く。

「〔前略〕巨弾一発、轟然として、残れる八吋《インチ》左砲に命中〔右砲は二時四十五分折れ、松井参謀戦死〕、毒烟濛々《どくえんもうもう》として艦の前半を蔽《おお》い、大風に吹き飛ばされし如き心地して、思わず二、三歩よろめけば、首に掛けたる記録板は飛んで影を失い、左手二本指はポッキと折れて、皮を以て僅《わずか》につながる。〔中略〕気づけば、右足の肉塊六寸を、そぎ去られて、鮮血甲板を染めたり」（反町前掲書）。

日進艦内で応急処置をほどこされた五十六は、三日後の五月三十日に佐世保《させぼ》海軍病院に収容され、手術を受けた。このとき、片腕を切断せねばならぬと言った軍医に対し、「片腕がなくなると軍人をやめねばならぬから、何とか切らないでくれ」と懇願したとのエピソードが伝えられている。もっとも、腕を断たれなくとも、指の負傷が利き手の右だったとしたら、兵器を操作できなくなり、退役のやむなきに至ったであろう。五十六の軍人生命はまさに危ういところだったということになる。

幸い、手術の結果は良好で、高野五十六は横須賀《よこすか》に移送され、同地の海軍病院で療養することになった。彼は、八月三十一日付で海軍少尉に任官しているが、それは病室で知ったわけである。ちなみに、一九三八（昭和十三）年に軍人傷痍《しょうい》記章が制定されると、五十六は、この負傷ゆえに、受章者第一号となった。

ところが、五十六の戦傷は敵弾によるものではなかったとする説が、日本海軍の砲術の権威であった黛治夫《まゆずみはるお》によって、第二次世界大戦後に唱えられた。日本海海戦直後の日進の写真を見た黛は、主砲四門のうち、三門までの砲身が折れていることを確認した上で断じた。一日に三門までもの砲身が敵弾で折れることはあり得ない、三門とも膅発《とうはつ》により損傷したことはあきらかだ、と。

膅発とは、砲術の専門用語で、発砲の際、砲弾が飛び出す前に砲身内で爆発してしまうことをいう。専門家の黛にしてみれば、日進の折れた砲身の切断面を一瞥《いちべつ》すれば、それが膅発ゆえの破損であると、はっきりわかるのであった。事実、かかる黛の主張は、今日では定説になっているといってよい。

かつて海軍士官であった歴史家野村實《のむらみのる》は、五十六が終生、指二本のなくなった左手を見られることを嫌ったという事実と、その負傷が事故によるものだったことを結びつけ、つぎのように推理を展開した。五十六はおそらく、敵弾ではなく、膅発で自らの指が失われたことを知っていた。にもかかわらず、傷痍軍人扱いされることに忸怩《じくじ》たる思いを抱き、ゆえに左手を隠すようになったのだ（野村實『山本五十六再考』）。

人間の内面のことであるから、野村の推論が当たっているかどうか、はっきりさせることはできまい。いずれにしても、五十六の初陣は、重傷を負ったとはいえ、勝利に終わったのである。

キャリアを積む青年士官

日露戦争後の高野五十六は、青年士官の典型ともいうべき経歴をたどった。艦船乗組と軍学校での研鑽を繰り返したのである。以下、解説と語るべき挿話を加えつつ、少佐までの五十六のキャリアを記しておく。

一九〇五年八月、横須賀鎮守府付。

一九〇六（明治三十九）年二月、防護巡洋艦須磨《すま》乗組。同年八月、戦艦鹿島《かしま》乗組。同年十二月、海防艦見島《みしま》乗組。

一九〇七（明治四十）年四月、駆逐艦陽炎《かげろう》乗組。同年八月、海軍砲術学校普通科学生。同年九月、中尉進級。同年十二月、海軍水雷学校普通科学生。

艦隊勤務を終え、一人前の船乗りとなった海軍士官は、自らの専攻となる術科を選ぶ。高野五十六は、海軍内部の俗語で「鉄砲屋」と呼ばれる砲術科に進んだ。ちょうど大艦巨砲の時代とあって、砲術科は、海軍の花形だったのである。

海軍砲術学校ならびに水雷学校は、この年に、それぞれ砲術練習所・水雷術練習所を改編してできたもので、両校の普通科は少尉の階級にある初級士官に砲術・水雷術を教育することを目的としていた。高野五十六ら、海兵三十二期生は、この普通科の第一期生となった。

一九〇八（明治四十一）年四月、駆逐艦春雨《はるさめ》乗組。同年六月、装甲巡洋艦阿蘇《あそ》乗組。

一九〇九（明治四十二）年十月、防護巡洋艦宗谷《そうや》分隊長、大尉進級。五十六在任中、宗谷は、海兵三十七期の遠洋航海を行う練習艦隊に組み込まれた。この配置にあって、彼は、将来日本にとって大きな役割を果たすことになる人物とめぐりあう。宗谷艦長は、当時はまだ現役の軍人であったが、終戦時、首相となった鈴木《すずき》貫太郎《かんたろう》だったのである。このとき、五十六が鈴木をどう思ったかについては、あいにく史料や証言が残っていない。一方、鈴木のほうは、一九四二（昭和十七）年、『週刊朝日』の取材に対し、こう述べている。

「私は『宗谷』の艦長時代、山本大将は未だ大尉時代でありましたが平生の仕事をする上において、あまり余計な議論をしたりすることなく、どっちかというと寡黙な男でした。しかし、事柄は実にハッキリ決断する人です。

そうして、一ぺんきめたことは、ほかから色々なことを言われても、決して動じませんでした」（高幣常市『帝國海軍の生ひ立ちとわれらの提督　山本五十六大將傳』）。

またしても、五十六は、周囲にその無口さを印象づけていたようである。

一九一〇（明治四十三）年七月、横須賀鎮守府付。同年十二月、海軍大学校乙種学生。

この中尉から大尉にかけての時代に、高野五十六は堀悌吉と一緒に、横須賀の尾張屋《おわり》という呉服屋の二階の八畳を借りて下宿していた。二人の仲の良さが想像されるとともに、起居をともにすることで、その親交もいっそう深まったものと思われる。

また、将来の指導者を育成する海軍大学校の乙種学生となったことも注目される。乙種学生は、砲術、水雷術、航海術などを兵科将校に教える課程で、戦略、戦術、統率を学ぶ甲種学生の予科的存在だ。この海軍大学校に入ったことにより、高野五十六は、将来への展望をさらに広げたといえる。

一九一一（明治四十四）年五月、海軍砲術学校高等科学生。砲術学校の高等科は、大尉から少佐程度の砲術専攻をめざす将校に、より高度な知識を与えることを目的としていた。

同年十一月に高等科を卒業した五十六は、翌月から砲術学校教官に任ぜられた。新しい、重要な邂逅《かいこう》があったのは、このときである。同僚の教官のなかには、後年首相となる米内光政《よないみつまさ》がいたのだ。二人は、ともに砲術学校の教官として、一つの部屋にベッドを二つ並べて朝に夕に起居をともにしたという。周知のごとく、のちの「防共協定強化交渉」で、米内は海軍大臣、五十六は海軍次官として、絶妙のコンビネーションを発揮する。その礎《いしずえ》は、当時すでに築かれていたのであった。

この時代、両者はまだ無邪気な青年士官であって、二人して手裏剣のけいこをしたのだが、だんだん上手になるにつれて、小さなナイフでは物足らなくなってきた。そこで、海軍士官の短剣を抜いて、これを投じる練習をはじめたというエピソードが伝えられている。

一九一二（明治四十五／大正元）年十二月、佐世保予備艦隊参謀。

翌一九一三（大正二）年は、五十六にとっては悲嘆の年になった。二月に父貞吉、八月に母峯が逝去したのである。同年十二月、五十六は、三等巡洋艦新高砲術長に就任した。

一九一四（大正三）年五月、横須賀鎮守府副官兼参謀。同年十二月、海軍大学校甲種学生。

一九一五（大正四）年十二月、少佐進級。

ここまで青年五十六のキャリアをみてきたが、残念ながら、戦術・作戦・戦略の面で彼の資質をはかる材料となるような情報を見いだすことはできない。当然のことながら、尉官時代の将校は下級指揮官にすぎず、高級統帥の才があったとしても、それを発揮する場がない。また、平時のこととて、戦術次元での能力がはかられるような局面も少ないからである。

それゆえ、まずは、高野五十六が海軍大学校を卒業して、未来の高級指揮官への道を歩みだしていたこと、統率についても、不言実行の男ともいうべき評価を得つつあったことだけを確認しておけばよかろう。

山本家の名跡を継ぐ

海軍大学校の厳しい課業に明け暮れていた五十六のもとに、思いがけぬ知らせが届けられたのは、一九一六（大正五）年のことであった。旧長岡藩主の家督を継いだ牧野《まきの》忠篤《ただあつ》子爵をはじめとする、故郷の有力者たちが、山本の家督を継ぐようにと、五十六に懇請してきたのだ。

すでに触れたごとく、山本家は長岡藩随一の名家であり、幕末には上席家老帯刀《たてわき》を出していた。山本帯刀は、河井継之助亡きあと、長岡藩の軍隊を率いて会津《あいづ》を転戦、戦死をとげた人物である。同家は、戦後、罪を問われて廃絶されたものの、一八八四（明治十七）年に許しを得て、再建にかかっていた。だが、山本家には、帯刀のあとを継ぐべき男子がいない。そこで、牧野忠篤らは、五十六を将来有為な人物と見込んで、山本家に入ってくれと頼み込んだ。

五十六は、自らの高野家と山本家には歴代深い交際があったことに鑑《かんが》み、この申し出を受けることに決めた。旧藩士にとっては痛恨の長岡落城の日、五月十九日に、兄の季八立ち会いのもと、新潟県士族で帯刀の娘、山本玉路の養子となり、家督を継いだのである。よって、ここから先は、本書でも「山本五十六」と記すことにする。

ただ、名家の跡取りとなったとはいえ、当時の山本家は再建の途上であり、五十六が相続したのは、古ぼけた裃《かみしも》一着と先祖代々の墓所だけだったという。また、仲介に立った牧野の言では、山本家には一人もご厄介《やっかい》になる者はいない、山本姓さえ名乗ってくれれば結構ということだったが、家督継承のあとになって、実は他家の名を称している老女二人が存命であると判明した。五十六は、乏しい俸給のなかから、それぞれに月三十円を送り、彼女らを扶養することになったのである（反町前掲書ならびに朝日新聞社編『元帥山本五十六傳』による）。

闘病と結婚

一九一六年十一月、海軍大学校を卒業した（甲種十四期）山本五十六は、翌十二月、第二艦隊参謀に補せられた。ところが、順風満帆に出世の道を進みはじめたかとみえた山本の身を病魔が襲う。腸チフスにかかって、またしても横須賀海軍病院に入院したのだ。幸い、予後は良好であったが、伊豆《いず》で療養しているうちに、今度は盲腸炎になり、帝大病院で手術を受けることになった。しかし、症状はかなり進んでおり、思わぬ長時間の手術で消耗した山本は、退院後、長岡の兄季八のもとで静養に努める。腸チフス発病から、横須賀で勤務に復帰するまで、実に七か月にわたる長丁場の闘病であった。

その後、山本は、一九一七（大正六）年七月に海軍省軍務局第二課に転属になった。このあたりから、彼も結婚を考えるようになったらしい。もともと、三十五歳ぐらいまでは独身がいいと、他人にも晩婚を奨《すす》めていた山本ではあったが、仮に結婚したくとも、高野家の家計を支え、また、山本家の再建に努めなければならぬ身では、妻をめとるわけにもいかなかったろう。

しかし、実家の高野家で、兄季八が歯科医を開業し、その子で、五十六の甥に当たる気次《きじ》郎《ろう》が大学を卒業して満鉄に就職したとあっては、もう遠慮する必要はなかった。月下氷人《げっかひょうじん》となったのは、山本の親友である堀悌吉だった。彼が、尊敬していた四竈孝輔《しかまこうすけ》に、縁談を世話してくれるように頼み込んだのである。四竈は、当時大佐の海軍軍人で、後年、侍従武官や大湊《おおみなと》要港部司令官を務めた人物だ。四竈は、その妻の縁戚《えんせき》である元司法官で、会津若松《わかまつ》においで牧場を経営している三橋康守《みつはしやすもり》の三女・礼子《れいこ》に白羽の矢を立てた。

ちなみに、すでに触れた山本義正は、五十六が手術を受けた帝大病院で、婦長となっていた姪《めい》・京子《きょうこ》とそこの医師水野《みずの》が、礼子を紹介してくれたとしている（山本義正前掲書）。だが、山本の結婚への四竈の関わりようからみて、彼と堀の線で縁談がお膳立《ぜんだ》てされたとする歴史家の意見（田中宏巳『山本五十六』）に、筆者（大木）も同意したい。

山本五十六は、礼子が戊辰戦争で長岡藩の同盟者だった会津の人であることを好ましく思い、自ら若松に赴いて、三橋家を訪ねた。その際、お見合いに先立って、おのが経歴、欠点等を便箋《びんせん》数枚に書き綴《つづ》ったものを送り、山本五十六とは、こういう人間だが、それでもいいかと念を押したというエピソードが伝わっている。さらに、海軍に献身する身として、妻子のことはかまっていられないということも結婚条件の一つとして記されてあったという。加えて、三橋家では、半裸になって、傷だらけの身体を見せ、これにも苦情はないかと駄目を押したとされる。

こうした山本の率直な態度に、三橋夫妻は好感を抱き、話はすぐにまとまった。

一九一八（大正七）年八月三十一日、東京の水交社《すいこう》（海軍将校の親睦《しんぼく》を目的とする海軍省の外郭団体）で、山本五十六と三橋礼子の結婚式が執り行われた。二人はやがて、二男二女をもうける。山本は、家庭的にも、世に出ていくための準備を整えたのである。

第二章　翼にめざめる

アメリカで学ぶ

こうして、自らの家庭を得た山本五十六《やまもといそろく》ではあったが、その新婚生活はわずか八か月しか続かなかった。一九一九（大正八）年四月、山本は米国駐在を命じられたのである。もちろん、当時の軍人のこととて、単身赴任だった。ただし、その任務は、駐在員・語学将校という漠としたものである。これは、海軍のみならず、軍人や官僚の成績優秀者に認められていた一種の特権で、特定の仕事を与えることなく遊学させ、対象国についての見識を深めさせることを目的とする制度なのであった。歴史家田中宏巳《たなかひろみ》は、こうした海外駐在を命じられるのは、海兵各期のトップ五名ほどであり、ハンモックナンバー十一番の山本がそれに任ぜられたのは、彼の存在が認められはじめていた証左であると指摘している（田中前掲書）。

いずれにせよ、山本五十六は、ハーバード大学のイングリッシュEという外国人留学生向けの語学コースに籍を置きつつ、アメリカ見聞に努めた。兄季八《きはち》に宛てた一九一九年九月三日付の書簡には、その企図するところが記されている。

「本月二十一日より愈々《いよいよ》ハーバード大学の一生徒と相成筈《あいなるはず》に御座候《ござそうろう》。尤も学校とて誠に自由にて、熱心にやる考えのものは外国人に対する英語教授のみにて、他に歴史、政治の如き二、三課目を慰み半分に採るというに過不申《すぎもうさず》、どうせ永くも一年、短かければ今年一杯にてワシントンへ参らねばならぬことと存居《ぞんじおり》候《そうろう》に付《つき》、学校もただ彼等、米国青年研学の一般を割あいに委《くわ》しく、知り得る位が取柄《とりえ》と存居候」（長岡市双書45『山本五十六の書簡』）。

もっとも、山本自身の別の記録によれば、授業には二回しか出なかったというから（NHK取材班／渡邊裕鴻『山本五十六　戦後70年の真実』）、彼の関心はアメリカへの理解を深めることのほうにあったとおのずからわかる。

このアメリカ駐在時代の山本について、アメリカへ向かう日本郵船の貨客船諏訪丸《すわまる》で催された演芸会で、サロンの手すりの上で逆立ちしたり、皿を二枚、両手の上に載せて曲芸を見せたとか、北海道の素封家で同じく留学生だった小熊信一郎《おぐましんいちろう》と二十六時間ぶっ続けで七十五番の将棋勝負をやったとか、さまざまなエピソードが伝えられている。しかし、本書の主題にとって、より重要なのは、山本が航空と石油という二つのポイントに注目するようになったことであろう。

航空と石油

折から、アメリカでは、ウィリアム・ミッチェルという陸軍軍人が物議をかもしていた。一八七九（明治十二）年生まれのミッチェルは、第一次世界大戦で合衆国派遣軍航空隊司令官、米英仏伊連合航空隊司令官などを務めた航空戦の専門家であった。だが、戦争がアメリカの勝利に終わったのち、ミッチェルの航空主兵論は、いっそう過激な方向に進む。航空部隊の戦略的運用、空軍独立（陸軍や海軍の従属下にある航空隊ではなく、独立した軍種である空軍を設ける）を主張し、陸軍首脳部と対立したのである。

海戦についても、ミッチェルは、当時の海軍の主力だった戦艦も航空攻撃の前には無力であると唱え、実際にそれを証明してみせた。一九二一（大正十）年七月、ミッチェル指揮するマーティンMB―2爆撃機は、敗戦国ドイツから得た戦利品である戦艦オストフリースラントに二千ポンド爆弾を命中させ、これを撃沈した。航空機は戦艦を沈没させられるかという実験は、みごとに成功したのである。

かかる動向を現地でみていた山本が、航空機の将来性に期待するようになったとしても、無理はあるまい。また、当時の駐米海軍武官上田良武《うえだよしたけ》大佐は、のちに航空機試験所長、技研航空機研究部長、広工廠《ひろこうしょう》（呉《くれ》にあり、航空機エンジンの開発を担当していた）長、航空本部技術部長などを歴任した海軍航空の先駆者であった。彼の薫陶《くんとう》を受けたことも、山本の航空への熱中に大きな影響を与えたはずだと、前出の田中は推測している。

いずれにせよ、このアメリカ駐在中に、山本五十六が航空機の威力に注目したことは間違いあるまい。帰国後の山本は、「飛行機の将来性は、一般の人が考えているよりずっと大きい。航空軍備に対して眼を開け」と、海軍大学校の学生たちに講義するほどになったのである（阿川『山本五十六』、文庫版、上巻）。

また、当時の艦船の燃料は石炭から石油へと代わりつつあった。新時代の兵器航空機を動かすのも、やはり石油である。山本は、この海軍の血液ともいうべき物資をめぐる状況を徹底的に実見すると決意した。外交官の加来美智雄《かくみちお》と連れだって、カリフォルニアやテキサスの油井や製油所、パイプラインを訪問してまわった。さなきだに、当時のアメリカのモータリゼーションとそれにともなう石油の日常的な使用と、日本の貧しい現状を引き比べ、圧倒されていたはずの山本だ。巨大な石油施設を眼にして、仮想敵国アメリカの力を実感したにちがいない。さらに、メキシコの石油も有望であると聞いた山本は、旅費を工面して（駐米海軍武官府の当該予算を使いきってしまったため、公費を受けることはできなかった）、同地にも出かけた。山本は終生、石油問題に大きな関心を寄せていたが、その萌芽《ほうが》はすでにこの時点でみられたわけである。

なお、駐在員だったころの山本は、実に象徴的な挿話を残している。アナポリスの米海軍兵学校を参観したときのことだ。間の悪いことに、山本が入っていった教室では、対日作戦を講じている最中だった。海軍軍人の眼からすれば、黒板に描かれた太平洋の要図を見れば、一目瞭然《りょうぜん》である。あわてた教官や生徒たちに、山本はにっこりと笑いかけて、「いずれ、本当の太平洋でお目にかかりましょう」と言ってのけたという――。戦時中の山本伝には、必ずといってよいほど出てくるエピソードだ（高木惣吉は作り話だとしているが、これは山本をかばってのことか。高木『山本五十六と米内光政』）。かかる挿話もまた、戦略家として未熟だったころの彼の一面を示しているのかもしれない。

戦略的先見性

一九二一（大正十）年、ボストン駐在だった山本は、折からのワシントン軍縮会議に際会し、ワシントンに赴いて、大使館付駐在武官の永野修身《ながのおさみ》大佐とともに、日本全権団の仕事を手伝うべしとの命を受けた。本書でも、のちに述べるが、海軍軍縮をめぐる諸問題は、山本の人生に大きな影響を与えたし、彼の識見を測る上でも重要なメルクマールとなっている。

したがって、山本が当時、締約国の主力艦保有量を制限するワシントン条約、あるいは、この一大軍縮の実現に功績があった首席全権委員の海軍大臣加藤友三郎《かとうともさぶろう》大将に、どのような感想を抱いたか、おおいに知りたいところなのであるが、すぐに帰国となったためか、それを示す史料や証言は残されていない。

同年七月、アメリカ生活を終えて帰国した山本五十六は、軽巡洋艦北上《きたかみ》の副長を経て、十二月一日付で海軍大学校教官に任ぜられた。担当は「軍政学」であった。戦略・戦術教育に主眼を置く海軍大学校にあって、「軍政学」は重視されているとはいえず、ともすれば諸例則（海軍が定めた法令や規則）の解釈論におちいりがちであったが、山本の着任とともに、その面目は一新された。山本は、「軍備に関する事項」に「最も意を用いられ」、「軍備は、国家将来の見通しを根幹として樹立すべきものである」と唱えたのである（反町前掲書に収録された井上継松《いのうえつぐまつ》海軍中将の回想）。第一次世界大戦により、戦争はもはや、軍隊のみならず、国民対国民、国家の生産力をぶつけあっての闘争となったことはあきらかだった。にもかかわらず、国家総力戦の実態が充分に認識されず、試行錯誤の状態にあった当時の海軍にあって、山本がかかる戦略次元の先見性を有していたことは特筆すべきであろう。

また、山本は、砲術科、海軍でいう「鉄砲屋」だったが、すでに航空という新分野に傾倒していた。先に述べた、航空の将来性を学生たちに説いたという挿話も、この海軍大学校の教官時代のことだ。やがて、山本五十六は、大艦巨砲主義から航空主兵論へと、大きく舵《かじ》を切ることになる。

海軍航空隊へ

一九二三（大正十二）年十二月、のちに潜水艦の先覚者として知られるようになる井出謙治《いでけんじ》海軍中将の欧米出張に随行していた山本は、大佐に進級した。翌一九二四（大正十三）年、帰国した山本は、横須賀《よこすか》鎮守府付ののち、九月一日付で霞ヶ浦《かすみがうら》海軍航空隊付となった。この「付」は同年末まで取れず、いわば宙ぶらりんの状態に置かれることになったわけだが、その背景には、彼を海軍省副官にしたいとの人事案がくすぶっていたことがあったためだといわれる。しかし、山本自身が強く航空隊勤務を希望したため、ひとまず「付」になったということらしい。晴れて、霞ヶ浦海軍航空隊副長兼教頭の配置を得たのは、同年十二月一日のことであった。

もっとも、赴任してきた山本に対して、「霞ヶ浦航空隊には『飛行機に縁の無いそんな人が、いきなり航空隊の頭株にやって来て、一体何をするつもりなんだ』というような、反発気分がかなりあった」（阿川『山本五十六』、文庫版、上巻）ことは間違いない。だが、山本の統率を評価する上で見逃せないことに、そうして反感を持っていた霞ヶ浦航空隊の「荒武者」たちが、やがて彼に心服するようになっていく。当時中尉で霞ヶ浦航空隊に勤務していた三和《みわ》義勇《よしたけ》は、その典型例であった。やや長くなるが、彼自身の筆を借りよう。山本とのやり取りをほうふつとさせる、味のある文章だ。

「〔前略〕戦術科長兼内務主任であった松永《まつなが》寿雄《ひさお》〔「としお」とも〕少佐〔現中将〕から、『新副長は元気いっぱいの中尉級を副長附に所望されたから、貴様を推薦しておいた』と言われたので、生意気にも私は、『もう近々操縦教官になろうとしている者が甲板《こうはん》士官〔艦内の規則取り締まりなどにあたる副長付の兵科士官〕ナンテ、真っ平御免』と言うような返答をした。松永少佐と押し返し問答の末、『そんなら貴様、直接山本大佐の所へ行ってソウ言え』ということになって、私はノコノコと山本大佐の所に出かけた。

が、サテ逢って眼の前で言おうとすると、大佐の気魄《きはく》に打たれてか言葉が出ない。忸怩《じくじ》としている間に山本大佐のほうから口を切られ、

『当隊の現状を見るに、軍紀風紀に遺憾の点が少なくない。まずこれから刷新していかぬと軍隊として立ちいかぬことになる。この意味で僕は従来の内務主任を罷《や》め、また教頭兼副長の職を副長兼教頭に改めてもらい、軍紀の維持、風紀の改善から始めたいと思う。その第一は、毎日のように絶えない遅刻者、脱営者を皆無にすることである。このことは君にばかりやらせるのではない、自分がやるから君も補佐するように』

というようなお話であった。全く機先を制せられ、かつその気魄に打たれ、結局私は一言の文句も言わず、『懸命の努力をいたします』と言って引き下ってしまった。完全な黒星である。松永少佐にこの顚末を言ったら、『ソレ見ろ』と笑われた」（新人物往来社編『追悼山本五十六』所収の三和回想）。実際、以後の三和は、生涯を通じて山本五十六に私淑するようになったのである。

かくのごとく、山本は、おのが見解に反対する者を説得し、その意見を根底から変えさせてしまうような何かを持っていたらしい。こうした能力は、後年の真珠《しんじゅ》湾攻撃準備といった、より重大な局面でも発揮され、反対者を支持者に転じせしめているのだった。

もっとも、山本が航空隊将兵の心をつかんだのは、三和のいう「気魄」ゆえだけのことではあるまい。もとが「鉄砲屋」で飛行機には素人の山本は、航空の知識を得るのに努力を惜しまなかった。航空隊の士官たちは、夕食後、十時ごろまでは、将棋やビリヤード、コントラクト・ブリッジなどをやって、くつろぐのが常である。山本も、その仲間に入っているのだが、みなが寝てから、自分の勉強をはじめる。十二時前に、彼の居室の灯が消えていることはまずなかったという。

加えて、山本は自ら飛行機の操縦を習得した。毎日数時間ずつ操縦練習を行い、練習機の単独飛行ができるまでになったのである。ちなみに、霞ヶ浦航空隊の東京訪問飛行の際も、山本は編隊一番機に搭乗している。また、やはり霞ヶ浦航空隊が実施した樺太《からふと》往復飛行においても、霞ヶ浦・大湊《おおみなと》の第一コース指揮官を務めている（阿川『山本五十六』、文庫版、上巻）。霞ヶ浦航空隊で分隊長を務めていた城英一郎《じょうえいいちろう》が、山本の国葬に際して語った思い出話によれば、「『アブロ』〔当時の英国からの輸入航空機の一種〕〈前補註は原史料集編者による〉にて操縦術を教えしことあり（なかなか勘よろし）」だったそうである（野村實編『侍従武官城英一郎日記』）。

山本の求めたもの

では、山本五十六は、霞ヶ浦航空隊副長兼教頭の地位にあって、部下たちに何を求めたか。一言でいえば、それは、戦士の群れから、組織的な戦闘部隊への脱皮ということになろう。

当時の海軍航空隊は、一九二一（大正十）年にイギリスから教育団を迎えて訓練を重ね、ようやく揺籃《ようらん》期を迎えつつあった。ところが、一九二二（大正十一）年のワシントン条約締結により、主力艦の保留量が制限されると、その戦力不足を埋めるための補助艦建造に海軍予算が向けられるようになる。当時まだ補助艦は、条約の制限外にあったのだ。海軍航空隊の整備は、かかる政策のあおりを受けて、大幅に遅れる。実は、霞ヶ浦航空隊が開隊されたのも、一九二二（大正十二）年になってのことだったのである。

こういう時代にあって、海軍の飛行機乗りたちは、空の冒険家とでもいうべきか、明日の命も知れない、腕一本のやくざな稼業といった気風を捨てきれずにいた。先に引用した三和の回想にある「毎日のように絶えない遅刻者、脱営者」というのも、そうした心性、裏返しのエリート意識の表れとみることができよう。

山本は、そうした荒くれ者気質の徹底的な排除にかかった。また、データではなく、勘を偏重するがごとき言動も嫌った。職人の修業のような教育・訓練ではなく、合理的なやり方で、均質化された伎倆《ぎりょう》を持つ搭乗員を育成しようとしたわけである。太平洋戦争で生じた航空消耗戦の凄惨《せいさん》さ、搭乗員の大量育成と補充の重要性を識《し》る後世のわれわれからすれば、当然のことだ。しかしながら、いまだ本格的な航空戦を経験していない当時の海軍にあって、こうした山本の言動は、やはり彼の戦略的先見性を示しているように思われる。

もっとも、山本がそのような方針を採ったのは、どの程度まで総力戦を認識してのことだったかについては、必ずしも判然としない。けれども、以下の三和回想の一節は、山本が総力戦における組織的な戦闘員大量養成の必要を、直感的に理解していたことを示唆しているのではなかろうか。

「その頃、帝国海軍初代の航空母艦『鳳翔』がようやく実用の域に入ってきた。しかし、その搭乗員たるや、伎倆極めて優秀な、いわば天才的の人物でなければ不可《いけ》ないとする、関係者の意見であって、これが大勢を決していたように思われた。〔中略〕が、〔山本〕副長は敢然としてこの意見に反対された。そして、『百人の搭乗員中、幾人あるか知れぬような天才的な人間でなければ着艦出来ぬとすれば、帝国海軍にソンナ航空母艦は要らぬ。搭乗員の大多数が着艦出来るようにせねばならぬ。素質云々《うんぬん》もさることながら、要は訓練方式の改善と、当事者の訓練に対する努力の如何《いかん》にあると信ずる。試みに次回の母艦搭乗員には伎倆中級のものを持って行け』」（前掲三和回想）。

このように、霞ヶ浦海軍航空隊時代の山本は、その統率力と戦略的な先見性において、頭角を現しつつあったのだといえよう。

山本五十六と勝負事

一九二五（大正十四）年十二月、山本は霞ヶ浦航空隊副長兼教頭から、アメリカ大使館付駐在武官に転出した。二度目のアメリカ勤務だ。さりながら、駐在武官としての山本には、おおいにギャンブルや勝負事を楽しんだといったたぐいのプライベートなものはともかく、その戦略、作戦、戦術や統率の資質・能力を物語るエピソードはさほど残されていない。一九二七（昭和二）年、武官補佐官となっていた三和義勇とともに、リンドバーグの大西洋横断飛行に関する報告を作成したという挿話があるぐらいである。

とはいえ、この時期、あるいは、その生涯を通じて示された山本の勝負事における「癖」については、太平洋戦争の初期段階での山本戦略に鑑《かんが》みて、非常に暗示的なものがある。やや本筋からは外れるが、ここで若干の考察を加えておこう。

戦後、極洋捕鯨の社長・会長を務めた法華津孝太《ほけつこうた》は、当時、駆け出しの外交官で、官補として、ワシントンに勤務していた。彼は、着任早々、挨拶《あいさつ》に行った海軍武官府で、山本より「博打《ばくち》はやるかね」と尋ねられ、「いいえ」と答えたところ、「男で博打をしないようなやつはロクなものじゃないな」と片付けられてしまった。けれども、将棋には自信があったから、ある機会に山本と対局したのだという。すると、山本はいきなり中飛車に振って、しゃにむに攻めてきて、負けてしまった。だが、山本の将棋は攻め一方で、無理があるように思われる。そう考えて、用心してかかると、二番目は法華津が勝ちを得た。そのあと、三番やって、いずれも法華津が勝つと、山本はもう二度と将棋をさそうとはいわなくなったそうである（阿川『山本五十六』、文庫版、上巻）。

実は、カードの勝負についても、同様の証言がある。

一九八一（昭和五十六）年、中央公論社が出していた雑誌『歴史と人物』五月号に、「太平洋戦争　誰が真の名提督か」という記事が掲載された。当時健在だった海軍の元将官・佐官を集めて、太平洋戦争の提督たちについて議論してもらった座談会の記録である。これは、海軍の人にしては珍しい、その先輩たちに赤裸々な論評を行ったもので、貴重な資料となっている。そこから、日米開戦時に駐米海軍武官だった横山一郎《よこやまいちろう》少将の発言を引く。

「ぼくはね、山本さんとトランプをやったんですよ。しかしぼくは山本さんが博才に富んでおるとは思わないんだ。というのは、博奕《ばくち》というのは、確率を考え、ある程度の根拠をもって打つものでしょう。ところが、山本さんはブラフ（悪い手を持ちながら顔に出さず、相手を威嚇し、ゲームを有利にすることを目的に賭けること）なんだ。全部ブラフですよ。それでね、ああ、これは山本さんブラフだなと思ったら、こっちは堅実にやっていくと必ず勝てる」。

むろん筆者（大木）は、遊戯と本当の戦争を混同し、太平洋戦争の山本戦略はブラフだったとするような短絡的な理解は採らない。しかしながら、山本が勝負事において、かかる「癖」を持っていたことは思考の隅に留めておく価値があるものと思われる。

空母赤城艦長

一九二七（昭和二）年十一月、命により帰朝した山本五十六は、軍令部出仕ののち、翌一九二八（昭和三）年八月に、軽巡五十鈴《いすず》の艦長に就任した。将官に進級するためには、艦長経験が必須だったのである。ついで、同年十二月には航空母艦赤城《あかぎ》の艦長に補せられた。

赤城艦長時代の山本で印象深いのは、部下愛惜の情が、よりいっそうはっきりと表されたことであろう。一九二九（昭和四）年四月、済州島《さいしゆうとう》南方海域での演習中に赤城が発進させた攻撃隊が、仮想敵を雷爆撃したものの、母艦の位置を見失い、全機帰艦できなくなるとの事故が発生した。この日は天候不良だったのだが、一九二七年の美保関《みほのせき》事件（夜戦演習中の衝突事故。駆逐艦蕨《わらび》が沈没した上に、多数の犠牲者が出た）に示されたような、ワシントン条約の制限による不利を猛訓練で補うべしとする艦隊の空気からして、攻撃隊発進を見合わせることはできなかったのだ。

結局、行方不明となった搭乗員も多くは救出され、死亡と認定された者は二名に留《とど》まったのだけれども、赤城艦長山本五十六の嘆きは普通ではなかった。当時少将で、赤城が所属する第一航空戦隊の司令官を務めていた高橋三吉《たかはしさんきち》は、のちにこう回想している。「此《こ》の飛行機の事故が起ってから佐世保《させぼ》に入り搭乗員が帰って来るまで、山本大佐は食卓に就いても食事が殆《ほとん》ど喉を通らず、しかも時々涙をボロボロ流して居られ、それは実に悲壮なものでした。〔原文改行〕ところが其内《そのうち》に、方々から不時着した搭乗員が赤城に帰って参りましたが、その時の山本君の喜びは、実に大したもので或《あるい》は飛行将校の手を握り、又涙をこぼして喜びこれを犒《ねぎら》いました」（反町前掲書）。

ときとして冷徹であることを要求される指揮官としては、過剰ではないかとさえ思われる情愛の深さだが、こうした山本の振る舞いが将兵の心をつかみ、統率の成功につながったであろうことは想像に難くない。

有名な、我が身を挺《てい》して着艦する航空機を止めたという挿話も、この赤城艦長時代のことである。前出の松永寿雄は、その後、赤城の副長となっており、着艦に失敗し、飛行甲板上をオーバーランして、海中に落ちそうになった機体に山本が飛びついたときのことを、こう述べている。

「果して無事着艦するや否やを、ジッと見て居られた大佐は、脱兎の如くその飛行機目がけて馳《はし》りより、主翼に飛びつかれた。〔原文改行〕飛行機はずるずる大佐を引きずって行くではないか。艦長が危い、と言うので、山口多聞中佐（後の中将）をはじめ、兵達がばらばらとポケットから飛び出して飛行機に飛びついたので、機は後数尺で海中という際どい所で、やっと引止められたのであった。〔原文改行〕この〔山本〕元帥決死の行為は、全飛行員を強い感動にむせばせてしまった」（反町前掲書）。

もっとも、陸軍士官学校五十五期生で、戦後自衛隊に入り、一等陸佐まで進んだ山本昌雄《やまもとまさお》のように、この挿話に疑問を呈する向きもある。彼は、山本五十六と海軍を批判する著書を多数上梓《じょうし》しているのだが、そのうちの一冊で、つぎのように論難した。

「帝国海軍の撃墜王として世界的にも有名なゼロ戦の坂井三郎氏と筆者が昵懇《じっこん》になれた平成8《ママ》年頃、かねてから本件不審に思っていた小生は某日彼に直接聞き訊《ただ》した。坂井氏言下、、に曰《いわ》く、『嘘です、そんなことはありえません』と、後はその理由とするところを滔々《とうとう》として聞かされたのであった。これなぞ軍神捏造《ねつぞう》論の典型的一証左とは言えぬか？　子息義正氏はその現場を見た訳でもないのに。子息は誰から聞いたのだろう。父からとするならば、これは重大なことである」（山本昌雄『虚構の軍神』、強調原文）。

なぜ、坂井がここまで言い切ったのか。今となってはもう解明できない疑問ではある。けれども、晩年の坂井が海軍上層部を激しく批判したという事実に鑑みれば、この断定も、そうした感情の発露であったかと推測される。いずれにせよ、本書では、本挿話の出所が当時の赤城副長であることや内容の克明さからしても、事実であろうと判断した。なお、山本昌雄は、このエピソードを五十六の長男義正《よしまさ》の著書『父・山本五十六』で知ったことから、息子の彼が流したのであろうと誤認している。しかし、先に直接引用したのちに典拠を示したごとく、実際の出所は、『人間・山本五十六』に収録された松永寿雄の回想なのである。

ともあれ、赤城艦長の勤務を終えた山本五十六は、一九二九（昭和四）年十一月、少将に進級、また、英京ロンドンに向かうことになった。全権随員として、あらたな軍縮会議に赴くよう命じられたのだ。そこで、山本は、彼の人格・識見、戦略眼を疑わしめるような不可解な言動に出たのである。

第三章　戦略家開眼

ワシントンの決断

行論の都合上、両大戦間期の海軍軍縮の流れについて、本書ではここまで、ごく簡単な説明を加えるに留《とど》めてきた。だが、山本《やまもと》と軍縮の問題を述べるにあたって、やはり、その経緯を押さえておくこととしたい。

第一次世界大戦終結後、日英米の三大海軍国は、それぞれに艦隊拡張を企図していた。アメリカ合衆国は、第一次大戦参戦で中断した大艦隊建造計画（「ダニエルズ計画」）を再開し、イギリスも太平洋方面の海軍力増強をはかった。日本もまた、アメリカを仮想敵として、戦艦八隻、巡洋戦艦（高速重武装だが、装甲が薄い大型艦）八隻を基幹とする「八八艦隊」編成

（軍事用語として「編制」と「編成」は使い分けられる。「編制」は、軍令に規定された、永続性を有する組織をいう。便宜的には、おおむね名詞として使われる。それに対し、「編成」は、ある目的のため、所定の編制を取らせること、あるいは、臨時に部隊などを編合組成することをいい、動詞として用いられることが多い）を計画している。日米英は激烈な建艦競争に突入したのである。

しかし、大艦隊の建造は多大なる費用を要し、国家財政を傾けかねない政策だ。しかも、こうした建艦競争、とくに太平洋におけるそれは、けっして平和を保障しないであろう。そうした声が、アメリカ社会に巻き起こり、軍縮会議開催の提案につながった。日英をはじめとする列強は、この申し出を受け、一九二一（大正十）年、米国の首府ワシントンにおいて、空前の軍縮会議が開催されるに至ったのだ。

結論からいえば、ワシントン会議では、米英それぞれの主力艦保有量を五として、日本の保有量は三にするという、いわゆる「五・五・三」の比率による軍縮条約が締結された。日本海軍には、主力艦保有量で対米七割の艦隊でなければ国防の安全を期すことはできないとする強硬意見が多かったのだが、首席全権委員の加藤友三郎《かとうともさぶろう》海軍大臣が反対を押し切ったのである。この、日本海海戦の連合艦隊参謀長であり、「八八艦隊」計画の推進者であった人物は、軍人としてよりも、むしろステーツマンの見地から、日本の国力を蕩尽《とうじん》しかねない建艦競争を止め、さらに西太平洋における日本の地位を認めさせることができるとの判断から、敢《あ》えて軍縮に踏み切った。

加藤自身が、その決断を海軍省に説明した口述筆記が残されている。そのなかに、彼の卓越した識見を示す一節がある。

「先般の欧州大戦後、主として政治家方面の国防論は、世界を通して同様なるが如し、即《すなわ》ち、国防は軍人の専有物にあらず、戦争も亦《また》軍人のみにて為し得べきものに非《あら》ず、国家総動員して之《これ》に当たるに非ざれば目的を達し難し」。「〔前略〕国防は国力に相応する武力を整うると同時に国力を涵養し、一方、外交手段に依り戦を避けることが目下の時勢に於て国防の本義なりと信ず」。

一九二二年にかかる主張をなす先見こそ、加藤友三郎が、政戦略の大家として今日まで評価されるゆえんであった。

なお、この加藤の口述を筆記したのは、当時中佐で全権団随員となっていた堀悌吉《ほりていきち》である。そのような重要な仕事を任されるほど、堀は加藤に信頼されていたのだ（芳賀徹『堀悌吉』）。そして、加藤の思想に共鳴した堀は、彼を無二の友とする山本五十六《いそろく》にも大きな影響を与えていくことになる。

「艦隊派」と「条約派」

かくて、意義深い海軍軍縮にこぎつけた加藤友三郎は、一九二二年の帰国後、組閣の大命を受け、首相の印綬《いんじゅ》を帯びた。しかし、加藤の身体はガンにむしばまれており、翌一九二三（大正十二）年八月に逝去する。この加藤の重しが取れると、対米六割に不満をくすぶらせていた海軍軍人たちが、軍縮反対や対米英強硬路線を唱えるようになった。彼らの主張は、戦艦・巡洋戦艦以外の補助艦艇保有量の制限を交渉するロンドン会議が近づくにつれ、いっそう激化していく。中心となったのは、連合艦隊司令長官や軍令部長を務めることになる加《か》藤寛治《とうひろはる》大将や軍令部次長となる末次信正《すえつぐのぶまさ》など、軍令部系統の人々だった。彼らは「艦隊派」と通称され、しだいに勢力を拡大していった。

これに対し、加藤友三郎の衣鉢《いはつ》を継ぎ、対米英避戦の方針のもと、軍縮の拡大をはかったのが「条約派」と呼ばれる者たちであった。こちらは、海軍次官山梨勝之進《やまなしかつのしん》中将や軍務局長堀悌吉少将ら、海軍省に勤務する者が主要なメンバーであると目されていた。彼らは、ロンドン軍縮会議全権となった海軍大臣財部彪《たからべたけし》大将を助けて、国際協調路線を貫こうとしていたのである。

こうして、艦隊派と条約派の対立が顕著になるなか、山本五十六は、財部全権の随員として、ロンドンに旅立ったのであった。

なお、本書では、山本五十六という主題と用兵思想の観点から（その視点からは、当然条約派の先見性が評価されることになる）論述するが、国内の政治ファクターとしての艦隊派と条約派については、歴史家の手嶋泰伸《てしまやすのぶ》や太田久元《おおたひさもと》により、あらたな検討がなされていることを付言しておく（巻末の「主要参考文献」欄の両氏の著書を参照されたい）。

「鉄拳が飛ぶぞ」

一九三〇（昭和五）年一月二十一日、セント・ジェームズ宮殿において、ロンドン軍縮会議が開始された。このとき、日本側が追求した主たる条件は、つぎの三点だった。

一、大型巡洋艦（八インチ砲装備）・軽巡洋艦・駆逐艦・潜水艦の総保有量は、原則として対米七割とする。
二、大型巡洋艦は、原則として対米七割を保有する。
三、潜水艦は原則として、七万八千四百九十七トンを保持する。

ところが、会議は難航し、参加国間の妥協は得られない。さしたる進展もみられぬまま、五十日が過ぎ、ついに軍縮会議も決裂するかと思われたころ、三月十三日に日本全権団の一人であった松平恒雄《まつだいらつねお》駐英大使とアメリカ全権のデイヴィッド・A・リード上院議員のあいだで、局面打開のための妥協案がつくられた。この妥協案では、日本側が以下のように譲歩することとされていた。

一、大型巡洋艦（八インチ砲装備）・軽巡洋艦・駆逐艦・潜水艦の総保有量は、原則として対米六・九七五割とする。

二、大型巡洋艦は、原則として対米六・〇二二割を保有する。

三、潜水艦は原則として、五万二千七百トン（対米十割）を保持する。

本案を受けた首席全権若槻礼次郎《わかつきれいじろう》前首相は、海軍の随員に知らせることなく、松平、財部、永井松三《ながいまつぞう》駐ベルギー大使ら、他の三全権とはかり、これを最終案とすべく、東京に請訓した。ところが、その事実を知らされた海軍の随員たちは激昂《げきこう》し、松平・リード案に強く反対した。その急先鋒《きゅうせんぽう》となったのは、のちのミッドウェイ海戦で悲劇的な死をとげることになる山口多《やまぐちた》聞《もん》中佐であり、山本五十六だったのである。

彼らは、以下のごとくに主張した。補助艦中最大の艦種である大型巡洋艦においても、戦艦・巡洋戦艦同様、対米七割を維持できないのであれば、国防が危うくなる。潜水艦についても、妥協案に示された保有限界は受け入れられない。保有量五万二千七百トンという数字は、日本が潜水艦の建造を中止して老齢艦を除籍しつづけた場合に、一九三六（昭和十一）年末日になって、ようやく実現できるものである。これでは、五年のあいだ、潜水艦が建造できないことになり、建艦能力の維持が困難になる。

加えて、山本ら反対派には耳寄りな情報が飛び込んできた。三月十五日、フランス全権のジャック＝ルイ・デュメニル海軍大臣が、若槻および財部と会談した際のことである。この席で、デュメニルは、イギリスがフランスに対して求めている潜水艦の保有量制限は六万六千トンだと洩《も》らしたのだ。

デュメニルの発言が事実ならば、もっと強く出れば、英米は譲歩するだろう。ほかに、イギリス側からも情報を得た山本は、妥協案を受け入れるべきではないと、財部全権に意見具申した。松平・リード案採用に必ずしも賛成ではなかったのに、若槻に流されていた財部は動揺する。その財部の指示により、山本は若槻に反対意見を述べることになった。

このときの山本の態度は相当激しいものだったらしく、やはり随員を務めていた斎藤博《さいとうひろし》外務省情報局長は、「日本全権団員の息の根を止める様な猛烈果敢さがあった」と評している。事実、大蔵省から派遣されていた賀屋興宣《かやおきのり》などは、財政上の問題について反論したところ、山本から「賀屋黙れ、なお言うと鉄拳が飛ぶぞ」と怒鳴られたという（反町前掲書）。

ただし、賀屋の別の回想によると、山本の発言は、会議初期のことになっている。賀屋が随員会議で一案を出したとき、山本が「この会議は海軍の軍縮案であるから、原案は海軍が出す。大蔵側がこれ以上会議に進んで論議するなら全海軍が鉄拳をもって彼を制裁する」と言ってのけたというのである。「以後随員会議というものは一切開かれなくなった。というような経緯もあって、彼と私〔賀屋〕は口もきかないような喧嘩仲間になった」（賀屋興宣『戦前・戦後八十年』）。

　賀屋の回想のいずれが正しいとしても、山本の言葉が横暴であることに変わりはない。

オポチュニスト山本五十六？

　しかし、首席全権の若槻は、山本の猛抗議にも動かされなかった。若槻は、海軍側の情報は、責任ある者との交渉で得られたものではないと一蹴《いっしゅう》し、妥協案以上のことは期待できないと断じたのである。

　東京からの回訓も、妥協案に従い、米英と妥結すべしというものだったから、財部全権も、海軍随員に対し、妥協案を受諾する旨を宣告するに至った。このとき、財部は辞任するか、妥協案反対の意思を示すために東京に引き揚げるべきだとした海軍随員たちを抑え、決定に従うようにとの意見を述べたのは、意外にも山本だった。

「〔前略〕随員は軍紀を紊《みだ》るが如きことあるべからず、大臣のこの際に処し自重せらるるは、尚《なお》重要なる会議事項の存するに依ると思考す。今回の回訓は出来得る限り広義に解釈し努力あらんことを望む」（ＮＨＫ取材班／渡邉裕鴻『山本五十六　戦後70年の真実』）。

　すなわち、山本は、財部の決定は、これからもまだ大切な議論があるからだろうと擁護し、それに逆らうのは「軍紀を紊る」ことだとしたのである。ただし、回訓の内容については、可能なかぎり、兵力保全に有利なように解釈すべきだとの留保も付けていた。

結局、なお紆余曲折《うよきょくせつ》を経ながらも、ロンドン海軍軍縮条約は四月二十二日に調印された。されど、それによって、艦隊派と条約派の対立の結着がついたわけではない。艦隊派は、全権団の請訓に応じて、政府が出した回訓は、統帥部の同意なくして発せられたもの、すなわち、天皇の大権を侵すものであったと論難し、「統帥権干犯《かんぱん》」と騒ぎたてた。野党政友会も、民政党政権打倒の見地から、これに同調し、問題は国内政争の様相を呈するに至った。

もちろん、強硬路線の末に日米戦争に突入し、その結果、惨憺《さんたん》たる敗北を迎えたことを知る後世のわれわれには、表層的な軍備の充実に固執した艦隊派ではなく、国際協調を重視した条約派のほうが戦略的に正しかったとわかっている。しかし、だとしたら、山本はなぜ艦隊派に同調するような行動に出たのだろうか。にもかかわらず、最後の最後で、妥協決定の支持にまわったのは、どういう理由があってのことだったか。

歴史家の田中宏巳《たなかひろみ》は、山本は「自説を絡《から》めない方がいいと考え、硬軟両論と一定の距離を保ちつつ、日本の代表の一員として海軍省からの指示通りに動いた」とし、「山本の場合は、交渉の渦中にある者として賛否の色を鮮明にしなかったか、できなかった」と判断している。

さらに田中は、「のちに〔軍縮に〕賛成の態度を示した者が次々と海軍を追われたが、山本が追われずにすんだのは、艦隊派からは条約反対と見られ、条約派からは条約賛成と見られたからである」と推測する（田中前掲書）。

しかしながら、この最初のロンドン軍縮会議（のち、一九三四年に軍縮会議が再びロンドンで開かれるにおよび、第一次・第二次と区別されるようになった）における言動をみるかぎり、山本は声高に強硬な意見を叫び、米英への譲歩をかたくなに拒んでいる。むしろ、鮮明すぎるほどに、おのが立場を示しているといえよう。

こうした山本の態度について、実は八方美人の日和見《ひよりみ》主義から来るものであったろうと推測する者もある。朝日新聞の記者で、特派員として第一次ロンドン会議のもようを取材した浜田《はまだ》常二良《つねじろう》だ。浜田は戦後に『特派員の手記　大戦前夜の外交秘話』なる回想録を出版している。そこに描かれた山本五十六像は、一般に流布しているそれとはかけ離れているのだ。

ここでは、四月二十二日の条約調印式ののち、若槻礼次郎がロンドン滞在中の日本人を招いて催した別れの会のエピソードを引こう。若槻の挨拶《あいさつ》ののちに食事が供されたときのことである。取り分けられた自分の分のアスパラガスをたいらげた山本は、離れたところにある大皿を指し、もっとくれと給仕に命じた。そのとき、近くの食卓に着いていた財部が割って入った。

「〔前略〕この光景をみていた財部氏は、とつぜん、大きな声で『ヤマモトここにあるぞ』

といって、財部氏の前の大皿を、右手でとりあげて示した。それには、盛りあがるほどのアスパラガスが、はいっていた。そのしゅんかん〔ママ。浜田の文章には、しばしば漢字を開く癖がある。以下同様〕、私は、山本氏は、財部氏の大皿をもらわないだろうと、おもった。なぜならば、山本氏が、口をきわめて、日米妥協案を非難し『財部全権は、怪しからん』と毒づいていたからである。だが、私の予想は、かんぜんに間違った。

というのは、給仕男が、山本氏の命じた大皿を、山本氏のまえへおきおわって、うしろに控えているのにかかわらず、山本氏は『ハッハッ!』と軍隊式口調で立ちあがり、自身で財部氏のところまで歩いてゆき、例の大皿を、財部氏の手からうけとってかえったからである。〔中略〕このありさまをみた私は、山本氏はずいぶん鼻っ柱のつよいことをいっていたが、その鼻っ柱もたいしたものでないと、はんだんした」。

浜田は、この調子で山本五十六を非難し、ついには「オポチュニスト」と評価する。つまり、山本は艦隊派の前では強硬論、条約派の前では協調論を唱えた人物であると暗示しているわけだ。かかる見方からすれば、山本が最後に妥協案支持にまわったのも、財部にへつらったからだということになろう。

反財部感情

かくのごとく、第一次ロンドン軍縮会議での山本の言動は、それよりも前、またはその後の主張や身の処し方と比べると、矛盾がはなはだしく、一種の謎になっている。前出の歴史家野村實《のむらみのる》も、この問題を論じる際に、「これらの会議における山本の態度を理解するのは、かなりむつかしい」（新人物往来社編『山本五十六のすべて』所収「海軍軍縮と山本五十六」）と留保をつけているほどである。

さりながら、当時、同じく第一次ロンドン会議で随員を務めた佐藤市郎《さとういちろう》中佐が遺《のこ》した日記があり、そこに綴《つづ》られた山本の言動は、重要な手がかりを与えてくれる。まず、一九三〇年一月五日の条を引こう。

「山本さんの話…大臣がオッチョコチョイはよく判った…つい最近のこと、皆寄って何かで飲んだ時らしいが、山本さんは大臣の前で、大抵の人なら感づき相《そう》な云《い》い廻《まわ》しで大馬鹿大将と云った相だが、オメデタイ大臣にはマルデ通じなかったとさ」（佐藤信太郎編『父、佐藤市郎が書き遺した軍縮会議秘録』所収「倫敦会議抜書き」）。

この「大臣」が財部彪であることは、同日記一月十五日の条で、彼を指して「山本さんから自分のことを大馬鹿大将と云われても勘づかなかった大将」と書いていることからも確認される。

かくのごとく、山本は、海軍の代表たる財部に、はなはだしいまでの不信と反感を抱いていた。もっとも、財部を買っていなかったのは、山本だけではない。財部は、日本海軍の創設者ともいうべき存在であった山本権兵衛《やまもとごんべえ》大将の女婿《じょせい》であり、その引きで異例の出世をしたものと噂されていた。第一次ロンドン会議の時期にも、財部が夫人同伴であったことを（国際会議では常識的なことなのだが）、東郷平八郎《とうごうへいはちろう》元帥が「戦場へ女房をつれていくとは何ごとか」と批判したとの話が広まり、海軍内部の反感は強まっていたのである。また、財部夫人に公私混同の振る舞いが多いことも問題視されていた。

歴史家秦郁彦《はたいくひこ》は、こうした事実から、山本の言動の背後には「財部個人ないし財部夫人に対する反感も絡んでいたやに思える」とみなしている（秦前掲書）。

筆者も、この秦の推測に同意したい。山本五十六、あるいは、彼を中心とした海軍随員たちが妥協案に対して、乱暴なまでの反対を示した理由の一つとしては、財部の人格識見や能力への不信が大きかったのではないだろうか。

しかし、そうだとすると、そこまで軽蔑《けいべつ》していた財部の妥協案受諾決定を山本が支持したのはなぜかとの疑問が残る。

これについては、山本は軍人として、また海軍随員として、主張すべきことは言うが、いったん政府が決定したならば、自分たちは、それに従うべきだと考えていたとする、歴史家関静雄《せきしずお》の説明が的を射ているかと思われる。関はまた、「職務に全身全力をかけて集中してやっていく。しかし駄目ならば仕方がない。規律は乱さず、職務に忠実であるべきだという、こういうスタンスは、彼の一生を貫いた特徴だと思います」としているが、これもまた適切な評価であろう（ＮＨＫ取材班／渡邊前掲書）。

脱皮前だった山本

最終局面での妥協案支持への転向については、右記のような解釈が成り立つとして、それでは、そのときまで、山本は、財部憎しのあまり、艦隊派の主張に与《くみ》していたのだろうか。ことはそう単純ではない。先に引いた佐藤日記の一九三〇年一月八日の条をみよう。

「〔前略〕人物評となり、加藤〔寛治〕軍令部長が人を見る明なく、俗物のオベッカに乗せられているのはなっていぬ許《ばか》りではなく、海軍のため大害だと〔佐藤が〕云うと、山本さんがそれを聞いて安心した、乃公《だいこう》はもともと財部、加藤の両人を海軍を毒する元凶だと思っているが、貴様が加藤さんを大層誉めて居ると聞いて、実は心配してたと相槌を打つ」（前掲「倫敦会議抜書き」）。

注目すべきは、ここで山本は、財部のみならず、艦隊派の中心人物である加藤寛治をも「海軍を毒する元凶」とまで断じていることであろう。かかる発言からは、山本が艦隊派の軍備論を支持しているとは、とうてい思えない。にもかかわらず、大局からみれば、国力に優《まさ》る米英の建艦に制限をかけるという意味では、むしろ有利であるはずの補助艦保有量に関する妥協案に反対したのは何故か。

有力な史料や証言が残されていない以上、ことは推測によるしかないのであるが、筆者は、このような仮説を立てている。当該時期の山本は、航空機の将来に注目し、総力戦下の海軍軍備はいかにあるべきかという問題を念頭に置くようにはなっていたけれど、後年にみせたような理解のレベルには達していなかった。すなわち、航空機は主力艦や補助艦の不足を補ってあまりある、未来の主兵であるとまでは考えられなかった。また、対米補助艦比率の多少の上下は、国際政治的に極東・西太平洋における日本の地位が保障されることに比べれば、取るに足りないことだとは達観できなかったのである。それゆえに、山本は、作戦・戦術次元の問題に拘泥《こうでい》し、大型巡洋艦や潜水艦の保有量に固執する近視眼を暴露してしまったのではないかと思われる。

また、山本には、航空主兵論を唱えるようになってからも、戦艦保有を弁護するような発言を口にするなど、いわば「煮え切らない」ところがある。第一次ロンドン会議においても、その癖が現れ、総力戦下の軍備という観点に振り切った判断ができなかったのだとみることも可能であろう。

いずれにしても、戦略家としての山本五十六は、脱皮前だったのだ。

堀悌吉の影響

一九三〇年六月十七日、山本五十六は、全権団一行とともに神戸に帰着した。

それ以降、山本は、海軍大学校時代の教官であった山梨勝之進や心許した友である堀悌吉が、加藤寛治や末次信正ら艦隊派の攻撃の矢面に立たされていたことを知り、自分がロンドンで彼らの足を引っ張るような言動に出たことに忸怩《じくじ》たる思いを抱いたのではないか。

事実、帰国後の山本は、病気と称して、いっさいの面会を断ち、鎌倉《かまくら》の自宅にひきこもっていた。一時は、海軍を辞めるのではないかという噂も立ったという。

おそらく、この時期を境として、山本は、かねて堀悌吉が主張していたテーゼを受け入れ、優れた戦略家に脱皮したものと思われる。

ここで、堀の思想を簡単にまとめておこう。それは、加藤友三郎の「不戦海軍」論を受け継ぐもので、戦争を罪悪とし、海軍の存在意義は、無言の威力によって平和を保障することにあるとの前提にもとづいている。その視点からすれば、軍備の多寡《たか》が国防を決するという艦隊派の議論などは問題にならない。軍備は、平和を保つために過不足なく整備すべきで、国力・国際情勢に適合していなければならぬ。

かかる発想ゆえに、堀悌吉は、兵力量において多少の不満があろうとも、対米英協調路線を採り、会議をまとめる必要があると断じていた。再び、賀屋興宣の回想を引用しよう。

「堀悌吉氏は、ちょうどロンドン会議当時、軍務局長であった。海軍は対米比率を主張すると同時に、軍艦の保有量をなるべく多くせんとして、軍縮会議の趣旨と矛盾した意向を強く持っていた。私はその策動を封ずる意味において、旧式主力艦の廃案（むろんこれに見合う英仏保有艦の廃案を含む）を実行せしむべく計画した（ここで賀屋が「旧式主力艦」としているのは、大型巡洋艦のことであろう）。堀君はこの私の案に同意であったが、全権一行の日本出発前に、それを正式に決定することは非常に困難で、決定を強行するとかえって結果が悪くなるから、ロンドンで会議の進行中に必ずその案をまとめるからと、私に固い約束をしてくれて、しかも会議の進行中約束通り日本政府の意見をまとめてこれを実現してくれた」（賀屋前掲書）。

艦隊派や政友会が難じた「統帥権干犯」についても、軍縮問題の主務が海軍省にあるからには、そんな問題が生じるわけがないと一顧だにしなかった。こうした明晰《めいせき》さは艦隊派を圧倒した。が、それがために艦隊派の仇敵《きゅうてき》とされた堀は、のちにパージされることになる。

その経緯は本書後段に譲るとして、帰国後、艦隊派と条約派の醜悪なまでの対立を目の当《ま》《あ》たりにし、また堀の真意を知らされた山本は、おのが謬見《びゅうけん》をさとり、戦略家として開眼するに至った。そう考えても、あながち的外れではあるまい。というのは、この帰国を画期とし、山本五十六の言動は、第一次ロンドン会議の暴れん坊ぶりとは見違えるような、識見を感じさせるものとなっていったからである。

前出の野村實は、「山本がロンドンから神戸に帰着した昭和五年六月十七日が、山本の考え方が艦隊派的から条約派的に移行する、分岐点の日と判定してよい」と喝破《かっぱ》している（野村『山本五十六再考』）。卓見であろう。

海軍航空本部技術部長

帰国後、鬱屈《うつくつ》していた山本ではあったが、一九三〇（昭和五）年九月、航空本部に出仕することになり、同年十二月には、その技術部長に就任することになった。

航空本部は、一九二七（昭和二）年四月に、海軍大臣直属の機構として設立された。それまでは、要員養成を海軍省教育局、航空機やエンジンの開発を艦政本部が担当していたのを、日々重要性を増しつつある航空戦力の統一的な育成をはかる必要から、そうした機能を、新組織である航空本部にまとめたのである。その所轄事項は、航空兵器の企画、研究、開発、教育全般、運用などであった。

山本が技術部長に補せられた当時、航空本部は、航空機の国産化、新型機の設計の民間会社への割り当て、もしくは競争試作など、あらたな施策に乗りだしていた。技術的にも、木製・羽布張りから全金属製航空機への脱却がはかられ、広廠《ひろしょう》航空機部の九〇式一号飛行艇、中島飛行機の九〇式艦上戦闘機、三菱の九〇式機上作業練習機などの試作開発が行われた。さらに一九三二（昭和七）年になると、七試艦上戦闘機（三菱と中島の競争試作）をはじめとする多数の機種の試作が実行される。

つまり、この時期はちょうど、海軍当局が、ロンドン軍縮によって補助艦が制限されたことによる戦力低下を、航空機によって補おうと努力しだしたころだったのだ。「鉄砲屋」から航空畑に転じようとしていた山本にとって、かようなタイミングで航空本部技術部長となったことは大きな幸運といえた。霞ケ浦《かすみがうら》航空隊と空母赤城《あかぎ》で、航空機の運用についてはすでに経験を得ていたが、今度は航空本部において航空機の開発と戦力化の実際を知る機会を授けられることになったのである。

山本は、新任務に熱心に取り組んだ。この技術部長時代の発言として、「外国機の輸入は、我《わが》航空科学技術の恥辱と思わねばならぬぞ。それは日本科学の試験台なのだ。もし国産機が外国機の単なる模倣に終ったら、欧米科学に降伏したものと思え。その代わり、それを凌駕する優秀機が作られたら、勝利は日本科学の上に輝いたと思え」というものが伝えられている（反町前掲書）。

山本は口先だけでなく、たとえば中島飛行機や三菱の工場などをしばしば視察し、航空戦には必須の大量生産体制の確立を奨励していった。

なお、太平洋戦争で重要な役割を演じることになる機種「中攻」の萌芽《ほうが》がすでにみられることも見逃せない。当時としては重武装で長距離飛行が可能な七試陸上大型攻撃機が開発されたのである。この機種の戦略・作戦的な重要性については、海軍航空本部長となった山本を論じる項で述べよう。

加えて、空母をよりいっそう重視するようになったのも、この技術部長当時かと思われる。当時、外国の駐日武官たちと歓談した際の山本の発言が残されている。そのとき、軍艦の艦種でもっとも重要なものは何かと尋ねられた山本は、「どれも重要なものでないものはない。もっとも重要なものは飛行機を運ぶ軍艦です」と、言下に答えたという（近藤前掲書）。

第一航空戦隊司令官

一九三三（昭和八）年十月、山本は、空母赤城を基幹とする第一航空戦隊司令官に補せられた。再び実施部隊に戻った山本の方針は、かつての赤城艦長時代と同じ猛訓練主義だった。彼の信念をよく表していると思われる発言を引こう。

「我が海鷲（海軍航空隊）に頼むところは精神と、技術と、この二つより外に何もない」。

「飛行機の制作では、米英に一日の長がある。われわれも、これに負けぬよう研究を続け、進歩こそはしているが、決して油断は禁物である」。

「――また、米人なぞは随分勇気があって、冒険などは日本人よりも遥《はる》かに思い切った事を平気で成し遂げる。戦争の如きも、一種のスポーツと考えて、勇敢にやって来るに違いない。賞金なぞを賭ければ、命なぞは考えないで至難の技《わざ》でも無鉄砲にやる人種だ」。

「ところで、これに対抗するためには、われわれは、死を見ること帰するが如しと云う、崇高な大和魂《やまと》の極致を発揮して、ただ平素の猛訓練を実施しなければならない。飛行機の知識の少ない人々が、よく日本人は、器用で、操縦が巧妙だから、発達も早いであろうなぞと云ってるが、そんな市井《しせい》の一言が、当《あて》になる筈《はず》がない。

われわれは、ただ猛訓練によってのみ、真の技術を身につけるより外に何もない」（近藤前掲書）。

戦争中の出版物ゆえ、大和魂うんぬんのところなどは脚色ではないかと思われるが、おおむね山本の意思を伝えているかと思われる。

実際、山本は危険を顧みずに、搭乗員の伎倆《ぎりょう》を高めようとし、敢えて薄暮発艦・夜間着艦といった訓練を命じることもあった。もっとも、情の深い山本にしてみれば、やむにやまれぬことゆえ、無理をしているという意識が強かったようで、以下のような挿話が残されている。

赤城上空で戦闘機が組んずほぐれつの模擬空中戦を演じているさまを眼にした見学者が、思わず「実にうまいものだ」と洩らすと、山本は深刻な顔で言ったという。

「君あれを遊び事の様に見て貰っては困るよ。ああやって上空から真っ逆様に降りると肺の中に出血する。そうしてこれに従事した者は命を縮めるのだ。その練習は三十歳を超えてはできない。実際人の子を預って居てあんなことをやらせるのは忍びないんだが、国の為には替えられぬから、やらせて居るのだ」（反町前掲書）。

なお、こうした第一航空戦隊司令官時代の山本の言動から、彼が、総力戦に向けた搭乗員の大量養成から、奇襲先制のための少数精鋭主義に重点を移しはじめていたのではないかとの疑問を抱く向きもある（田中前掲書）。しかしながら、この前後、あるいは、のちに山本が海軍次官になってから、搭乗員養成に打った手を考えると、その解釈は気が早いのではないかと思われる。

近年、米軍は「戦力準備者」(force provider) と「戦力行使者」(force user)、すなわち、軍隊を育成準備する役割と、そうして錬成された軍隊を実際に使う役割の二つを自覚的に概念化し、その職務を明確に区別しようとしている。かかる説明を当てはめるならば、山本の変化も、「戦力準備者」である航空本部技術部長から、「戦力行使者」である第一航空戦隊司令官への転任によるもので、とくに不思議なことではあるまい。

山本が、長期の総力戦をにらんでの体制をつくることよりも、あらゆる現有戦力を投じての連続打撃戦略を重んじるようになったのは、むしろ日米開戦直前ではなかろうか。

この問題については、本書後段で詳述することにしたい。

第四章　第二次ロンドン会議代表から航空本部長へ

望まぬ大役

一九三四（昭和九）年、経済に疲弊をもたらし、国際平和をおびやかしかねない列強の建艦競争を抑えようとする、あらたな試みがなされた。ワシントン条約とロンドン条約のいずれも、一九三六（昭和十一）年末に期限切れになるのをにらんで、それらの存続をはかろうとしたイギリスの提案により、再びロンドンにて、海軍軍縮会議が開催されることになった。この第二次ロンドン軍縮会議に際しての予備交渉において、帝国代表に任命されたのが、山《やま》本五十六《もといそろく》であった。しかし、かかる晴れがましい大役も、山本にとっては、けっして望んで得たというものではなかったらしい。その背景には、当時の日本海軍内部で繰り広げられていた条約派と艦隊派の暗闘があった。

前章で述べたように、ワシントン条約締結のころには、前者が後者を抑え、国際協調路線を保持した観があった。だが、一九三一（昭和六）年に満洲《まんしゅう》事変が起こり、拡張主義がはびこるとともに、強硬な政策を声高に唱える艦隊派もまた勢力を増しはじめた。艦隊派は、その中心人物である加藤寛治《かとうひろはる》に近かった皇族軍人、伏見宮博恭王《ふしみのみやひろやすおう》（海軍大将）を軍令部長の要職につけるべく工作し、一九三二（昭和七）年、これに成功する。また、一九三一年に海軍大臣となった大角岑生《おおすみみねお》大将も、艦隊派の意を汲《く》むことが政治的に有利とみて、条約派の提督たちを予備役に編入して、彼らの弱体化に努めた。この「大角人事」と呼ばれる一種のパージによって、山梨勝之進《やまなしかつのしん》大将（元海軍次官）、谷口尚眞《たにぐちなおみ》大将（元軍令部長）、左近司政三《さこんじせいぞう》中将（元海軍次官）、寺島健《てらしまけん》中将（元海軍省軍務局長）、坂野常善《さかのつねよし》中将（元軍事普及部委員長）らが海軍を去り、影響力を失うことになる。

ちなみに、他国がロンドン会議に大将級の軍人を送り込んできたのに対し、日本が少将にすぎない山本を出したのは（一九三四年十一月、中将進級）、「大角人事」によって、山梨や左近司が退役してしまい、国際会議に対応できる人材が払底したためだったとする説もある。その結果、第一次会議での強硬姿勢から艦隊派に近いと目されていた山本を選ばざるを得なかったというのだ（野村「海軍軍縮と山本五十六」）。

もし、この指摘が当たっているとしたら、海軍中枢部を占めるに至った艦隊派は、山本の言動が期待はずれであることに、眉《まゆ》をひそめたことであろう。というのは、山本はもう、ひたすら艦隊戦力保持を訴え、意に染まぬ意見に対して「鉄拳が飛ぶぞ」と脅しつけるような猪武者ではなくなっていたからだ。

一九三四年九月十日、ロンドン会議代表に選ばれたことを祝いに、青山《あおやま》の私宅（鎌倉《かまくら》から引っ越してきたばかりだった）を訪ねてきた反町栄一《そりまちえいいち》に対し、山本は、こう語っている。

「私は河井継之助先生が小千谷談判におもむかれ、天下の和平を談笑の間に決せられんとした、あの精神をもって今回の使命に従う決心だ。軍縮は世界の平和日本の安全のため、かならず成立させねばならぬ」（反町前掲書）。

ここでいう「河井継之助《かわいつぐのすけ》の小千谷《おぢや》談判」とは、戊辰《ぼしん》戦争のときの挿話である。長岡《ながおか》藩総督河井継之助は、同藩の局外中立ならびに対立する東西両軍の調停を願い、小千谷の慈眼寺《じげんじ》に置かれていた官軍本営を訪ねて、それを申し出た。ところが、官軍側の交渉相手岩村精一郎《いわむらせいいちろう》監軍は、河井の言葉は時間を稼いで戦備を整えるための策略であろうと疑い、いくさか降伏かと言い放って、席を立ってしまった。その結果、官軍と長岡藩は凄惨《せいさん》な戦いに突入することになる――。

この喩《たと》えからも推察できる通り、山本は、第二次ロンドン会議にのぞむにあたり、何としても軍縮を維持し、国際協調を保つ決意だったと思われる。しかしながら、同時に、それが小千谷会談に勝るとも劣らぬ、大きな困難をともなう課題であることも覚悟していただろう。山本はしばしば、河井継之助の小千谷行で、官軍側に一人の西郷隆盛《さいごうたかもり》がいたら、長岡藩は賊軍の汚名からも、戦火からも救われただろうと洩《も》らしていたといわれる（阿川『山本五十六』、文庫版、上巻）。山本、そして、日本にとって不幸なことに、ロンドン会議にも「西郷」はいなかったし、それればかりか、国内の強硬派も交渉妥結をさまたげたのである。

山本が、条約派に対する艦隊派の圧力が日に日に強まっていること、その矛先は畏友堀悌《ほりてい》吉《きち》にも向けられていることをよく承知していたのはいうまでもない。かかる状況下で、本国の指令と折り合いをつけつつ、自らの見解を貫くことは至難のわざであった。実際、山本は、帝国代表となることを何度も固辞しているのであるが、ほかに人がいない以上、引き受けるほかなかった。

山本の出発時にも、そうした不安を裏付けるようなできごとがみられた。堀悌吉に宛てた一九三四年十月一日付の山本書簡から引用する。「〔出発の際に〕東京駅や横浜で何とか同盟とか連合会とかのとても落ち着かぬ連中が決議文とか宣言書とかを読んで行を壮にしたのは不愉快だった。〔原文改行〕あんなのが憂国の志士とは誠にあぶない心細い次第だ」（大分県立先哲史料館編『大分県先哲叢書　堀悌吉資料集』、第一巻。強調原文）。

おそらく艦隊派に使嗾《しそう》されていただろう国粋団体の面々から、強硬路線を取るべしと念を押されたのであろう。山本五十六の渋面が眼に見えるようである。

ともあれ、ここでは、山本が第一次ロンドン会議のときとはちがって、艦船保有量の対米比率といった区々たる問題にこだわるのではなく、より戦略的な見地に立つようになっていたことを確認しておきたい。

しかし、歴史家の相澤淳《あいざわきよし》のごとく、第二次ロンドン会議の予備交渉時に、山本がかつての部下である三和義勇《みわよしたけ》に宛てた手紙の一節「英米を叩頭せしむるの日必ずしも遠からざるが如く被感候《かんじられそうろう》」を根拠に、彼の米英に対する反感は、当時もなお残っていたとする論者もいる(相澤淳『海軍の選択』。ルビは原文ママ)。これについては、問題の部分の前段も含めて、山本書簡を引用することで答えとしたい。そこから、山本の意図は、むしろ臥薪嘗胆《がしんしょうたん》の戒めにあって、「反感」の表れではないことが読み取れるものと思われる。

「〔前略〕ただ吾人〔山本〕の若輩を以てして、英の三相や米の代表者並《ならび》に両国軍令部長が、腹では癪《しゃく》にさわりながら、表面はおとなしく愚説を傾聴し居るは如何にしても帝国の国力が華府〔ワシントン〕当時とは雲泥の差あるによると、ひそかに自ら驚く次第にて、日東の新興無敵の帝国は此際《このさい》いやが上にも自重し、真に国運の進展に精進すべきのときと痛感致居《いたしおり》候《そうろう》。

大戦前の独国が更に三年乃至《ないし》十年の隠忍をなさば、今日欧州に比肩すべき国家なかりしならむと想像せらるる前轍《ぜんてつ》に鑑み、吾人は今日こそ冷静自重実力の向上蓄積に努力すべく、今次会議は遂に成功せずとするも、英米を叩頭せしむるの日必しも遠からざるが如く被感《かんぜられ》候《そうろう》」（阿川『山本五十六』、文庫版、上巻ならびに坂井多美子編『山本元帥の思い出――三和義勇』）。

英米代表と渡り合う

しかしながら、国力不相応な大艦隊保有よりも、国際協調による安全保障を重視する方向に脱皮した山本個人の識見とは裏腹に、第二次ロンドン軍縮会議にのぞむ日本政府、あるいは日本海軍当局の姿勢は消極的だった。一九三四年十二月三日、ときの岡田啓介《おかだけいすけ》内閣は、閣議でワシントン条約廃棄を決定、二十九日にアメリカにその旨を通告していた。

そうして、主力艦五・五・三の比率制限を脱却したのちの軍縮について、日本が抱いていたヴィジョンはというと、とうてい現実的とはいえない案だったのだ。不脅威・不侵略を原則として、日米英、さらにイタリアやフランスを含めた列強のあいだで、海軍保有兵力量の上限を定めるというのはよいが、その数字を各国おしなべて平等なものとすることを望むとした。

これでは、世界各地の植民地を守る必要があるイギリス、太平洋・大西洋の両洋に対応しなければならないアメリカに対し、極東・西太平洋に集中することができる日本が、圧倒的に有利になるから、交渉がまとまるはずがない。そのため、日本政府は、艦船保有量の上限をできるだけ少なくし、攻撃的兵器の廃棄に努めるという名目を立てた。具体的には、航空母艦、あるいは主力艦の全廃を切り出すことまで、全権団に認めたのである。軍縮と協調による安全保障を真剣に追求したとは、とうてい認めることができない日本政府の姿勢であった。

それでも、山本五十六は、本国の意向に従い、予備交渉において辣腕《らつわん》をふるった。その当意即妙の弁論について、いくつかのエピソードを示そう。

潜水艦は防御的な兵器だと主張した山本に対し、アメリカ代表の軍令部長ウィリアム・H・スタンドレー大将が、そう考える根拠は何かと反問してきたときのことである。山本は、つぎのように答えている。

「なるほど潜水艦は航続力は駆逐艦よりは大きいが、その構造からいって乗組員の生活、食糧品貯蔵その他の点で駆逐艦に劣る。従って敵地に出かけて戦争することは潜水艦にはできない。これはどうしても近海にあって攻め寄せる敵艦を防ぐに使用する外《ほか》ない。これを恐れるのは、あたかも闖入者が邸内の番犬を恐れるようなもので、塀を乗り越えぬ以上番犬は噛みつかぬから、闖入者でさえなければこれを恐れる必要はない。これが潜水艦が防御的であるという理由である」（反町前掲書）。

　また、やはりアメリカ代表のノーマン・H・デイヴィス大使（この「大使」は職名で、外交官としての位階を示すものではない）から、貴官は航空戦隊の司令をやっていたのに、航空母艦廃止論を唱えるなどおかしいではないかと問われたときの山本の答えもふるっている。

「航空司令をやっていた経験があるからこそ、自分は空母の廃止を提唱するのだ。いざ戦時になれば、航空母艦が防御武器でなく、進攻武器であることは忽《たちま》ち諒解がつくだろう。空母が、人類の平和を脅かすことの大きさは、とても想像がつかんと思う。平和を愛することは世界で日本が第一番だ。だから日本帝国はここに航空母艦の廃止を叫んでいるのじゃないか、あなた方には、この意味が判らないのか」（近藤前掲書）。

　のちに山本が、海軍の航空戦力を整備し、空母機動部隊編成の実現に尽力したことを考えると、なんとも皮肉な応答ではある。さりながら、山本は、本国の訓令通り、ぬけぬけと航空母艦廃止論を唱えたのであった。

　これでは、デイヴィスが、「俺がヒューズ米全権（チャールズ・E・ヒューズ国務長官。ワシントン会議のアメリカ首席全権）に劣るか、それとも日本の山本が加藤友三郎全権に優るか知らんけれども、ワシントン会議では、米国が日本を押さえたのに、今度はかえって俺を抑えにかかりやがる」と、新聞特派員相手に述懐したのも当然であったろう（近藤前掲書）。

山本の挫折

しかし、山本がいかに奮戦しようとも、戦略の失敗を戦術の妙技でくつがえすことができないように、政治の判断ミスを現場の交渉で逆転させることは不可能である。山本は、イギリスが日本と同様、国力に限界があることから、建艦競争を回避したいと考えていることを見抜き、同国を味方につけて、アメリカを説得しようとしたが、交渉は思うように進まず、十二月には休会となった。

山本にとって、衝撃的な事件が起こったのは、このころのことである。海軍省官房の書記官で、代表団の随員の榎本重治《えのもとしげはる》が口にしたことが、その前触れとなった。榎本は、ある朝、堀悌吉の夢をみて、何気なく、それを山本に語った。山本は、すさまじい形相になり、「なに？　ほんとか？　堀がやられたな」と言ったというのだ（阿川『山本五十六』、文庫版、上巻）。

山本の直感は当たった。東京の堀悌吉は、十二月十日付で待命を仰せつけられ、同月十五日付で予備役に編入されたのだ。条約派の右代表たる人物の失脚であった。

はたして、この山本発言が、霊感によるものなのか、かねて堀の身の上を懸念していたがゆえのとっさの反応だったのか。それはわからない。

しかし、山本が、ロンドンに出発する前から、艦隊派の槍玉《やりだま》に挙げられている堀を心配し、彼を現役に留《とど》めておいてくれるよう、伏見宮軍令部総長に直訴するという非常の一挙に出たのも事実だ。

だが、その努力も空しくなった。艦隊派は、第一次上海事変において、第三戦隊（軽巡洋艦部隊）司令官だった堀に怯懦《きょうだ》の振る舞いがあったと非難し、彼を退役に追い込んだのであった。海軍省軍務局長の吉田善吾《よしだぜんご》少将より、堀失脚を知らされた山本の絶望は深い。すぐに堀に宛てて出した手紙からは、海軍当局への憤りがあふれかえっているようである。

「吉田〔善吾〕よりの第一信に依《よ》り君の運命を承知し、爾来快々《じらいおうおう》不快の念に不堪《たえず》。〔中略〕如此《かくのごとき》人事が行わるる今日の海軍に対し、之が救済の為努力するも到底六《むつ》かしと思わる。

矢張《やはり》山梨〔勝之進〕さんが言われし如く、海軍自体の慢心に斃《たお》るるの悲境に一旦陥りたる後立て直すの外なきにあらざるやを思わしむ。

爾来会商に対する張り合いも抜け身を殺しても海軍の為などという意気込みはなくなってしまった」（『大分県先哲叢書　堀悌吉資料集』、第一巻）。

また、山本が「巡洋艦戦隊の一隊と一人の堀悌吉と、海軍にとってどっちが大切なんだ」と公言したとの話も伝わっている（阿川『山本五十六』、文庫版、上巻）。

幻の山本・ヒトラー会談

いずれにせよ、第二次ロンドン軍縮会議の予備交渉の歩みは、明けて一九三五（昭和十）年になっても、遅々として進まない。無条約状態になるのを恐れたイギリスが最後の打開工作を試み、同国の軍令部長アーンル・チャトフィールド大将と山本の極秘会談が持たれる一幕もあったが、そこで何が話し合われたかは、今日なおあきらかではない。しかし、結局のところ、成果を得られぬままに会議は終わり、山本も失意のままに帰国することになった。

実は、この帰国に際して、ロンドン会議参加国以外からの働きかけがあった。ナチス・ドイツである。当時、ヒトラーの腹心であり、のちに外務大臣となるナチ党の要人ヨアヒム・フォン・リッベントロップは、自らが外務省の実権を握ろうとやっきになっていた。そのためには、何らかの外交的成果を上げて、保守的な政策を取る外務省首脳部に、おのれの能力を誇示してやらなければならない。そこで彼が眼を付けたのは極東政策であった。伝統的に親中政策を取る外務省の守旧派の向こうを張って、日本に接近し、同盟を結ぶことを企図したのである。

その使者として、白羽の矢を立てられたのは、このころ、リッベントロップに協力していたフリードリヒ・ハックという兵器ブローカーだった。ハックは、海軍に航空機を納入するなど、日本と深いつながりがあったハインケル社の代理人を務めていたから、アプローチをゆだねるにはうってつけと思われたのだ。

一九三五年一月、ハックは、リッベントロップの特命を受けて、ロンドンに旅立った。彼の使命は、山本五十六をベルリンに招致し、総統アドルフ・ヒトラーとの会見を実現させることであった。彼はまた、日独ポーランドの三国で、対ソ同盟を結ぶことに賛成する空気が日本にはあるかと、慎重に打診することになっていた。

しかし、ハックの試みは失敗した。山本の帰国は二月であるが、その直後に、英仏伊の首脳部は、ドイツの再軍備宣言を受けて、イタリアのストレーザで会談し、ヴェルサイユ条約違反に抗議し、オーストリアの独立を支持するとの声明を発表、対独姿勢を鮮明にしている（いわゆる「ストレーザ戦線」）。かかる状況になると推測し、孤立するであろうドイツに近づくことに不安を覚えた松平恒雄《まつだいらつねお》駐英大使と武者小路公共《むしゃのこうじきんとも》駐独大使が、山本・ヒトラー会見の実現を妨害したにちがいないというのが、のちのハックの推定であった。

だが、リッベントロップはあきらめず、駐独日本大使館に訴えて、さらに山本の訪独を要請する。武者小路駐独大使は、会わぬほうがよいという山本の意向もあろうが、ヒトラーはともかく、リッベントロップとドイツ海軍統帥部長官エーリヒ・レーダー大将は、儀礼的に訪問しておくべきだと、ロンドンの日本大使館に電話をかけて説得した。山本は、この武者小路のアドバイスを容れて、帰国の途上、ベルリンに立ち寄ることになる。けれども、そこでの彼の振る舞いは、さぞかしリッベントロップを失望させたことであろう。山本は「リッベン〔トロップ〕に逢わせレーダーに紹介したがその対応はテキパキして相手に好感を持たせるが、自分からは進んで話題を見いだそうとは決してしな」かったからである（武者小路公共『外交裏小路』）。

以後、山本が対独接近に反対しつづけたことを思うと、示唆に富むエピソードではある。なお、余談となるが、ここで登場したハックは、のちに日独防共協定の仲介役となり、一九四五（昭和二十）年にはスイスにおける日本の終戦工作を助けることになる、数奇な運命を背負った人物であった。

かくて、ベルリンでの一幕を終えた山本は、シベリア経由で帰国、一九三五年二月十二日に東京に戻った。このとき、山本が乗った特急「富士」の車内で行われたインタビューの記録が残っている。山本はなかなか率直に記者に答えている。

「**記者**　日本と英吉利《イギリス》の間が、よけい接近している様に思われますが、どうですか？

山本　そんな事はいえないよ。英吉利と日本が会った回数が一番多いが、それは交渉の都合でそうなったのだ。〔後略〕

記者　交渉打開の鍵はどこにありますか、日米間の接近ができれば、まとまるようにいわれていますが……。

山本　日米が接近しただけで、まとまるようになるとはいえないよ」

ただし、つぎの一問一答は、山本としては、あるいは、そんなことは海軍省に訊《き》けといいたいところだったかもしれない。

「**記者**　日本が譲歩すれば、まとまるというような事は？

山本　日本が、原則を譲歩するという事はできない。僕が代表である限り、原則の譲歩は絶対にしない。これは僕の信念だ」（「山本五十六代表一問一答録」）。

航空戦力の育成

ロンドンより帰国した山本は、鬱々《うつうつ》とした日々を送っていた。堀悌吉を辞めさせるような海軍ならば、自分も去るかと考えていたといわれるのは、このころである。しかし、当の堀に諭《さと》されて、ようやく思いとどまった山本に、航空本部長に任ずるとの辞令が下ったのは、一九三五（昭和十）年十二月のことであった。

のちに海軍次官に就任した際、山本は、自分には航空本部長がもっとも適任だ、できることなら一生本部長でいたいとぼやいたという。たしかに、航空主兵論に転じていた山本にしてみれば、おのが軍備構想を実現できる航空本部長のポストを得るのは、願ったりかなったりのことであったろう。彼は、このポストにあって、数年のちに連合艦隊司令長官として実戦にのぞむ際に使用することになる航空兵器の開発に自ら携わった。

山本が航空本部長、あるいは、その前の同本部技術部長だった時代に試作され、制式化された航空機は、堀越二郎《ほりこしじろう》技師の設計になる九六式艦上戦闘機をはじめ、さまざまであるが、彼の航空戦思想が色濃く表れているのは、やはり「中攻」、双発（エンジン二基）大型の陸上攻撃機であろう。

当時、イタリアの軍人で用兵思想家のジュリオ・ドゥーエが提唱した軍事理論が、列強に大きな影響を与えていた。ドゥーエは、第一次世界大戦で出現した新兵器、航空機の有効な用法として、資源地帯や都市などを攻撃、戦闘員・非戦闘員を問わずに損害を与えることで物心両面の打撃を加え、敵国民を士気沮喪《そそう》させて講和に追い込むことができるとしていたのである。テロ爆撃の推奨ともいうべき理論ではあるものの、ドゥーエは、敵国を急速に降伏させることが可能だから、結果として戦争は短期間に終結し、流血も少なくなると主張していた。

このドゥーエ理論の倫理性はともかくとして（第二次世界大戦で空爆のみにより屈服した国がなかったことから、その妥当性は疑問視されるようになった）、一九三〇年代の列強が、かかる航空戦遂行の必要から、大型爆撃機の開発にいそしんでいたことは事実だ。また、航空戦力の整備にあたっても、爆撃機中心で、戦闘機の比率を下げる国が少なくなかった。

ところが、山本の着想に基づき、開発された「中攻」、制式化された九六式陸上攻撃機（略称「陸攻」）は、作戦・戦術的な必要にもとづく機体であった。つまり、のちの言葉でいう「戦略爆撃」ではなく、日米開戦のあかつきには、太平洋を西進してくるであろうアメリカ太平洋艦隊を消耗、漸減《ぜんげん》させることを目的としていたのである。むろん、潜水艦や空母の航空隊も、そうした攻撃に使われるのだけれども、それでは、必ずしも遠距離から一方的に叩《たた》くというわけにはいかない。そこで、日本が南洋群島を委任統治領としているのを幸い、同地域の島々から発進する長距離飛行可能な機体によって、先制攻撃をかけるという構想が練られたのである。そのために開発され、量産されたのが九六式陸攻、また、後継機の一式陸攻だった。ゆえに、陸攻は、爆弾のみならず、対艦攻撃に威力を発揮する魚雷をも自在に搭載できるようになっていたのだ。

かような山本の発想が有効だったことは、太平洋戦争の緒戦、日本海軍航空隊の陸攻群が、イギリス東洋艦隊を撃滅してのけたマレー沖海戦で証明されたといえる。かかる機種を開発し、戦力化せしめたことは、山本の作戦・戦術次元の能力を評価する上では、得点となり得るだろう。それは、日本のみならず、たとえば、マーク・R・ピーティーのような外国の海軍史家も高く評価するところだ（Mark R. Peattie, ***Sunburst***）

また、陸攻開発の経緯は、山本の航空戦思想をうかがう上で重要であろう。管見のかぎり、山本は陸攻の必要を論じるにあたり、すでに述べたように当時圧倒的な影響力をふるっていたドゥーエの主張を支持するような意見を述べていない。陸攻は、後世にいうテロ爆撃で敵国の戦意をくじくのではなく、太平洋上で米艦隊を撃破するためにつくられたのである。これは、山本が、いかなるかたちで航空戦を展開するつもりだったのかを推察する上で、大きなヒントになり得るだろう。もっとも、日本海軍の主敵であるアメリカを戦略爆撃で屈服させられるような航空兵力整備など夢のまた夢であるから、最初から念頭になかったという可能性もあるが——。

ただし、九六式陸攻が、その長航続と爆弾搭載能力の大きさゆえに、日中戦争において、まさにドゥーエ的な戦略爆撃に使われたことは、ここで付言しておかなければなるまい。山本が意図していたか否かにかかわらず、九六式陸攻は、それができるだけの性能を有していたのである。

空軍独立をめぐる議論

ほかにも、航空本部長時代の山本の功績として知られるのは、航空機産業の調整に努力し、大量生産体制を整えるのに奮闘したことであろう。そうした働きをみれば、山本がすっかり航空主兵論に転向し、また、総力戦に向けた航空戦力整備の必要も理解していたと思われるかもしれない。それ自体は間違いではなかろう。だが、では、山本が組織防衛上の配慮や大艦巨砲主義を唱える海軍主流派への忖度《そんたく》から完全に自由であったか。おそらく、そう断じてしまえば、真実からは遠ざかることになる。

そのような山本の不徹底さに関する一つの証左となるのは、空軍独立論をめぐる彼の動きである。第一次世界大戦後、列強のあいだに、陸海軍にそれぞれ附随する航空隊ではなく、第三の軍種として空軍を独立させる動きが目立つようになっていた。一九一八（大正七）年にイギリス、一九二三（大正十二）年にはイタリアが独立空軍を創設した。こうした流れを受けて、実は日本でも、一九二〇（大正九）年に設置された「陸海軍航空委員会」で、独立空軍の設置が検討されていたのだが、時期尚早として沙汰《さた》止みになっていたのである。それが、一九三五（昭和十）年にドイツが再軍備宣言とともに空軍を発足させるのをみて、再び議論の対象となった。

一九三六（昭和十一）年五月、海軍大学校教官加来止男《かくとめお》中佐と陸軍大学校教官青木喬《あおきたかし》少佐が連名で、各大学校長に宛てて、空軍独立論を唱えた意見書を提出した。加来は、のちに空母飛龍《ひりゅう》艦長に就任したことからもわかる通り、海軍航空の専門家であり、海軍の空軍化を主張する急先鋒《きゅうせんぽう》であった。その内容は、作戦実施上、陸海軍のそれぞれに直属させる必要がある航空部隊を除き、大型機を中心とし、防空に任ずる部隊を加えて、あらたに独立空軍をつくり、さらに陸海空三軍を統制する最高統帥機関を常設するというものだった。また、空軍は、すべての民間航空関係行政も統括するともされている。

現代に通じる発想ではあったけれど、『戦史叢書　海軍航空概史』の編者角田求士《つのだひとし》が指摘するように、「陸海軍とも直接作戦に使用する航空戦力さえ不足に悩んで」いるなか、「これが充実を図るほかに、別に独立空軍を作ろうとするもので、当時の国力、技術力、工業力の実情では到底実現は望み得ない論」だったといえる。何よりも、官僚組織としての海軍の立場からは、権限や予算を自ら減じるにひとしい議論を認められるはずもなかった。総力戦に向けて航空戦力を準備することを重視していた山本にしてみれば、加来・青木意見書は一考に価したはずだが、彼が積極的な検討を命じた形跡はなく、むしろ海軍部内の反対論に妥協したようだ。

一九三七（昭和十二）年七月、海軍航空本部は「航空軍備に関する研究」と題して、その見解を発表した。これはまず、空軍独立のような大改革は相当長期にわたる実力の低下をもたらすとの懸念を示していた。その上で、一国の全航空兵力を統一した空軍は、原則的にはもっとも良いものであるけれども、日本としては、地理的ないし軍事的な対勢から、とうてい採用できないと、独立空軍論を否定するものだったのである。

先に触れた角田は、かかる見解が出された背景には、空軍を独立させた場合、その将校団は陸軍出身者となり、彼らが主導権を握るにちがいないと予想されたことがあると指摘している。そうなれば、海軍作戦に必要な航空兵力の弱体化はまぬがれない。「なお海軍の一部には、陸軍は空軍独立を利用して、陸軍航空の質量にわたる立ち遅れを回復しようとしているのではないかとの邪推を口にする者さえあった」(『戦史叢書　海軍航空概史』)。

つまり、用兵思想というよりも、陸軍にリードされることへの反感から、空軍独立をつぶしにかかったというのである。山本は、前年の末に海軍次官に転じるが、それまでは、航空本部長として、この問題にかかわっている。したがって、彼もまた「航空軍備に関する研究」に示された、海軍の組織防衛的議論を容認したと考えてよいだろう。

不徹底な航空主兵論

もう一つ、山本が先見的な航空主兵論を力説しながらも、それが不徹底であったことを示す事例がある。戦艦の建造問題だ。軍縮条約が有効であった「海軍休日」が終わり、建艦競争が再開されることを予想した日本海軍は、量ではアメリカに勝てなくとも質で優《まさ》ることをめざして、一九三四(昭和九)年から七万トン級戦艦の研究に着手した。その結果、一九三六(昭和十一)年に建造が決まったのが、戦艦大和《やまと》と武蔵《むさし》である。

航空本部長山本五十六が、不沈戦艦などあり得ない、将来の海戦では、砲撃戦の前に航空機の攻撃で撃沈されてしまうのだから、戦艦は無用の長物になると、激烈な批判を加え、新戦艦建造に反対したのは、このときのことだった。当時、造船少将で、海軍艦艇の設計・建造をつかさどる福田《ふくだ》啓二《けいじ》は、「どうも水を差すようですまんですがね、君たちは一生懸命やっているが、いずれ近いうちに失職するぜ。これからは海軍も空軍が大事で大艦巨砲はいらなくなると思う」と、山本から肩に手をかけて言われたとの挿話を伝えている（反町前掲書）。

ところが、その猛反対の一方で、山本は、海軍主流派の大艦巨砲主義を尊重するかのごとき発言もしているのである。一九三五年ころ、航空主兵論の策源地であった横須賀《よこすか》海軍航空隊で訓示したときのことだ。以下、引用する。

「金持ちの家の床の間には立派な置き物がある。そのものには実用的の価値はないが、これあるが故に金持ちとして無形的な種々の利益を受けていることが多い。戦艦は、なるほど実用的価値は低下してきたが、まだ世界的に戦艦主兵の思想が強く、国際的には海軍力の象徴として大きな影響力がある。だから諸君は、戦艦を床の間の置き物だと考え、あまり廃止廃止と主張するな」（『戦史叢書　海軍航空概史』）。

周知のように、戦艦大和・武蔵は建造され、山本の予想したごとく、その巨砲の威力を発揮することなく、航空機によって撃沈された。

かくのごとく、山本は先見性を有していながら、実行にあたっては、政治的な配慮から不徹底に終わるところがあった。戦略・作戦・戦術の三階層において、航空機が主役となっていることを理解してはいても、たとえば、海軍航空戦力拡張の牽引役《けんいん》となった大西瀧治郎《おおにしたきじろう》や源田実《げんだみのる》のようなファナティシズムは持たず、海軍内部の政治への配慮から、自らが間違いだとみなしている思想への忖度も辞さなかったのである。軍政家としてはともかく、用兵思想家としてはマイナス点になるといえるだろう。

もっとも――山本は、陸軍主導による空軍独立論にこそ首を縦に振らなかったものの、統一的な航空兵力育成の必要は感じており、その目的を達成すべく、からめ手から努力した形跡がある。これについては、次章で述べよう。

いずれにせよ、山本五十六には、こうした一種の「振れ幅」があり、それは太平洋戦争の諸作戦に芳しからぬ影響を与えることになる。実際、山本は、あれほど建造に反対していた戦艦大和が連合艦隊旗艦になったときには、「これで日本も安心だね」と嬉しそうにしていたとする証言もあるのだ（戸髙／大木『帝国軍人』）。

第五章　政治と戦略

激流に身を投じる

一九三六（昭和十一）年十二月一日付で、山本五十六《やまもといそろく》は海軍次官に補せられた。海軍大臣を補佐する海軍省のナンバー・ツーである。山本自身の言によれば、「〔前略〕実は永野《ながの》〔修身《おさみ》〕海軍大臣が次官になれといわれるのをお断りしたら、永野大将は『山本君、君は僕がきらいなのか、軍縮会議〔第二次ロンドン軍縮会議本会議〕に僕が全権になった時、君に随員をお願いしたら断わった。今亦《また》海軍次官を断わられるが、君は僕を好かんのか』と言われた」（反町前掲書）とのことで、とくに乞《こ》われての就任だったという。

翌一九三七年二月、広田弘毅《ひろたこうき》首相がしりぞき、林銑十郎《はやしせんじゅうろう》内閣が発足すると、山本は、永野の後任海相として、米内光政《よないみつまさ》中将（四月に大将進級）をかつぎだした。林総理は、海相に末次信正《すえつぐのぶまさ》大将を望んでいたし、永野は留任できないかと考えている、米内自身も軍政職は気が進まぬと洩《も》らしているというありさまだったが、山本が伏見宮《ふしみのみや》軍令部総長の同意を得て、押し切ったのだ。さらに同年十月には、井上成美《いのうえしげよし》少将が軍務局長に就任している。のちに「海軍左派」と称せられることになる米内・山本・井上のトリオが揃ったのである。

海軍次官としての山本を待ち構えていたのが、きわめて深刻な諸課題だったことを思えば、こうした上司と部下を得たのは、彼にとって大きな幸運だったといえよう。確認しておくと、この一九三六年には、山本がベルリンで会ったリッベントロップと駐独陸軍武官大島浩《おおしまひろし》少将が主導者となって、日独防共協定が締結されている。ドイツへの接近の第一歩であり、やがて山本を悩ませることになる日独伊同盟問題の端緒であった。これに加えて、日中戦争の勃発《ぼっぱつ》となり、山本の戦略次元の能力、さらには政治に対する識見は、厳しい試練にさらされていくことになる。

大本営設置問題

一九三七（昭和十二）年七月七日。

本来ならば、彦星《ひこぼし》と織姫《おりひめ》の逢瀬《おうせ》であるはずの日に、大陸であらたな戦火が燃え上がった。

北平《ペーピン》（当時の北京《ペキン》の呼称）近郊盧溝橋《ろこうきょう》で日本の支那駐屯軍《しなちゅうとん》と中国国民政府軍が衝突したのである。当初は交渉により停戦が成立するかと思われたが、日本側の強硬な条件は拒否され、両国は全面的な交戦状態に入った。

この日中戦争に対する山本の反応で、まず注目されるのは、戦争指導機関としての大本営設置問題への姿勢であろう。中国との戦争が日本の命取りとなったことを知る後世の人間には意外なことだが、日本陸海軍の現地部隊はそれぞれ、陸軍参謀本部や海軍軍令部の指揮を受けて、別個に行動しており、これらを調整し、統一的に指揮する「大本営」は置かれていなかった。とくに海軍が大本営の設置を渋っていたのである。その背景には、戦争にほかならないものを「戦争」と呼べない事情があった。

それはアメリカへの配慮であった。同国は、一九三五年に中立法を制定し、戦争、もしくは内乱状態にあると大統領が宣言した国に対しては、兵器や軍需物資の輸出を禁じるとしていた。従って、もし日本が中国に宣戦布告し、国際法的に戦争をはじめてしまえば、アメリカから石油や鉄を輸入することはできなくなってしまう。中国とのいくさを、敢《あ》えて戦争とは呼ばず、「北支事変」、ついで「日華事変」、「支那事変」などと命名したのも、そのためだった。そうした事情から、海軍は、戦争指導機関である大本営を設置すれば、日本は戦争状態に入ったものとアメリカに認定されかねないと懸念し、反対したのだ。

しかし、戦争が拡大するにつれ、統一された戦争指導機関の必要はますます急となっていく。そこで問題となったのは、軍部のみならず、政府の代表者も含めたかたちで大本営を設置するかどうかということであった。すでに述べたような総力戦の観点からはもちろん、近代の戦争を遂行するには、政治指導部と統帥部の調整・統合はきわめて重要である。一九三七年十一月四日、元老西園寺《さいおんじ》公望《きんもち》の側近だった原田《はらだ》熊雄《くまお》から、この点について意見を求められた山本は、含みのある答えを返している。

「海軍としては、どこまでも狭義国防の意味での大本営を望んでいる。しかし実際からいえば、いまさら大本営なんかの必要が果たしてあるかどうかということについても、多分に疑問がある。寧《むし》ろ海軍は必要を認めない。で、もし置くなら、大本営は陸海軍協同作戦の最高指揮部としてならば、まあ不本意ながら賛成しても宜《よろ》しい。またもしたとえば、大本営を置いて、そうして中に所謂《いわゆる》文官の国務大臣を加える、即ち参謀本部とか軍令部が陸海軍省内のおのおのの作戦部として縮小されて、すべて陸海軍大臣の指揮に従うようにする意味のものならば、これもまた宜しいが、総理大臣を大本営の中に入れて所謂ロボットにして、ファッショ的政治をする手段に内閣を使うということならば、もう絶対に海軍は反対である」（原田熊雄述『西園寺公と政局』、第六巻）。

つまり、山本は、文官を含めた戦争指導部のもとに、作戦部が従うのならよいが、その逆、作戦部が政治指導部をコントロールするために大本営を設置することには反対だと述べているのである。「狭義国防の意味での大本営」もおそらく、この文脈からすれば、軍令部や参謀本部に対し、経済の動員や社会的な措置を含む政治・戦争指導に口を出させず、その職掌を純軍事的な統帥にのみ限定することを企図していると思われる。

従って、この発言は、山本の戦争指導観ならびに、軍部独裁（その際、念頭に置かれているのは陸軍であろう）への警戒を示すものと読むべきではなかろうか。

いずれにしても、結局、この十一月に、政府代表者を入れないかたちで大本営を設置するとの決定がなされた。政治と軍事の調整は、大本営政府連絡会議という別の制度によって担保されることになったのである。

火消し役にまわる

日中戦争の初期段階において、山本は、米内海軍大臣とともに不拡大を唱え、交渉による解決に努めた。山本にしてみれば、「海軍休日」が終わり、米英との建艦競争がはじまっているというのに、大陸で戦争に突入するなど沙汰《さた》のかぎりであった。「陸軍の馬鹿が又始めた。俺は腹が立ってしょうがないから、これが片づくまで禁煙する。そのかわり、片づいたらけつから煙が出るほど喫《の》んでやる」と、親しい友人たちに憤懣《ふんまん》をぶちまけ、実際に禁煙してしまったというのは、このころのことだ。

しかし、山本は、自らの感情は措《お》いて、中立国との紛争になりかねない事態の収拾をはからなければならなかった。一つは、一九三七年八月に、駐華イギリス大使ヒュー・ナッチブル＝ヒューゲッセンが日本機の誤爆により負傷した事件だ。山本は、前出の海軍省書記官で国際法の専門家であった榎本重治《えのもとしげはる》の助けを借り、戦闘が交戦法規の範囲内で行われているかぎり、発生した損害が第三国人の生命財産であったとしても、交戦者がその責を負う義務はないし、大使一行は中国側から警告されたにもかかわらず、戦場付近を通行していたと論陣を張った。交渉相手となったロバート・L・クレーギー駐日イギリス大使も、この論理に押され、抗議の矛を収める。

だが、もう一つの事件は、より深刻だった。一九三七年十二月、当時の首都である南京《ナンキン》から脱出する中国兵を乗せた商船が揚子江《ようすこう》を遡上《そじょう》しているから、これを攻撃せよと命じられた日本海軍航空隊が、アメリカ砲艦パナイ（当時「パネー」と表記され、それが踏襲されてきたが、こちらのほうが原音に近い）と米国スタンダード石油所有の船舶を誤って撃沈してしまったのである。

対策に当たった山本は、「海軍はただ頭を下げる」として、関係者を処分したが、アメリカ側は日本機はそうとわかっていながら米艦船を攻撃したのだと非難した。米国内に、たちまち「リメンバー・パナイ」の声が巻き起こる。苦境に立たされた山本であったけれども、やはり榎本書記官の助力を得て、国際法的な責任について、徹底的に研究した。また、現地の調査が進み、海軍航空隊が誤爆した時刻に、陸軍の武装艇が、揚子江の中国船を攻撃した際、誤認してパナイも撃っていることが判明した。

こうした研究調査ののち、山本は、支那方面艦隊首席参謀高田《たかだ》利種《としたね》中佐と陸軍省軍務課長柴山兼四《しばやまけんし》郎《ろう》大佐を引き連れて、駐日アメリカ大使館を訪ねた。山本以下の綿密な説明に、ジョセフ・グルー大使も態度を軟化させ、事態は収束をみた。明けて、一九三八（昭和十三）年四月、日本側はアメリカ側に賠償金二百二十一万四千ドルを支払い、外交的な結着をみたのである（田中前掲書）。

無差別爆撃は山本の発案か

一九三七年八月十四日、台湾《たいわん》の松山《しょうざん》飛行場に進出していた鹿屋《かのや》海軍航空隊は、九六式陸攻九機を杭州《こうしゅう》の筧橋《チエンチアオ》飛行場と喬司《チャオスー》飛行場に、別の九機を広徳《ガンドウ》飛行場に向けて出撃させた。当時、内外に喧伝《けんでん》された「渡洋爆撃」、東《ひがし》シナ海《かい》を渡る長距離爆撃の開始である。翌十五日には、鹿屋航空隊の陸攻十四機が南昌《ナンチャン》を爆撃するとともに、木更津《きさらづ》海軍航空隊が九州の大村《おおむら》飛行場から陸攻二十機を出撃させ、南京を攻撃した。さらに十六日には、鹿屋航空隊の陸攻六

爆撃に向かう第３連合航空隊の九六式陸攻【1939（昭和14）年11月17日】

機が南京、別の七機が揚州《ようしゅう》を爆撃、木更津航空隊の陸攻九機は進出先の済州島《さいしゅうとう》基地から出撃して、蘇州《そしゅう》を空襲している。

　軍事的にみるならば、日本の航空戦力がきわめて発展した段階にあることを示す一挙であった。第一次世界大戦でドイツの大型機や飛行船が英本土を空襲した例はあったが、それ以来初めて、しかも全金属製の航空機が、悪天候を衝《つ》いての長距離洋上飛行の末に爆撃に成功したのである。かつて航空本部長として陸攻の開発、部隊配備に尽力した山本にとっては、会心の作戦であったにちがいない。

　しかしながら、この爆撃行には、今日、倫理的な批判が浴びせられている。かかる空襲こそ、中国の首都南京ほかに対する無差別爆撃の嚆矢《こうし》となったのであり、その非人道的な作戦を敢えて実行したことは、やがて、米軍による日本爆撃、ついには広島・長崎への原爆投下につながったのだというのだ。なるほど、海軍航空隊による南京爆撃は、軍事目標に対する限定的な攻撃から、非戦闘員の殺戮《さつりく》によって敵国民の継戦意志をくじくことを目的とするテロ爆撃へのエスカレーションを示すものであった。この後、武漢《ウーハン》、上海《シャンハイ》、広東などの都市にも爆撃行は行われる。「これら一連の作戦は、出撃機数、投弾量、機動距離のどれをとっても、間違いなく世界航空戦史に例を見ない、大破壊力と残忍さの記録更新を示すものといえた」(前田哲男『戦略爆撃の思想』新訂版)。

こうした航空作戦と山本は、どのように関わっていたのか。

歴史家の笠原十九司《かさはらとくし》は、鹿屋・木更津両航空隊を麾下《きか》に置く第一連合航空隊司令として、渡洋爆撃の指揮を執った戸塚道太郎《とつかみちたろう》大佐のエピソードを引いて、山本の心境を以下のように推察している。一九三六(昭和十一)年に戸塚が館山《たてやま》海軍航空隊司令を命じられたときのことだ。軍艦の艦長を希望していた戸塚は、この異動を不服として、人事局にねじこみに行ったところ、航空本部長に訊《き》けと、山本のもとに回された。山本は、戦艦長門《ながと》や陸奥《むつ》をはるかに凌駕《りょうが》するほどの威力を持つ九六式陸攻が館山航空隊で実験研究中だと打ち明け、その威力を発揮するのは戸塚しかいないと見込んで、同航空隊を任せるのだと励ましたという。

以下、笠原の推理を引用する。

「その戸塚道太郎大佐は、八月一四日から一六日の三日間にわたる渡洋爆撃が終わった後の第一連合航空隊の戦闘詳報に『往年の二〇三高地にも等しい心境をもって』作戦を指導したと述懐している。すなわち、対米戦のための艦隊決戦即短期決戦を想定、しかも天候に左右される飛行機は戦力としての価値に劣るという海軍内の艦隊派からの批判を覆すために、被害を顧みず、悪天候下の連続渡洋爆撃をあえて強行したということである。日露戦争において、戦死体の山を築きながら戦った『二〇三高地にも等しい心境』とは、なみたいていの決意ではなかったことがわかるが、それは当時海軍次官であった山本五十六中将から託されたものであったと想像がつく。そう考えると、『二〇三高地』同様に大きな犠牲を出しながら渡洋爆撃を『成功』させて生還した搭乗員の報告を聞いて、山本が滂沱《ぼうだ》の涙を流した心理がわかるような気もする」（笠原十九司『海軍の日中戦争』）。

証拠はないが、蓋然《がいぜん》性の高い説であろう。では、笠原の仮説が当たっているとして、山本は、さらにその先、無差別爆撃による敵国屈服を求めるドゥーエ的戦略まで突き進んでいたのだろうか。

これについては、史料や証言が存在しないため、状況証拠に頼るほかないが、いくつかの手がかりはある。

第一に、山本は、ミッチェル（ドゥーエほどではないにせよ、彼にも、航空機によって、敵国の政治・経済・社会的な要地を叩《たた》くべきだとの主張がみられる）に影響を受けたとみられる航空主兵論を唱えてはいるものの、非戦闘員を対象とする作戦・戦術に賛意を示した形跡はない。第二に、当時の彼は、命令権のない海軍次官である。第三に、軍事目標のみならず、政治経済上のそれをも攻撃する、「爆撃は必ずしも目標に直撃するを要せず、敵の人心を恐怖させるのを主眼とする」というような命令は、第一連合航空隊の上部組織である第三艦隊の司令長官長谷川清《はせがわきよし》大将から出ている。かかるヒントから推測するならば、現在の史料状況のもとではという留保はつくにせよ、南京その他の無差別爆撃は、山本の発案によるものではないとみてもよかろう。事実、彼が無差別爆撃を主唱したと仮定することは、ここまで、そして、これからの山本の言動と矛盾することになる。

以上、やや主題からそれたが、山本の用兵思想を考える上で重要なポイントであるので、論じてみた。

ともあれ、艦船攻撃や基地爆撃のみならず、想定外の用途である戦略爆撃の能力も含めて、日中戦争で示された九六式陸攻の威力は、同機の開発を命じた山本の作戦・戦術次元における先見性を証明し——同時に、その限界をあきらかにすることになった。三日間の戦闘で、鹿屋航空隊の作戦可能機は十八から十に、木更津航空隊は二十から八に激減していたのである。戦闘機の掩護《えんご》がない大型機による爆撃行は、大損害必至ということがあきらかになった。

ドゥーエの支持者、あるいは日本海軍航空隊の少なからぬ搭乗員のあいだで唱えられていた戦闘機無用論、爆撃機を多数備えて敵国を圧倒するほうが重要だとする主張は間違いであることがはっきりしたのだ。また、九六式陸攻の脆弱《ぜいじゃく》性も判明した。にもかかわらず、九六式陸攻やその後継機である一式陸攻に、かかる弱点を克服する措置が充分にほどこされることはなかった。

ゆえに、陸攻隊の悲劇は、太平洋《たいへいよう》戦争において、より拡大されたかたちで繰り返されるのである。

海軍の方針転換

すでに述べたように、米内海相のもと、海軍は日中戦争に対し、不拡大と早期収拾を唱えていた。しかし、一九三七年八月九日に上海で大山勇夫《おおやまいさお》海軍中尉が殺害され（「大山事件」。大山は死後大尉に進級）、ついで、十四日に第三艦隊旗艦の海防艦出雲《いずも》が中国軍の爆撃を受けると、米内は対中姿勢を一変させた。同日夜の閣議で、穏健路線を放擲《ほうてき》し、全面的な拡大を主張したのだ。米内の怒りは激しく、財政面から慎重論を唱えた賀屋興宣《かやおきのり》（一九三七年より大蔵大臣）を怒鳴りつけたという。

当然、不拡大派だったはずの米内が何故に武力解決支持に豹変《ひょうへん》したのかという疑問が浮かぶところだが、これは今日までも謎となっている。歴史家の相澤淳《あいざわきよし》は、米内は、進んだ日本が中国をリードしてやらねばならぬ、また、国民政府の指導者である蔣介石《しょうかいせき》は交渉に価する人物であるし、話し合いに応じてくるにちがいないと判断していたものとみる。かかる認識が、先進技術である航空機を使った海防艦出雲攻撃という事実によって粉砕され、かつ蔣の抗戦意志を思い知らされて、米内は激昂《げきこう》し、紛争拡大に転じたのだとする（相澤前掲書）。また、米内光政伝を書いた研究者の高田万亀子《たかだまきこ》は、日本人居留民の問題を挙げている。つまり、中国軍が上海で攻撃してくれれば、日本側も軍隊を出して居留民を保護せざるを得ない。そうなれば、もはや交渉による紛争解決の見込みはなく、むしろ中国軍を撃破して結着をつけるしかないと、米内は覚悟したのだ。高田はそう解釈している（高田万亀子『静かなる楯』、上巻）。

　これに対し、前出の手嶋泰伸《てしまやすのぶ》は、米内が官僚組織の管掌範囲に厳密だったことに着目して、以下のごとく説明している。

「米内の態度の変化は、戦端が開かれていない段階では、大臣として派兵の是非を論じるものの、相手からの攻撃によってやむを得ず戦端が開かれたのであれば、軍令部の計画をできるだけ速やかに実行するために最大限努力するという、軍令部と海軍省の業務の棲み分けによっていた。軍令部は当初から、中国南部への陸軍兵力の派遣を主張していたので、戦端が開かれた後は、軍事行動の主管者である軍令部の意見が優先されるとして、躊躇なく軍令部の意見を採用し、不拡大方針を放棄することとしたのだった」。

日中戦争拡大に関する海軍の責任を問う場合にしばしば引かれる他の事例、米内の「トラウトマン工作」（一九三七年末の駐華ドイツ大使オスカー・トラウトマンによる日中の和平仲介）の拒否や、一九三九（昭和十四年）年二月の海南島《ハイナンタオ》占領認可についても、手嶋は同様の論理で解釈を加えている（手嶋『日本海軍と政治』）。

もとより、史料や証言が不足していることでもあり、現状で結論を出すのは困難であるけれども、かかる手嶋の議論は説得力があるものと筆者は考えている。

しかし、そうした米内の判断に対し、次官の山本がどう反応したのかについては、これもつまびらかではない。たとえば、日中戦争の拡大は是か非かと、米内・山本が激論を交わしたというような証言は伝わっていないのである。さはさりながら、山本が米内に絶大なる信頼を抱いていたことに鑑《かんが》みれば、内心の疑問はともかく、次官として海軍大臣に従ったと考えてもよいのではなかろうか。

もっとも山本が、米内の日中戦争に対する姿勢に失望を覚えたとしても、それは別の問題に際して、充分に埋め合わされたことであろう。なぜなら、このあとにはじまる「防共協定強化交渉」、日独伊防共協定（イタリアは、一九三七年に防共協定に加わっていた）を軍事同盟に格上げすることをめぐる議論において、米内は、山本や井上成美軍務局長とともに、日独同盟に強く反対することになるからである。

笠原携行案

一九三七年十二月、日本軍は中国軍を破って、南京を占領した。しかし、首都占領を以《もっ》て戦争終結をもたらそうとした日本側の思惑は外れ、蔣介石は徹底抗戦を叫んで、中国国民を奮起させる。日中戦争は、当時日本側でいわれていた「暴支膺懲《ようちょう》」（理不尽な敵対を続ける中国をこらしめる、の意）では済まず、長期化することになった。

同じころ、ヨーロッパでは、アドルフ・ヒトラーのドイツが拡張政策に乗り出していた。一九三三（昭和八）年に政権を奪ったヒトラーは、一九三五年にはヴェルサイユ条約に違反する再軍備を宣言、一九三六年には非武装地帯とされていたラインラントにドイツ軍を進めていた。ついで、一九三八年には、同じドイツ系民族の国家であるから、合邦されるべきだと称して、オーストリアを併合する。同年、ヒトラーは、ドイツ系少数民族の保護を名目にチェコスロヴァキアをわがものにしようとしたが、思わぬ屈辱を嘗《な》めることになった。

同年五月、ドイツ軍が国境に集結しているとの噂に反応したチェコ政府は、軍隊の部分動員を決定し、抵抗の意志を示したのだ。もし、敵がチェコスロヴァキアだけならば、ヒトラーも敢えて攻撃にかかったかもしれない。けれども、ドイツの拡張政策をみたイギリスとフランスが、ドイツのチェコ侵攻は第二の欧州大戦を意味すると警告し、ソ連《れん》もチェコ援助の用意があると表明したから、さしものヒトラーも、抜きかけた剣を鞘《さや》に戻すしかなかった。

さらに侵略を進めるためには、紛争の局地化、英仏ソの介入を防ぐ手立てを取らなければならない。そこで、ヒトラーが注目したのは日本だった。英仏がヨーロッパに介入しようとしても、日本がドイツの同盟国になっていれば、極東の植民地がおびやかされることになるから、とても戦争には踏み切れない。ソ連にしても同様で、ドイツと日本を相手にする二正面戦争を覚悟しなければならぬとしたら、欧州に介入することは避けるであろう。これが、ヒトラーの思惑だった。

一九三八年一月、駐独陸軍武官大島浩少将は、旧知のリッベントロップを、その別荘に訪ねていた。このとき、リッベントロップは大島に、ドイツと日本をもっと緊密に結びつけることはできないかと打診したのである。周知のごとく、日独同盟論者であった大島は、これに飛びつき、賛成の意見を付して、東京の陸軍参謀本部に報告した。日中戦争の長期化と、それにともなうソ連の相対的地位の上昇を恐れた参謀本部は、同年六月、ドイツと関係を強化し、対ソ防御同盟を結ぶという趣旨の対案を送ってきた。

七月初頭、リッベントロップと会食した大島は、日独、場合によっては、イタリアを含めた三国で、いずれかがソ連に攻撃された場合に協議することを約する協定を結べないかと切り出す。リッベントロップは、一両日後に、単なる協議ではなく相互援助条約とし、対象国もソ連のみならず、一般的なものにしたいと、大島に述べた。先に触れたヒトラーの戦略からすれば、この「一般的」とは、英仏も対象にするという意味であるのは明白であろう。

両者はさらに協議を続け、条約案を作成した。だが、リッベントロップは、機密漏洩《ろうえい》を懸念し、電報による送付は避けたいと求めてきた。それゆえ、大島は、自分の後任になるということでベルリンに来ていた笠原幸雄《かさはらゆきお》陸軍少将に案文を託して、東京に派遣することにしたのだ。ちなみに、大島は、予備役に編入されたのち、駐独日本大使に任命される予定だった。加えて、リッベントロップと大島は、まず日本陸海軍の意向をたしかめてから、正式の外交ルートでの交渉に移ると取り決めていた。その真意は、あらかじめ軍部とのあいだに定めたことを既成事実として、日本外務省に押しつけることだったのである。

七か条の質問

一九三八（昭和十三）年八月五日、東京に着いた笠原を迎えた陸軍中央部は、対独接近論に大きく傾いた。六月に陸軍大臣に就任したばかりの板垣征四郎《いたがきせいしろう》中将が、日独提携の必要を叫んでいたとあってはなおさらだった。その姿勢は、陸軍省の七月三日付文書「時局外交に関する陸軍の希望」に鮮明に示されている。この文書は、冒頭で「防共枢軸の強化を図る」と宣言した上で、さらに「独逸に対しては防共協定の精神を拡充して、之を対『ソ』軍事同盟に導き、伊太利に対しては主として対英牽制に利用し得る如く、各個に秘密協定を締結す」と提案していたのである。ここで、三国同盟を対ソのみならず、対英に拡大する企図が表明されているのは見逃せない。すなわち、陸軍は笠原携行案到着以前に、英ソを仮想敵国とする同盟を画策していたのだ（日本国際政治学会　太平洋戦争原因研究会編『太平洋戦争への道』、新装版、第五巻）。

こうした空気のなか、帰京した笠原は、東京駅からまっすぐ三宅坂《みやけざか》の陸軍省・参謀本部に向かい、陸軍首脳部に軍事同盟案について説明、ついで霞ヶ関《かすみがせき》の海軍省を訪れる。この日、米内海相は不在だったため、笠原は、山本次官に携行案を伝える。これを知った海軍省の中堅将校たちの反応は必ずしも悪いものではなかった。

海軍省軍務局第一課が一九三九年八月十一日付で作成した「日独伊三国協定問題経緯」によれば、大島とリッベントロップが日本外務省にはかる前に、まず陸海軍の意向を決めて電報してほしいと希望したことに対しては、彼らは「この種重大問題は五相会議〔六月十日の閣議で、近衛文麿《このえふみまろ》首相が設置を決定した、総理大臣、陸軍大臣、海軍大臣、外務大臣、大蔵大臣の五相から成る国策協議のためのインナーキャビネット〕にかくべき」と留保した。けれども、

「その内容がソ連を対象とするものならば趣旨として異議なき旨」陸軍側に回答したのである（読売新聞社編『昭和史の天皇』、第二一巻）。

それでは、彼らを指導する立場にいた山本の反応はどうであったか。

八月七日、陸海軍首脳部会合で、海軍の関係主務者たちは、ドイツが持ちかけてきた条約案について、陸軍側より正式に知らされた。およそ半月後の十九日、海軍の政策立案を統括する軍務局第一課長岡敬純《おかたかずみ》大佐が、海軍が取るべき態度に関し、米内と山本に説明する。その席上、山本は七か条の質問を浴びせかけた。以下、海軍省臨時調査課長として、この場に列していた高木惣吉《たかぎそうきち》の日記より引用する。

「一、独伊関係の強化は対支（那）処理上、対英（米）交渉に不利ならずや。

二、日独伊防共協定（一九三七、一一、六）は却《かえっ》て日本に不利ならざりしや。

三、対ソ問題に限るとすれば如何《いかん》。

四、締結の時機早きは却て不利ならずや。

五、日ソ戦の場合、独より実質的援助は期待せられざるべく、斯《か》く実質なきものは結局無意味に非《あら》ずや。

六、本条約を締結するとせば、独伊に支那の権益を与えざるべからざるに至るや。

七、日独伊ブロックに対し、米英仏が経済圧迫を為《な》したるとき、対抗策ありや」（伊藤隆編『高木惣吉　日記と情報』、上巻)。

岡とやり取りしたのは山本だったが、もちろん米内も事前に承認していたのであろう。質問も、説明を受けた上で、その場で考えたのではなく、あらかじめ七つの疑問点をまとめておいたものと思われる。なお、従来公表されていた史料、たとえば「経過日誌」(『現代史資料 10』所収)では、このときの山本の質問は六か条だったとされてきたが、高木日記の公表により、第七の質問があったこと、さらにアメリカについても言及している可能性のあることが判明した。本書では、さしあたり高木日記に従って叙述する。

この質疑に居合わせた高木は、戦後、以下のように回想している。

「この六か条(先に述べた通り、実際には七か条)の字句だけみたのでは、次官がどの程度協定に反対であったかは判然しません。第四項の『締結の時機は、早きは却て不利ならずや』のごとき、一応協定の成立を呑んだ上の条件とも受け取れます。しかし、質問の覚書を手渡した際の態度や表情からはありありと猛反対の厳しさがうかがわれました」(高木惣吉「山本五十六中将と三国協定」『太平洋戦争への道』、新装版、第五巻、付録月報所収)。

トップと中堅層の亀裂

この七か条の質問にあきらかなように、対米英関係への悪影響を案じ、日独伊の同盟に慎重な米内・山本ら海軍省のトップと、対象をソ連にかぎるのであれば構わないとする中堅層のあいだには、大きな亀裂《きれつ》があった。それは、従来の海軍にあっては少数派だった親独分子台頭の表れとみることもできよう。実際、一九三〇年代後半に海軍省や軍令部の部課長クラスを占めていた佐官クラスの将校たちの多くは、ドイツにシンパシーを感じるようになっていたのである。

その背景には、軍事技術上の問題があった。一九二一（大正十）年の四ヵ国条約締結にともなう日英同盟廃止により、イギリスという重要なパートナーを失った日本海軍は、あらたなテクノロジー、とりわけ潜水艦と航空機の供給源を求めざるを得なかった。そのとき、注目されたのが、第一次世界大戦に敗れたとはいえ、瞠目《どうもく》すべき軍事技術を有していたドイツであった。それらの知識や経験を得るべく、有為な海軍士官たちが続々とドイツに送り込まれていく。

ヴェルサイユ条約により、航空機や潜水艦の保有を禁じられ、莫大《ばくだい》な賠償金の支払いを強いられていたドイツとしても、日本との関係強化は、技術水準を維持し、外貨を獲得するという意味で好都合だったから、日本海軍の士官たちにさまざまな便宜を供与し、歓迎した。なかには、今日でいう「ハニー・トラップ」に近いもの、すなわち、政府筋の意を受けた女性が親密な交際を求めてくるということもあったとの証言さえある。そうした体験により、おのずから親独的な心情を植え付けられた士官たちが、今や霞ヶ関、海軍省や軍令部の中枢にいるのだった。

　また、すでに触れた艦隊派と条約派の対立も尾を引いていた。高木の回想を再び引こう。

「ロンドン軍縮会議のために、大揺れに揺れた海軍は、真二つに割れましたが、その後満州《ママ》事変や五・一五事件の影響で、強硬派が優勢となり、二・二六事件の前後はその頂点に達したことは周知のとおりです。〔中略〕そこで海軍はややもすれば下克上に傾きかけた弊風を改め、統制あり、伝統の冷静な姿に戻りかけようとしたのですが、なにしろ昭和八年に改正されたばかりの軍令部令で大幅にその発言権が強まり、軍令部総長伏見宮を背景にして、大臣や海軍省側に対する統帥権の一方的干渉がまだなかなか大変なものでした。〔原文改行〕さて永野海相のとき、いやいやながら次官にすえられた山本中将は、次の米内海相大臣時代まで留任したわけで、右のような情勢から、穏健派の代表ともいえる米内、山本両提督は、当時はまだ強硬派の海に孤舟を浮かべた形だったのです」〔前掲「山本五十六中将と三国協定」〕。

「防共協定強化交渉」がはじまったころの米内・山本をめぐる海軍省内の空気を鮮明に示した一文ではある。両トップは、海軍以外との駆け引きと同時に、部内の親独派・強硬派を抑えなければならなかったのだ。しかしながら、この「孤舟」は強力な統制力を持っていた。

先の七か条質問に対して、岡敬純軍務局第一課長は、急ぎ「海軍次官の質問に対する説明案」を作成し、翌八月二十日に大臣・次官への回答にのぞんだ。だが、その内容たるや、イギリス外交は利害打算で動くから、独伊と結べば、その力を恐れて妥協するだろうとか、独伊に中国における権益を渡したとしても、イギリスに与えるよりは、ずっと有利であるとか、日独伊の関係強化という方針に、無くもがなの理由付けをしたものにすぎなかったのである。

これを聞いた米内海相は、そのような同盟の経済的反動を恐れるとした上で、この問題は五相会議にかけ、しかるのちで日本の決定をベルリンに告げるべきだとしたのだ。先に触れたように、リッベントロップ・大島は、まず日本陸海軍の了解を取り付けてから、正式の外交ルートに乗せることを考えていたのに、米内は、最初の段階で、そうした思惑をくつがえしてしまったのである。

「星岡茶寮」の対決

本書の主題からはややそれるが、防共協定強化交渉における山本五十六の評価にかかわることなので、以下しばらく米内の言動を追いたい。

ドイツとの軍事同盟を切望していた陸軍にとっては、その問題は五相会議で検討すべきだとする米内の見解は大きな障害となった。五相会議で海相米内が反対したならば、同盟成立は見込めなくなると考えたのだ。ゆえに、陸軍は米内の説得にかかった。それも大臣として同格である陸相の板垣征四郎中将が自ら乗りだし、米内との直接会談を申し入れたのである。

八月二十一日午後六時、米内海軍大臣と板垣陸軍大臣は、食通で知られた芸術家北大路魯山人《きたおおじろさんじん》が差配していた高級料亭「星岡茶寮《ほしがおかさりょう》」での会談にのぞんだ。このときの議論については、米内自身の手記「日独伊協定強化問題」が残されている。これは、朝日新聞社から政界入りし、戦中から戦後にかけて活躍した政治家緒方竹虎《おがたたけとら》が一九五五年に著した米内伝『一軍人の生涯』に、全文収録されているから、それにもとづいて記述する。

この星岡会談で、質問の口火を切ったのは米内だった。

「海軍大臣　日独伊防共協定強化の趣旨には敢《あえ》て反対を唱うるものにはあらざるも、抑々《そもそも》その目的は如何。また、強化の対象を何に求めんとするや。要するに『第三国』の解釈如何。

陸軍大臣　ソ連に対しては独、英に対しては伊、大体右の如き希望を以て〔日独伊防共〕協定を強化せんと欲す。今日、対支問題につき所期の目的を達し得ざるは、北にソ連、南に英の策動あるが為《ため》なり。即ち英、ソを目的とするものなり。

海軍大臣　陸軍においては、日独伊防共協定を攻守同盟にまで進展せしめんとするが如き企図を有するが如し。果して然《しか》るか。

陸軍大臣　大体においてその希望を有す」。

この板垣の回答を聞いて、米内は猛然と反駁《はんばく》した。

「ソ英を一所《いっしょ》にして、これを相手とする日独伊の攻守同盟の如きは、絶対に不可なり」。

米内は一八八〇（明治十三）年生まれで、一八八五（明治十八）年生まれの板垣よりも年上、しかも海軍大将で、陸軍中将の板垣よりも階級が上である。加えて、二人は同郷で、岩手県盛岡《もりおか》中学の先輩後輩にあたるのだから、板垣は最初から押され気味であったろう。

続く米内の主張も、理路整然としたものだった。

日本とイギリスの対立点は中国問題のみ。しかも、日本が中国に望むところは和平だけで、排他独善的なことなど考えていないのだから、イギリスがその真意を了解してくれれば、両国の関係はしだいに好転する。そのときに、中国に権益を持たない国と結び、逆に最大の権益を有するイギリスを中国から駆逐するようなことは、単なる観念論にすぎず、実行可能でもないし、なすべきことでもない。

また、アメリカが現在中国問題に介入していないのは、列国の機会均等・門戸開放を前提としているからで、そうした原則を破れば、アメリカは黙っていない。この場合、米英が結ぶ可能性は大となる。

たとえ中国問題で独伊と協力できたとしても、それは米英を向こうにまわすことになり、何ら成功の公算がなくなってしまう。仮に、英米が軍事力を用いなかったとしても、その経済的圧迫を考えれば、憂慮に堪えない。

　このように述べた米内は、さらに英米金融界の動きを分析してみせたのちに、再び強調する。防共協定強化が逆効果となり、英米より経済的圧迫を受けることになれば、日中戦争のさなかにある我が国としては、すこぶる憂慮すべき事態におちいることとなる。そんなことは、絶対に回避しなければならないのだ、と。

　また、ドイツとイタリアの本音についても、米内は、ほぼ正確に見抜いていた。両国は、なぜ日本に好意を寄せようとするのか。それは、むしろ日本を乗じやすき国と観測し、味方に引き入れようとしているのではないかと喝破《かっぱ》したのである。

　かかる考察ののち、米内は結論を口にした。

　日本は、すでに事実上満洲《まんしゅう》を領有している。これを発展させることが日本にとっての急務であり、その費用は日中貿易に求めるべきで、対中政策もそうしたアイディアに基づいていなければならぬ。日本が貪欲《どんよく》な野心を捨てるなら、中国政策も平和裡《り》に進む。そのためには、列国と協調すべきなのに、日独伊協定を強化し、彼らと攻守同盟を結ぶなどというのは、おのおのがその野心をたくましゅうするということでしかない。独伊と結んで、何の利益があるというのか。結局、馬鹿を見るのは日本ばかりということになるだろう。

「自分としては、現在以上に協定を強化することには不賛成なるも、陸軍の播《ま》いた種を何とか処理せねばならぬという経緯があるならば、従来通りソ連を相手とするに止むべく、英国までも相手にする考えならば、自分は『職を賭《と》しても』これを阻止すべし」。

こう断じたあと、米内は「陸軍大臣は独伊につき如何《いか》なる特殊性を認め、これを如何に我国に利用せんとするものなりや」と尋ねたが、板垣の答えは要領を得なかった。

この米内の手記は、「議論はただ循環するのみにして、遂に意見の一致を見ること能《あた》わず、空しく五時間余を押問答に終れるのみ」と結ばれている（「日独伊協定強化問題」、緒方竹虎『一軍人の生涯』所収）。

米内光政は対英協調論者ではなかった？

以上、一九三八（昭和十三）年八月二十一日の陸・海相会談について、米内手記に従って、そのもようを記してきた。従来、米内と彼の腹心である山本や井上成美軍務局長ら、いわゆる「海軍左派トリオ」が、英米を敵にまわすことを危惧《きぐ》して、日独伊の軍事同盟に反対しつづけたとされるのは、この米内手記によるところが大きい。

しかしながら、近年、米内や山本が「防共協定強化交渉」の初期段階から一貫して英米協調路線を取っていたとする定説に、疑問を抱く研究者が現れている。

たとえば、本書でもたびたび、その著書から引用してきた歴史家の相澤淳である。彼は、

「英領マレー、仏領インドシナをもつ英仏およびアメリカに、日本の『南進』意図の脅威を与える軍事行動」、すなわち一九三九年二月の海南島占領に、米内以下の海軍首脳部が積極的だったこと、一九三八年夏から一九三九年初頭にかけて、イギリスとの紛争に突入した場合、何らかの反英行動を取ることを約するイタリア海軍との協定交渉も是認していたことなどを論拠にして、米内以下の三国同盟への反対は、陸軍がそれを利用して対ソ戦に突入すれば、海軍伝統の「北守南進」政策がおびやかされると警戒してのことだったと論じている（相澤前掲書）。前出の手嶋泰伸も、「確かに最初のうち米内は慎重な姿勢をみせていたが、それは外務省の同意が確認できなかったため」だと解釈し、イギリス牽制《けんせい》を目的とするイタリアとの協定を進めていたことからも、「イギリスとの協調を最優先していたとは言いがたい」と断じた（手嶋『日本海軍と政治』）。

加えて、両者ともに、先に引用した米内手記は、一九三八年八月二十一日時点の彼の見解を示しているものとはいえないと疑義を呈している。

それももっともで、実は、問題の米内手記の冒頭には「昭和十四年一月五日、平沼《ひらぬま》（騏一郎《きいちろう》）内閣初閣議。一月十日、日独伊防共協定強化問題初めて五相会議の議題となれる（後略）」の文言があり、しかるのちに「八月二十一日、最後の私的会見における問答は、実に左の如きものなりき」とあるから、一九三九年、平沼政権末期の板垣との会談の内容を書いているると取れるのだ。また、これを『一軍人の生涯』に収めた緒方も、米内手記は、一九三九年八月二十八日の平沼騏一郎内閣総辞職ののち、おそらくは海軍部内の業務引き継ぎのために、防共協定強化問題の経過をメモにまとめたものだろうと解説している。つまり、一九三九年八月末の作成だと推測しているわけだ。であるとすれば、米内手記が一九三九年八月二十一日の陸・海相会見を扱っている可能性、あるいは、一九三八年八月二十一日の板垣とのやり取りについて、ほぼ一年間の防共協定強化交渉を経た上で、いわば後知恵による脚色を加えて、したためられている可能性があるとみることができる。

では、米内手記に書かれた、決然たる同盟反対の姿勢は一九三九年八月二十一日のもので、一九三八年の防共協定強化交渉開始時には、さほど強硬なものではなかったのだろうか。

この点の検討も含めて、米内は一貫して対英協調論者で、ゆえに三国同盟に反対しつづけたのかどうかという問題を、本書の主題である山本五十六に関する記述に戻る前に論じておこう。

有田八郎の疑問

実は、緒方竹虎が一九五五年に『一軍人の生涯』初版を上梓《じょうし》したころにはもう、米内・板垣会談は一九三九年ではなく、一九三八年ではないかとの疑問が出されていた。緒方は、

『一軍人の生涯』刊行前に、ある雑誌で米内手記を公表したのだが、それに対して、平沼騏一郎や米内光政の内閣で外務大臣を務めた有田《ありた》八郎《はちろう》が書簡を送ってきたのである。長文の引用になるが、きわめて興味深いものなので、その核心となる部分を示す。

「〔前略〕米内君の板垣陸相との茶寮会談に関する手記は、ユックリ読んでみましたが、私にはどうしてもあれが十四年の八月にあったものとは思えない。あれは何時かも御話した前年、即ち十三年の八月の茶寮会談に関するものに違いなく、米内君が年次を思い違いしていたか、或《あるい》は手記を書くとき瞬間的に錯覚に陥っていたのではなかろうかと思います。何故かというと、あの会談は手記によると、米内君の『抑《そもそ》もその（協定強化の）目的如何、また強化の対象を何に求めんとするや、要するに第三国の解釈如何』ということに始って居り、板垣君はこれに対し『即ち英ソを目的とするものなり』と答えている。また米内君は『陸軍においては、日独伊防共協定を攻守同盟にまで進展せしめんとするが如き企図を有するが如し。果して然《しか》るか』と尋ね、板垣君は『大体その希望を有す』と答えて居る。何十回か回を重ねて論議の末の十四年八月の陸海両相の問答としては、強化の目的がどうの、対象がどうのとか、攻守同盟に進展せしむる意向を陸軍が持っているようだとか、大体その希望を有すとかいうことは、余りにも時代離れがして居るように思われてなりません。十四年八月といえば、山雨到らんとして風楼《ろう》に満つる時であって、あんな悠長な話が数時間に亘《わた》って交換されるような空気ではなく、また私は、米内君から一回もこの会談の話を聞いたこともない。勿論《もちろん》私が聞かなかったということは、会談を否定する何等《なんら》の権威もありませんが、あの手記の会談内容は、私が度度《たびたび》米内君から聞かされていた十三年八月の会談内容にそっくりであり、またそのときの会談内容として考えれば、誠に時期を得た適切なものであるといえるのであります」（緒方前掲書、強調原文）。

欧州情勢というヒント

結論からいえば、筆者は有田同様に、米内手記が書かれたのは一九三九年だとしても、そこに記されている板垣とのやり取りは、一九三八年八月二十一日のそれであると考える。本書のここまでの叙述も、その前提で進めてきた。そう推測する根拠は、米内手記に描かれた欧州情勢である。米内は、ドイツの企図について、つぎのように書いている。

「独はハンガリー、チェコを併《あわ》せて大戦前における独墺合併の大国（第一次世界大戦前のドイツ帝国とオーストリア・ハンガリー帝国を合わせた国家の意）たらんとし、あわよくば波蘭《ポーランド》をも併合し、更に進んでウクライナをその植民地とし、以て所謂欧州の新秩序を建設するの前提たらしめ、また、支那においては相當の割前を得んとすべし」（「日独伊協定強化問題」）。

一読すればわかる通り、ここでは、ドイツの目的は、いわば未来形、「こうするだろう」

というかたちで書かれている。しかし、もし、こうしたことが論じられたのが一九三九年八月二十一日だとすれば、米内が指摘しているようなドイツの狙いの一部はすでに実現され、過去形になっているはずなのである。ドイツは、一九三八年九月、チェコスロヴァキア問題を解決するために開かれた英仏独伊のミュンヘン会議の決定にもとづき、ズデーテン地方をはじめとするドイツ系住民が多数を占める地域を割譲させていた。だが、ドイツはそれに飽き足らず、翌一九三九年の三月にボヘミア・モラヴィア、スロヴァキアに軍隊を進駐させ、チェコスロヴァキアを消滅させた。続いて、その侵略の矛先はポーランドに向けられ、両国が戦争に突入するのは時間の問題となっていたのである。すなわち、「チェコを併せて」という目標は達成されており、「あわよくば波蘭をも併合し」どころか、ドイツがポーランド侵攻の挙に出るのは必至という状況にあったのだ。

ゆえに、米内手記が、一九三九年八月二十一日の陸・海相会談の内容を伝えているのだとしたら、とうに事態が定まっているのに、それを仮想の問題として論じていることになる。

また、阿《あ》川《がわ》弘之《ひろゆき》は、米内手記中に「最近英国の政府筋においては、張鼓峰《ちょうこほう》事件を左程シーリアスに考え居らざりしも〔後略〕」なる一節があることに着目し、一九三九年の会見ならば、むしろ同年五月に起こったノモンハン事件のことを話題にするのが自然ではないかと疑義を呈した。

これらの手がかりから、筆者は、現在の史料状況では、という留保付きではあるけれども、米内手記は一九三九年ではなく、一九三八年八月二十一日の陸・海相会談の議論を、かなり正確に書いていると考える。おそらく米内は、一九三九年八月末に、前年の会談に関する覚書をもとに問題の手記をまとめたのだが、その際、有田八郎のいうように、「年次を思い違いしていたか、或は手記を書くとき瞬間的に錯覚に陥っていた」かして、誤記したのではないだろうか。

いずれにしても、先に引いた山本による七か条の質問に照らしても、米内・山本の三国同盟への警戒ぶりは顕著であり、彼らが防共協定強化交渉において徹頭徹尾反対の姿勢をつらぬいたという昔ながらの定説はなお修正を要しないものと思われる。

もっとも、さように仮定しても、そうして対英協調の方針を維持していたはずの米内が、何故にイギリスを刺激する海南島占領やイタリア海軍との協定交渉を認めたのかという謎は残る。これについては、説得力のある仮説を組むだけの史料がないのであるから、わからないと答えるしかないだろう。ただし、敢えて説明を試みるならば、以下のごとき推測は成り立つかもしれない。

イギリスは、抗戦をつづける中国の後ろ盾となって、日中戦争終結という海軍の目的を妨げつづけている。そのイギリスを牽制するための海南島占領やイタリア海軍との個別協定は、米内にとっても悪い策ではなかった。しかし、日独伊が英仏、ひいてはアメリカを対象とするような軍事同盟を結ぶとなれば、世界大戦をもくろんでいると公言するも同然であり、戦略的なデメリットははかりしれない。ゆえに、米内は三国同盟には断固反対したのではなかろうか。

武人の本懐

ともあれ、こうして防共協定強化交渉は開始されたものの、それはまさしく「小田原《おだわら》評定」の様相を呈した。日本側で、近衛文麿の内閣が倒れ、一九三九年一月に平沼騏一郎内閣が成立したのちも、その進捗《しんちょく》は遅々たるものだった。周知のごとく、ドイツ、そして日本陸軍が望んだような参戦義務をともなう軍事同盟に難色を示した外務省の支援を得て、米内・山本・井上の海軍左派トリオが徹底的に抵抗したのである。その経緯は複雑煩瑣《はんさ》であり、また筆者も日独伊三国同盟に関する一書を別に準備していることであるから、ここでは詳述を避ける。ただし、彼らが、英仏に対する即時参戦義務をともなう同盟に反対し、かつアメリカが対独感情を悪化させているなかでドイツと結ぶことは、対米戦争につながりかねないとの判断を堅持したことは特筆しておくべきであろう。海軍左派トリオは、戦略次元、ひいては政治レベルにおいて、卓越した識見を示したのである。

しかも、米内や山本は、五相会議、あるいは中堅層の突き上げがある海軍部内だけで闘っているのではなかった。日独伊の同盟が実現しないのに業を煮やした陸軍に手なずけられた右翼が、米内や山本を屈服させようと脅迫にかかったのだ。なかでも、三国同盟反対の元凶と目されていた山本は、激しい攻撃にさらされていた。当時、海軍省副官兼海相秘書官だった実松譲《さねまつゆずる》は、「聖戦貫徹同盟」なる右翼団体が、白昼堂々と海軍省に乗り込んできて、山本の次官辞任を求め、あまつさえ「斬奸状《ざんかんじょう》」を突きつけてきたこともあったと回想している。

こうした陸軍をバックとする分子による圧力は、論難のみにとどまらなかった。一九三九年七月、隅田《すみだ》川の堤防を徘徊《はいかい》していた不審者が逮捕された。彼らは爆弾を携行していたばかりか、取り調べで「奸賊《かんぞく》」山本海軍次官を含む要人たちを暗殺する計画だったと供述したのだ。

かかるテロの脅威にさらされるなか、山本はひそかに遺書をしたためていた。彼の死後に発見された「述志」と題された一文である。

「一死君国に報ずるは素《もと》より武人の本懐のみ。豈《あに》戦場と銃後とを問わんや。

勇戦奮闘戦場の華と散らんは易《やす》し。誰か至誠一貫俗論を排し斃《たお》れて後已《や》むの難《かた》きを知らん。

高遠なる哉君恩《かなくんおん》、悠久なるかな皇国。

思わざるべからず君国百年の計、一身の栄辱生死豈論ずるの閑あらんや。

語に曰《いわ》く、

丹可磨而不可奪其色、蘭可燔而不可滅其香　と

此身《このみ》滅すべし、此志奪う可からず。

昭和十四年五月三十一日」

（『大分県先哲叢書　堀悌吉資料集』、第一巻）。

文中の引用は、「丹磨くべくしてその色を奪うべからず、蘭は燔《や》くべくしてその香を滅すべからず」で、丹砂（水銀と硫黄からなる赤い鉱物で、顔料の原料になる）を削りだすことはできても、その色は取れない、蘭を焼くことは可能でも、その香を消すことはできない、という意味だ。

このように、山本の同盟反対は、肉体を滅ぼすことは可能だろうが、自分の志を奪うことはできないと、非常の決意をなさしめるほどに強固なものだった。かかる山本の覚悟が報われる日が来た。

日本と軍事同盟を結んで英仏を牽制した上で、ポーランドに侵攻する意図だったのが、いっこうにらちが明かないことに業を煮やしたヒトラーは、ソ連との関係改善のきざしが見えたのをこれ幸いと、一九三九年八月にリッベントロップ外相をモスクワに派遣したのだ。二十三日にモスクワに入ったリッベントロップは、そのまま、ソ連外務人民委員（他国の外務

大臣に相当する役職）ヴャチェスラフ・M・モロトフと交渉に入り、真夜中を過ぎたころ、両国の国境の不可侵と、第三国と交戦した場合に他の締約国は中立を守ることを約束した不可侵条約の締結にこぎつけたのであった（調印日付は八月二十三日）。

軍事同盟の対象となるはずだったソ連と、その同盟交渉の相手であるドイツ。この、イデオロギー的にも仇敵《きゅうてき》であるはずの両国が不可侵条約を結んだというのだから、防共協定強化交渉など吹き飛んでしまった。平沼内閣は「欧州情勢は複雑怪奇」と声明を発して総辞職し、山本らが身体を張って抵抗した三国同盟構想はひとまずご破算となったのである。

逓信省航空局への支持

本書もそうであるように、海軍次官時代の山本を論じる際には、どうしても日中戦争ならびに防共協定強化交渉への対応が中心になってしまう。しかしながら、山本は、次官を務めていた時期に、それ以外の事績も残していた。なかでも重要なのは、航空戦力育成に向けて布石を打っていたことであろう。従来の山本五十六研究では検討されなかったポイントだが、新潟県の郷土史家、長谷川甲子郎《はせがわこうしろう》が、その著書『山本五十六と民間航空政策』で、彼の逓信省航空局との協同について、あきらかにしたのである。以下、長谷川の労作と彼が主たる典拠とした『航空局五十年の歩み』に依《よ》って、次官山本の航空政策を述べる。

一九二〇（大正九）年に陸軍省の外局として設立された航空局は、軍事航空を除く航空事業を管轄する行政機関だった。一九二三年、陸軍軍縮による経費削減から、逓信省に移管され、その外局となったが、翌一九二四年に内局に縮小されている。当時の日本航空界の規模に見合った、小さな官衙《かんが》であった。それが一変して、再び外局となり、事業を拡大したのは、一九三七（昭和十二）五月、一八九四（明治二十七）年生まれの小松茂《こまつしげる》が第五代航空局長に就任してからのことである。

小松は、国防と関連する民間航空のあり方について、非常に積極的な考えを抱いていた。彼の戦後の回想をみよう（特記したものを除き、本節の引用は、すべて『航空局五十年の歩み』による）。

「要するに戦時体制中の航空局の国策としてはどういうふうなものを立てるかということになると、やっぱりいい飛行機をたくさん持つということが第一の条件なんです。そのいい飛行機をたくさん持つということは機数をよけいそろえるということとはちょっと意味が違うのです。飛行機は去年使ったやつは刻々と役に立たなくなるのだから、それの一番根本になるものは航空機の製造能力ですね、いい機械があって、いい研究ができて、いい飛行機ができる。製造能力があれば今日飛んでいる飛行機が少なくてもちっともこわがることはない。要するに工業の生産力を持たさなければならぬ。これはどうしても世界一を目ざして持てば、アメリカだってその当時百機とか二百機とかいっておった時分ですから、多くたって五、六百機―千機ぐらいでしょう。日本だってアメリカなんかの五倍―十倍にもなるぐらいの製造能力を持っておれば、アメリカだって戦争をしかけてきやしませんよ」。

その飛行機を操縦する搭乗員について、小松はこう述べる。

「〔戦争では〕人間も消耗品に違いないのだから、そうなると飛行機のいい操縦士というものはそんな短時日には得られない。だから、どうしても乗員というものは大切なんだから、最後の仕上げの訓練は別として、いつでも役に立ち得るようないい操縦士になれるような若者をうんとたくさんこさえておくということが国家として一番大事なことで、そうすりゃ航空機の製造能力と操縦する人間がうんとたくさんあるということになれば、日本の航空力が世界一の水準までいってアメリカも追い越してにらみがきくようになれば戦争は起こらぬで済む」。

「〔前略〕あとは戦闘訓練なり何なり、それぞれの飛行機の特性に合った飛行機の訓練は最後の仕上げのときにすればいいのだから、それは三ヵ月なり半年やればできるのだから、そこまでの、いわゆる普通の飛行機ならどんなのでもこなせる士官学校程度〔中等程度の意〕の乗員養成は、これは民間でやったほうがいい。陸軍も海軍もそうすれば負担が軽くなる。最後の仕上げのところだけ向こう〔陸海軍〕が専門にやればいいのだから、それにはどうしてもそういう操縦士になるものを十万人ぐらいこさえておかなければならない」。

　航空機の開発に関しても、小松は、陸海軍、民間とばらばらに進めるよりも、統一された研究機関を設けて、そこでやっていくべきだと主張していた。

　航空本部長だったころに知り合った小松と意気投合していた山本は、かかる意見に心から共鳴した。小松はいう。「〔山本は〕十〔歳〕ぐらい先輩なんだ。ところが僕を弟のように思って熱海《あたみ》の僕の家にも遊びに来て一緒に風呂《ふろ》に入ったり、そんなことをしていた」。山本は、日露戦争で受けた戦傷の痕《あと》が残っていることから、他人と入浴することを嫌がっていたと伝えられる。それが「一緒に風呂に入った」というのだから、小松には相当心を許していたとみて、さしつかえなかろう。

　実際、海軍次官となった山本は、小松の航空局拡大と民間航空振興政策を強力にバックアップした。一九三七年十二月、山本は小松を連れて、大蔵大臣となっていた賀屋興宣を官邸に訪ね、新年度の航空局の新規事業計画予算をおよそ三・二倍とすることを認めてくれるように要請したのである。この事業計画には、航空局による飛行機乗員養成や中央航空研究所創設のための調査も含まれていた。小松は、五か年継続事業として、総額一億五千万円を投じ、同研究所を発足させるつもりだったのだ。賀屋は、小松の提案に同意し、破格の予算案もトップダウンで承認されることになる。

ちなみに、本書でも触れたように、第一次ロンドン軍縮会議の際に、山本と賀屋は険悪な仲になっていたが、その後、関係を修復していたのである。「〔前略〕しかし山本君の人柄がまことに純真で国を思い、わからず屋でもないこともだんだんわかってきた。しばらく接触も絶えておったが、そのうち彼は海軍次官となって海軍省に帰って来た。私はその間大蔵省の主計局長理財局長となり、さらに彼と時を同じくして、大蔵次官となった。そして間もなく大蔵大臣となった。というようなことで山本海軍次官との実務上の接触もいろいろふえてきた。いつの間にか仲良しとなってしまった」（賀屋前掲書）。

かくて、小松の野心的な計画は、山本の支持のもと、実行に移された。一九三八年には、仙台《せんだい》と米子《よなご》に航空局直轄の乗員養成所が設立され、また、民間の飛行学校への乗員養成委託もはじまる。これらの措置が、のちの航空消耗戦にのぞむにあたって、助けとなったことはいうまでもない。同年四月に山本が航空本部長兼任となったことも、小松の政策実行に拍車をかけることになった。

さらに、中央航空研究所も創設されたが、結果から述べると、将来に向けて画期的な航空機を開発するという目的は、日中戦争による国力の消耗や陸海軍の主導権争いなどによって果たせなかったといってよい。ただ、山本が中央航空研究所に希望したことは、彼の用兵思想を考える上で興味深いので、ここに記しておく。中央航空研究所が主眼としたのは、成層圏飛行ができる航空機の開発だったが、小松によれば、それは山本の求めに応じてのことだったという。「山本氏がその時分言っておったのは、ハワイを爆撃して帰ってくる飛行機をつくってくれと、こう言うのだよ。それは成層圏飛行以外にはないじゃないか」。

山本は、そのような長航続の航空機を求めながら、たとえばアメリカ西海岸のロサンゼルスやサンフランシスコへの戦略爆撃ではなく、米太平洋艦隊の根拠地であるハワイを目標として想定していたらしい。この挿話は、ドゥーエ的な無差別爆撃による敵継戦意志の圧伏といった発想が山本になかったことを示す傍証となるだろう。

ともあれ、山本は、陸軍への警戒から空軍独立論に反対したことを補うべく、民間航空の振興という間接的なかたちで、総力戦時代の航空戦に対応しようとしていた。山本は、それによって、おのが用兵思想と政治的配慮のバランスを取っていたのである。

石油の夢

とはいえ、海軍次官としての山本は、有名な、水から石油をつくる実験をやらせたという、芳しからざるエピソードも残している。阿川弘之の山本伝をはじめ、多くの先行研究で取り上げられている挿話であるが、回想や伝聞をもとに記され、時系列などもあいまいなものがほとんどであった。しかし、自身も石油精製会社に勤め、定年退職後に近代史家に転じた山《やま》本一生《もといつしょう》により、一次史料に依拠した研究が二〇一七年に出されたから、現在では、事件の詳細までもわかるようになっている（山本一生『水を石油に変える人』）。

要するに、「ワラから真綿を取る」、「水からアルコールをつくる」と、さまざまな疑似科学的詐欺を繰り返してきた本多維富《ほんだこれとみ》なる男を中心とする一団が、だいそれたことに海軍をだましまして、利を得ようとしたということなのだが、一九三八（昭和十三）年末に、この話を持ちかけられた大西瀧治郎《おおにしたきじろう》（当時大佐で、航空本部教育部長）ばかりか、山本次官までも乗り気になったから、おおごとになった。そんな非科学的な主張に取り合うなど看過できないと、海軍部内の燃料関係者などからの抗議が寄せられたにもかかわらず、浅薄な科学知識では理解できぬとしりぞけて、水からガソリンができるかどうかの実験を行うように命じたのだ。

かくて、一九三九年一月七日から開始された実験は三日におよんだけれど、一応は成功し、水がガソリンに変じたかにみえた。しかし、その過程で海軍側は、おそらくトリックを使って、試料をすりかえているのだと推測し、使用する薬びんの詳細なスケッチを取った上で（当時の技術水準では、ガラス内に残る水泡の分布がさまざまになることから、個々の薬びんを特定できた）、詐欺師側に二度目の実験を申し入れたのである。それは、一月十四日から一月十五日にかけて行われ、またしても水がガソリンとなったとされたが、薬びんがすり替えられていることはもはやあきらかだった。

一月二十三日、「実験は全く詐術なることを確認せる」と結論づけた通知が、海軍省から関係各部に送付された（前掲『水を石油に変える人』）。

かくのごとき結果に、思い込んだら非科学的なことにさえ固執するとは、山本も意固地にすぎると批判が寄せられた。また、今日でも、この一件は、山本のオカルト志向を示すものとして、しばしば引き合いに出される。山本には、ほかにも、海軍航空隊の搭乗員採用の審査に人相見を起用したという有名なエピソードがあるのだ。たしかに、こうした詐欺に真剣につきあうという行為は、山本の識見をはかる上でマイナスにしかならないであろう。

さりながら、筆者は、水のガソリン化実験をめぐる山本の言動は、アメリカ駐在以来の石油への関心、さらには、世界的に戦争の可能性が高まるなかでのエネルギー確保への危惧が極端なかたちで表れたものではないかと考えたい。当時、石油がなければ、山本が丹精した航空隊も飛ばず、主力艦も動かないというのに、その主たる供給元であるアメリカとの関係は、しだいに悪化していたのである。

そして、三年近くの海軍次官勤務を終えた山本を待っていたのは、いやが上にも手持ちの石油量に神経質にならざるを得ないポストであった。

一九三九年八月三十日、山本五十六は連合艦隊司令長官に補せられたのである。

第六章　連合艦隊司令長官

欧州の戦火

山本《やまもと》は、政治の舞台から一転して、世界第三位の艦隊の指揮を執ることになった。彼自身は、このまま次官職にとどまっていてもよいと考えていたようだが、米内光政《よないみつまさ》は、なお政治に関わらせていては、テロの犠牲になる恐れがあると判断し、山本を洋上に出したのだといわれる。その際、米内は、有名な占い師が君の顔には死相が出ていると警告していたぞと山本に告げて、連合艦隊司令長官就任を承諾させたという（反町前掲書）。またしてもオカルトがかった話ではあるが、これは、山本がその種の意見に耳を貸しやすい（水をガソリンに変えると称する詐欺に真剣に取り組んだことなどは、その典型例であろう）性格であることを知っているた米内が、彼に東京を離れることを納得させるためのフィクションだったのではないかというのが、阿川弘之《あがわひろゆき》の見立てである。

一九三九（昭和十四）年九月一日、山本は、紀州和歌之浦《きしゆうわかのうら》に碇泊していた戦艦長門《ながと》（当時、連合艦隊の旗艦）に着任した。この日、ヨーロッパでは、ついに火の手が上がっている。独ソ不可侵条約によって、ソ連《れん》がドイツの味方となった以上、英仏も牽制《けんせい》されて、介入することができない。いまや、孤立したポーランドを、限定された短期の戦争で粉砕する好機だ。そう確信したヒトラー総統の命一下、ドイツ国防軍はポーランドに侵攻したのである。ところが、その思惑ははずれた。ミュンヘン協定で拡張を止めると約束したにもかかわらず、ドイツがチェコスロヴァキアを消滅させてしまうのをみた英仏は、もう断固たる態度をくずさず、九月三日、ポーランドに約束していた保障を実行するとして、ドイツに宣戦布告した。かくて、欧州は二度目の大戦に突入したのであった。

日本側にしてみれば、この大戦争に巻き込まれるのを、からくもまぬがれたことになる。もし、ドイツ側や日本陸軍が要求したような、英仏を対象とする自動参戦義務を負う軍事同盟を結んでいたなら、この時点で日本はドイツとともに戦争を遂行することになっていたであろう。山本も、そんな事態になりかねなかったことに慄然《りつぜん》とし、また、胸を撫《な》で下ろしていた。一九三九年九月四日付の嶋田《しまだ》繁太郎《しげたろう》（当時中将で、呉《くれ》鎮守府長官）宛ての手紙には、こう書かれている。

「〔前略〕又々御苦労ながら厄介のあと始末を御願する事と相成《あいなり》、結局之《これ》もリッペン《ママ》〈トロップ〉やヒトラーの仕業と申すべきか。〔原文改行〕夫《それ》につけても欧州の大変転を見て日独伊問題に想到《そうとう》しゾッとする次第に御座候《ござそうろう》」(『大分県先哲叢書　堀悌吉資料集』、第一巻)。

しかし、山本の安堵《あんど》も、つかの間のことにすぎなかった。

米内内閣倒れる

こうして世界情勢が動くなか、阿部信行《あべのぶゆき》陸軍大将に組閣の大命が下る。ただし、昭和《しょうわ》天皇は、新総理に釘《くぎ》を刺すことを忘れなかった。八月二十八日、宮中に参内《さんだい》した阿部に対し、外交では英米協調の方針を取るべしと命じたのである。八月三十日に成立した阿部内閣は、かかる原則にもとづき、欧州戦争には介入せず、もっぱら日中戦争の解決に邁進《まいしん》するとの声明を出し、協調政策を遂行した。しかし、阿部内閣は四か月の短命に終わる。ソ連と交渉し、ノモンハンの紛争を停戦に持っていくなど、たしかに一定の成果をあげはした。が、アメリカとあらたな通商条約を結ぼうとした試みが不調に終わったこと、外貨獲得のための貿易省設置の試みが外務省の反対で挫折《ざせつ》するなどといった外政・内政の失敗により、政権が維持できなくなったのだ。

後継総理は、なんと米内光政であった。当時、政治に大きな影響力をふるっていた陸軍が、防共協定強化交渉以来、目の上のこぶともいうべき存在になっている米内が総理になることを認めるなどあり得ないというのが大方の観測だったから、この人事はまったくのサプライズだったといえよう。かかる予想外の人事を可能にしたのは、湯浅倉平《ゆあさくらへい》内大臣を中心とする宮中勢力だったとされる。湯浅らは、このまま陸軍が政治を壟断《ろうだん》していたのでは日本はどうなることかと心配する天皇の意を受けて、米内かつぎだしに努めたのである。

米内も、そうした宮中の意を汲《く》んで、英仏、さらにはアメリカとの協調を重視し、独伊と距離を置く政策を主眼とした。連合艦隊司令長官として、政治の枠外に去った山本ではあったが、かような米内総理の考えには拍手喝采《かっさい》したことであろう。だが、いまだにドイツとの軍事同盟を画策している日本陸軍としては、とうてい首肯《しゅこう》できない方針である。ゆえに、一九四〇（昭和十五）年一月十六日に発足した米内内閣は、最初から陸軍の策動にさらされた。「陸軍の倒閣運動は、果たして内閣成立の日から始められた」（緒方竹虎《おがたたけとら》）のである。

前年九月に、ソ連とともにポーランドを分割して以来、ドイツは、「いかさま戦争」などと揶揄《やゆ》された、英仏との静かな対峙《たいじ》を続けていたが、一九四〇年の春から夏にかけて、一気に攻勢に出たのだ。四月九日には北欧ノルウェーとデンマークを急襲、ついで五月十日には、中立状態にあったオランダ、ベルギー、ルクセンブルクに侵入、西方攻勢を開始する。アルデンヌの森を突破したドイツ装甲部隊は、連合軍を分断しつつ、英仏海峡に進撃し、大戦果を挙げた。その結果、イギリスがヨーロッパ大陸に派遣した遠征軍は、ダンケルクよりの撤退作戦を強いられる。六月十四日にはパリが無血占領され、二十二日にはもう独仏休戦協定が調印されていた。第一次世界大戦では、四年あまりの時を費やしても、とうとう征服されることがなかったフランスが、わずか一か月半ほどで打ち倒されてしまったのである。

こうしたドイツの勝利は、おのずから極東・太平洋《たいへいよう》情勢にも影響を与えずにはおかなかった。陸軍をはじめとする日本の親独伊派がうごめきだした。本国がドイツに占領されたために、いわば無主の状態となったフランスの植民地仏印《ふついん》（仏領インドシナ、現在のヴェトナムなど）やオランダの植民地蘭印《らんいん》（蘭領東インドの略、現在のインドネシア等）といった地域に対し、いわゆる「南進」を実行すべし、東南アジアを日本の支配下に置くチャンスが来たという主張が力を得てきたのだ。

かかる事態に、米内内閣としても無為ではいられず、外交努力によって、ドイツの了解を得つつ、南方進出を果たそうと試みる。ただし、それは、陸軍、あるいは海軍中堅層の、必要とあらば武力行使も辞さずといった姿勢とは異なり、英米に配慮、両国との対決を回避するという枠内に留《とど》まっていた。

実際、米内がアメリカに対して抱いた懸念は杞憂《きゆう》ではなかった。日本が蘭印・仏印に食指を動かしているとみたアメリカは、五月七日、演習のためにハワイに向かった太平洋艦隊主力を、そのまま同地に配置すると発表した。日本の南進に備えて、大艦隊という匕首《あいくち》を突きつけたかたちである。ついで、六月四日付で、特殊工作機械の輸出許可制が実施された。いうまでもなく、精密機械の多くを外国、なかんずくアメリカからの輸入に頼る日本に対する警告だ。

　これでは、米内内閣もよほど慎重にならざるを得ない。いきおい、勇ましい武力進出論ではなく、外交交渉を主眼に置くようになったのである。けれども、東京日日新聞のロンドン特派員が送った記事の一節「バスに乗りおくれるな」という言葉が、いちやく流行語となったことでもわかるように、そうした外交による南方進出論は、世間一般、また陸海軍の強硬派にとって悠長《ゆうちょう》に過ぎるものだった。

　南進のためなら敢《あ》えて戦争も恐れぬと腹をくくった陸軍は、妨げとなる米内内閣を倒しにかかる。枢軸側への接近に消極的な米内に国家指導を任せるわけにいかないと称し、陸軍の政府不支持を鮮明にしたのである。七月八日、陸軍次官阿南惟幾《あなみこれちか》中将は木戸幸一《きどこういち》内大臣を訪問、米内内閣は独伊との話し合いをなすにはきわめて不便であるとしてから、陸軍は総理更迭やむなしとの意見で、後任には近衛文麿《このえふみまろ》を希望すると申し入れた。さらに、七月十六日には、陸軍大臣畑俊六《はたしゅんろく》大将が辞表を提出する。

一九三六（昭和十一）年に復活した、陸海軍大臣に補任されるのは現役の大将か中将でなくてはならないという規定、軍部大臣現役武官制を利用した倒閣工作であった。現役の大将・中将の出処進退に、陸海軍の意向が反映されることはいうまでもない。陸軍はしばしば、この規定を濫用《らんよう》し、気にくわぬ内閣を倒したり、あるいは組閣を阻止するために、陸軍大臣を辞任させたり、陸相候補を推薦しないという術策を用いた。むろん、陸軍大臣のいない内閣は成立しない。この場合も例外ではなかった。畑陸相の辞任により、七月十六日、米内内閣は総辞職に追い込まれたのである。

松岡洋右登場

米内のあとを襲い、再び総理の座についたのは近衛文麿だった。かつて首相を務めたときには、「以後、蔣介石《しょうかいせき》政権を相手にせず」との声明を出して、日中戦争の収拾を困難にし、今では、ナチスを模範として「一元政治」をめざす新体制運動の先頭に立っている人物である。加えて、軍部を抑えられるのは彼しかいないと、近衛が外相に選んだのは、満洲《まんしゅう》事変をきっかけとした日本の国際連盟脱退に際して、派手なパフォーマンスを演じて、ポピュリズムの波に乗った松岡洋右《まつおかようすけ》だったのだ。

松岡が、独伊との関係強化を自らの外交構想の基本に据えていることは、すぐにあきらかになった。米内内閣の末期、一九四〇年七月十二日に、外務省、陸軍省、海軍省の事務当局のあいだで、日独伊提携強化問題についての協議がなされた。その席上、外務省側は、南洋が日本の生活圏であることをドイツに了解させるため、彼らの戦争遂行に極力協力するが、参戦はあくまでも拒否するとの案を提示している。これは、同月十六日の第二回協議で、陸海軍に了承された。ところが、外相就任直後に、この「日独伊提携強化案」について説明された松岡は色をなし、文書に「虎穴《こけつ》にいらずんば虎児を得ず」との一句を書き入れて、突き返してきたというのである。

さらに松岡は「日独伊提携強化に関する件」（七月三十日付）という文書を作成した。これには、独伊側が対英軍事協力を望む場合は原則として応じるとか、一方がアメリカとの戦争状態に入る危険がある場合には、同盟国は取るべき措置について協議するとかいった、いちだんと好戦的になった条項が含まれており、従来の「日独伊提携強化案」にあった、参戦にならないかぎりでの最大限の提携という留保は消え失《う》せていた。松岡は、ドイツの勝ちに乗じて南進し、その際イギリス、場合によってはアメリカと戦争をしても構わないという、常軌を逸した方針を唱えたのである（『太平洋戦争への道』、新装版、第五巻）。

ヒトラーの決断

一方、ドイツ側においても、日本との同盟交渉に向けたモーメンタムが働きはじめていた。松岡新外相の打診に、当初冷ややかな態度を取っていたものの、一九四〇年八月二十三日、リッベントロップ外務大臣は、彼の腹心ハインリヒ・ゲオルク・シュターマーを日本に派遣すると、来栖《くるす》三郎《さぶろう》駐独日本大使に連絡してきたのだ。しかも、シュターマーは、日本政府の真意を探り、もしも日本にドイツと新しい条約を結ぶ意思があるなら、ただちにオイゲン・オット駐日ドイツ大使同席のもとで交渉をはじめよと、密命を受けていたのである。

この日本への急接近の裏には、欧州の戦争が、ドイツにとっては行き詰まりの様相を示しはじめていたことがあった。フランス降伏後、すぐにでも和平交渉に応じるかと思われたイギリスが、意外にも参らなかったのだ。戦時宰相ウィンストン・チャーチルの指導のもと、英国民は頑強に抗戦した。かかる情勢ゆえに、ヒトラーは、和平による戦争終結をあきらめ、英本土を押さえるべく、上陸作戦の準備を命じる。さりながら、ドイツ海軍はいまだ再建途上であり、上陸船団の安全を確保するだけの戦力は有していなかった。それでも海上侵攻を強行しようとするなら、圧倒的な航空優勢を確保し、上陸部隊に空から傘を差しかけてやることが必要である。

その目的を達成するために、ドイツ空軍は連日、大規模な英本土空襲を実行させた。「バトル・オヴ・ブリテン」、英本土航空戦の開始である。だが、防空の任に当たった英空軍の戦闘機パイロットたちは善戦し、ドイツ空軍の制空権獲得は見込めなくなった。イギリスと和平を結ぶことも、軍事力による英本土の制圧も望み薄となったのだ。

こうした状況におちいったヒトラーは、あらたな戦争に訴えることを決めた。イギリスが無駄な抵抗を続けるのは、いずれアメリカとソ連が味方につくと踏んでいるからだ。ならば、宿願であるソ連侵攻作戦に踏みきり、イギリスの希望であるロシアを粉砕するとともに、ゲルマン民族のための広大な領土を獲得すればよい。かかる発想のもと、ヒトラーはソ連侵攻を決断したのであった。

一九四〇年七月三十一日、南独ベルヒテスガーデンの山荘に、国防軍首脳部を招集したヒトラーは、「ロシアが打倒されれば、イギリスの最後の希望も消えてしまう。そうなれば、ヨーロッパとバルカンを支配するのはドイツである」と言明した。そして、ロシアの粉砕は早ければ早いほどよいと断じて、翌一九四一年五月にソ連侵攻を開始できるよう準備せよと指示したのである。加えて、このベルヒテスガーデン会議では、日本への期待が表明されている。対ソ戦遂行中、日本はアメリカが介入しないよう牽制することで、ドイツを助けるであろう。また、ソ連が打倒されたのち、北の脅威から解放された日本は、アメリカがイギリスを救うため参戦するのを食い止めるのに大きな威力を発揮すると、ヒトラーは述べたのだ。

このようなドイツ側の内幕を知れば、ドイツの対日政策が動き出し、特使シュターマーの派遣に至った経緯も理解できよう。対英戦の停滞とロシア侵攻というお家の事情から、ドイツはまたしても日本を必要とするようになっていたのだった。

海相吉田善吾の苦悩

さりながら、日本側、というよりも、日本海軍にはまだ、三国同盟に反対する者が残っていた。山本五十六《いそろく》の海兵同期生（三十二期）で、米内の後任として海軍大臣になった吉田善吾《よしだぜんご》中将だ。海軍の俊秀として知られ、エリートコースを歩んできた人物で、一九三七（昭和十二）年に連合艦隊司令長官に補せられたときには五十二歳だった。日本海軍史上最年少の連合艦隊司令長官である。

けれども、山本と入れ替わりに霞ケ関《かすみがせき》勤務となった吉田は、それまでにない苦労にさいなまれることになった。そのころには、海軍省や軍令部の中堅将校たちの大半は、ヨーロッパで圧倒的な勝利を収めたドイツと結び、対英戦も辞さずとする思想にとりつかれていたのだ。近衛の別荘における「荻窪会談《おぎくぼ》」でも、三国同盟は考えないと発言していた吉田は、海軍省内で四面楚歌《そか》になったといっても過言ではない。

米内海相時代には、山本次官、井上《いのうえ》軍務局長が力をふるい、そうした海軍中堅層の下剋上《げこくじょう》を抑えた。だが、吉田の次官である住山徳太郎《すみやまとくたろう》中将は「女子学習院長」とあだ名されるほどで、とても下の突き上げに毅然《きぜん》たる姿勢を取れるような人物ではなかった。新軍務局長となった阿部勝雄《あべかつお》少将も、しだいに日独伊同盟論に傾斜していったから、吉田は孤立する一方だったのである。にもかかわらず、吉田が同盟反対を貫いていたことは、その論敵となったかたちの大本営陸軍部の機密戦争日誌に「対独、伊交渉進まず、海軍大臣にて研究中なりと。嗚呼《ああ》」（一九四〇年八月十一日の条。軍事史学会編『大本営陸軍部戦争指導班　機密戦争日誌』、上巻）という記述がみられることからも、充分推測できよう。吉田善吾は、なお孤塁を守っていたのである。

こうした流れを危惧《きぐ》したのか、山本五十六も掩護《えんご》射撃を試みた。政治の局外にあって、同盟問題に介入できなくなっていた山本ではあったけれど、実戦部隊のトップである連合艦隊司令長官として「意見書」を出したのだ。その宛先は不明であるものの、以下引用する内容からして、少なくとも海軍省に送られたことは間違いあるまい。

「日米戦争は世界の一大凶事にして、帝国としては聖戦〈日中戦争〉数年の後、更に強敵を新たに得ることは誠に国家の危機なり、日米両国相傷つきたる後に於《おい》て、ソ連又は独国進出して世界制覇を画す場合、何国がよく之を制御し得るや。独国勝利を得た場合に於て、帝国は友邦なりとして好意を求めんとするも、不幸にして我が国も傷つき居たりとせば、其《そ》の術《すべ》もなく、友邦は強大なる実力の存する場合に於てのみ、之を求め得べきのみ。帝国が尊重せられ、交りを求めんとする者相次ぐは、我が海軍を中心とする実力厳存《げんそん》するに依らざるべくんば非《あ》らず。よって日米両面衝突を回避するため、両国とも万般の策をめぐらすを要す可《べ》く、帝国としては絶対に日独同盟を締結す可からざるものなり」（反町前掲書）。

ここに明示されているように、ドイツとの同盟は不可なりとする山本の見解は、少しも揺らいでいなかったのである。実際、独伊と手をつなげば、イギリス、ついにはアメリカとの戦争に突入することになるとの山本や吉田の判断は正しかった。この時期、アメリカは英帝国の自治領カナダと常設共同防衛会議を設立すると宣言したり、Uボートの活動を封じるために不可欠の駆逐艦五十隻をイギリスに譲渡する協定（代償として、アメリカへの基地貸与を決めていた）を結んだりしていた。とどのつまり、独伊との同盟締結はアングロサクソンとの戦争を意味するとみなして、さしつかえない情勢になっていたのだ。

しかし、吉田は、おのが判断と、戦争へ向けて勢いを増す周囲や部下とのあいだで板挟みになり、心身ともに疲弊していた。衰えきった海軍大臣は限界に突き当たる。九月三日、吉田は築地《つきじ》の海軍病院に入院、海軍大臣を辞任することになった。後任海相は、妥協的なことで知られた及川古志郎《おいかわこしろう》大将であった。

三国同盟に抗する歯止めが、また一つ外されたのである。

日独伊三国同盟の成立

九月七日、ナチス・ドイツの特使ハインリヒ・シュターマーは、東京に到着し、千駄ケ谷《せんだがや》にあった松岡の私邸で、オット駐日大使とともに連日会談を行った。重要なのは、十一日に提示されたドイツ案で、その第三項は「右三国（日独伊）のうち一国が現在のヨーロッパ戦争または日支紛争に参入していない一国によって攻撃された場合には、あらゆる政治的、経済的および軍事的方法によって相互に援助すべきことを約束する」とされていた。この条項を認めれば、ソ連やイギリスのみならず、アメリカをも想定敵国とし、しかも自動参戦条項を含んだ、明々白々たる軍事同盟が成立するのである。

このシュターマーが示した案に、及川海軍大臣は当初躊躇《ちゅうちょ》したが、海軍次官豊田貞次郎《とよだていじろう》中将ならびに軍令部第三部長岡敬純《おかたかずみ》少将と協議した松岡は、本文のほかに付属議定書と交換公文を設け、参戦の判断は各国政府が事実上自主的になすことにするという留保を付け、ついに同意を取り付けたのだった。

松岡はさらに陸海軍と外務省の意見調整を進め、同十三日の四相会議（総理、陸相、海相、外相で構成される意思決定機関）にかける。四相会議は、昭和天皇の臨席の下で御前会議を開き、三国軍事同盟を正式に決定すると取り決めた。十四日朝には、その準備のために、大本営政府連絡会議が開かれた。この四相会議であったか、翌朝の連絡会議であったのかは確定できないが、及川古志郎海軍大臣は三国同盟に賛成したのである。

もはや、三国同盟に向かう激流を止められるものはなかった。九月十九日、御前会議は三国同盟締結を裁可する。以後、参戦を自主的に判断できるのかどうかについて、交渉が難航することもあったけれども（この問題は、シュターマーが、締約国はそれぞれに参戦するか否かを判断できると認めたことで打開された。それは、シュターマーが本国にはからず、独断で約束したものといわれる）、三国同盟は急速に具体化されていく。

一九四〇年九月二十七日、日独伊三国の代表は、ベルリンの「新宰相府《ノイエ・ライヒスカンツライ》」の大広間において条約に調印、軍事同盟を結成した。日本は、対米戦争への「引き返し不能点《ポイント・オヴ・ノー・リターン》」を越えたのである。

山本の憤懣

山本は、この条約調印前に、三国同盟に対し、強い疑義を呈している。

締結に先立つ九月十五日、海軍大臣、軍令部総長、軍事参議官、連合艦隊司令長官、第二艦隊司令長官、各鎮守府司令長官を集めて、海軍の態度を決定する首脳会議が開かれた。山本も上京、出席したが、その経緯は会議の名に値しないものだった。豊田海軍次官が司会し、阿部軍務局長が経過を説明すると、及川海相が断じる。

「今回の三国同盟に海軍が反対すれば、近衛内閣は崩壊し、その責任は海軍が取らねばならぬ」。

これに、伏見宮《ふしみのみや》軍令部総長が応じた。

「ここまできたら仕方ないね」。

まるで既成事実を押しつけるようなやり取りを聞いて、山本は立ち上がり、発言を求めた（反町前掲書ならびに『戦史叢書　大本営海軍部・聯合艦隊』、第一巻）。

「私は大臣に対して絶対に服従するものであります。只《ただ》心配に堪えぬところがありますので、御《お》訊《たず》ね申し上げます。〔原文改行〕八カ月前まで私が次官を勤めておった時の政府の物動計画は、その八割まで英米圏内の資材でまかなうことになっておりました。然《しか》るに三国同盟の成立したときには、英米よりの資材は必然的に入らぬ筈《はず》でありますが、その不足を補うため、どういう計画変更をやられたか、この点を聞かせて頂き、連合艦隊長官として任務を遂行して行きたいと存じます」（反町前掲書）。

実のところ、山本は、日本の国力では対米戦の成算はない、ゆえにアメリカとの戦争を招くような同盟には反対すると主張すべく、上京する前に連合艦隊戦務参謀の渡辺安次《わたなべやすじ》中佐に命じて、日米の兵力（戦艦、空母、巡洋艦、航空機等）と戦略物資（石油、石炭、鉄、アルミニウム、銅、マグネシウムなど）を比較した表を作成させていたのである。だが、山本が持参した資料は無駄になった。及川海相は、山本の疑問に答えようとしないまま、同盟締結への賛成を求め、軍事参議官中最先任の大角岑生《おおすみみねお》が首肯、他の出席者もそれに倣《なら》ったのである。会議終了後、山本に論難された及川は、「事情やむを得ないものがあるので、勘弁してくれ」と釈明した。それに対して、山本が「勘弁ですむか」と声を荒らげる一幕もあったと伝えられる（『戦史叢書　大本営海軍部・聯合艦隊』、第一巻。阿川『山本五十六』、文庫版、上巻）。

その後、東京から戻った山本は、連合艦隊の幹部たちに、つぎのように語った。三国同盟やアメリカとの関係、日米戦争の見込みなどに関する、当時の山本の見解をよく示していると思われるので、長文になるが、以下に引用する。

「一年前、海軍当局は三国同盟に同意しなかった。その理由は、この同盟は必ず日米戦争を招来するものであり、その場合、海軍軍備の現状を以《もっ》てしては勝算がない〔原文改行〕勝算を得るの途《みち》は唯《ただ》一つ航空軍備の充実あるのみである。然《しか》し、それには年月を要する。それ故、日米戦を必至とするが如き条約を締結すべきでないとした。〔原文改行〕その後、僅《わず》か一年を経過したのみで、対米戦に自信のもてる軍備ができよう筈がない。然るに、現在の海軍当局は、敢て三国条約に同意しようとしている。自分は、現当局が果して勝算の立つ軍備を早急に整備する自信ありや否やを問うつもりで、詳細に資料も準備して、会議に臨んだのであった〔後略〕」（反町前掲書）。

ここで、山本は明快な論理を展開している。本書第五章で触れたように、山本は、民間航空振興を通じての縦深的な航空戦力整備など、総力戦の準備に努めていた。時間はかかるが、そうした軍備の完成によって、アメリカと戦争になった場合にも成算が生じる。あるいは、そのような航空戦力が持つ抑止力ゆえに、対米戦争自体も回避されるかもしれない。そうした戦力整備がようやく緒《しょ》に就《つ》いたばかりだというのに、アメリカと衝突するなど不可能であり、そのような事態につながりかねない独伊との同盟には断固反対すると、山本は考えていたのだ。太平洋戦争の大敗から七十余年を経た今日では、当たり前と思われるかもしれないが、リアルタイムのそれとしては卓越した議論で、山本の政治、もしくは戦略次元での判断力を証明したものといえる。

しかしながら、その山本が忌み嫌った日独伊三国同盟は、現実のものとなってしまった。

ちなみに、山本は、三国同盟成立後、戦闘機・中攻それぞれ一千機を保有するよう、中央に申し入れたといわれる。総力戦を考えれば、切実な要求であったが、当時の日本の生産力、搭乗員養成能力からすれば、実現できない目標であることはいうまでもない。ゆえに、敢えて無理な要求を突きつけることで、そうまでしてやりぬく覚悟が海軍中枢、ひいては政府にはあるのかと、山本は訴えたかったのだと推測する向きもある。ただし、筆者は、山本は必ずしも海軍上層部にブラフをかけたのではなく、本気で航空戦力の大増強をはかるつもりだったと考えている。この問題については本書後段で述べることにしよう。三国同盟は、かかる本格的な戦争準備を必要とする困難な道を開いてしまったのであった。

これ以降、山本は、彼我《ひが》の国力が懸隔《けんかく》するなか、自らの限られた兵力を以て、いかに戦うかを模索することを余儀なくされていくのである。

半年や一年の間は……

この一九四〇年九月の上京に際して、山本はもう一つ、注目すべき発言をしている。近衛文麿首相に、その別荘「荻外荘《てきがいそう》」に招かれて、面談したときのことであった。日米戦争になったときの海軍の見通しについて、近衛に尋ねられた山本は、「それは是非やれと云われば、初め半年か一年の間は随分暴れてご覧に入れる。然《しか》しながら、二年三年となれば、全く確信は持てぬ。三国条約が出来たのは致方《いたしかた》ないが、かくなりし上は日米戦争を回避するよう、極力御努力を願いたい」との有名な答えを返したのである（近衛文麿『失はれし政治――近衛文麿公の手記』）。

なんとも語弊《ごへい》のあるもの言いで、解釈によっては、山本が半年か一年の短期戦ならば充分にやれると断言しているようにも取れる。そうした観点から、山本を尊敬していた井上成美《しげよし》も、戦後、この発言を厳しく批判した。「山本さんは、何故《なぜ》あの時あんなことを言ったのか。軍事に素人《しろうと》で優柔不断の近衛公があれを聞けば、とにかく一年半は持つらしいと曖昧《あいまい》な気持になるのは決り切っていた。海軍は対米戦争やれません。やれば必ず負けます。それで連合艦隊司令長官の資格が無いと言われるなら私は辞めますと、何故はっきり言い切らなかったか」（阿川弘之『米内光政』）。

いかにも井上らしい糾弾《きゅうだん》だが、本書でここまで検討してきたところからすれば、山本は実情を説明しただけであろうと筆者は解釈する。手持ちの戦力で短期の戦争を行うことは可能であるものの、長期の総力戦となれば、国力の差を克服することはできないとの本音を赤裸々に吐露したのである。近衛もまた、そのように受け取ったことは、山本の一九四〇年十二月十日付嶋田繁太郎（当時海軍大将で支那方面艦隊司令長官）宛書簡からも読み取れる。

「其時《そのとき》近衛公曰《いわ》く、『日独伊軍事同盟は、以前は海軍の立場からは種々困難ありとの事なりしに、此度《このたび》は連絡会議にて海軍も直《すぐ》に同意せられ、実は不思議に思い居たり、然るに其後海軍の様子が少しはっきりせず、おかしいと思い居りしに、同盟成立後二週間目位に海軍次官が懇談に来られ、物動方面等容易ならぬ事を説明されたり。〔中略〕然し、海軍戦備には幾《いく》多《た》の欠陥あり、万難を排し、速《すみやか》に之を整備せざれば、国防上憂慮すべき事となるとの説明ありたる為、自分は少なからず、実は失望せり』」（『大分県先哲叢書　堀悌吉資料集』、第一巻）。

かくのごとく、山本は、海軍の戦備の遅れを認識し、アメリカと長期にわたる総力戦に突入するようなことがあれば、それは必敗であると理解していた。近衛に対する発言に関しては、あらためて、その点を確認しておこう。しかし、筆者が注目するのは、むしろ「初め半年か一年の間は随分暴れてご覧に入れる」の部分である。かような言葉は、現有兵力による短期戦ならば、まったく不可能というわけではないと、山本が考えていたことを示唆しているからだ。この発想は、山本が太平洋戦争初期の戦略・作戦を検討する上で、重要な前提となっていたものと思われる。

松岡訪欧

ともあれ、山本の危惧をよそに、日独伊三国同盟成立後の日本は、ますます戦争に傾斜していくことになった。いったん山本の動向を追うことから離れ、以後の行論の前提として、一九四〇年から、明けて一九四一（昭和十六）年夏までの国際情勢の展開をみよう。

日独伊三国同盟を成立させた松岡外相は、その一方で、駐日フランス大使シャルル・アンリとのあいだに、仏印において日本に便宜をはかることを約した協定を結ぶことに成功し、意気軒昂《いきけんこう》だった。ただし、この松岡・アンリ協定は、その効力を広げていって、北部仏印に平和裡に進駐する計画だったのだが、陸軍の暴走によって武力進駐となり、日本の国際的な評判を低下させている。その結果、アメリカの対日姿勢は、いっそう硬化したのである。

けれども、松岡は、アメリカの圧力も意に介していなかった。彼はこのころ、ドイツが持つソ連への影響力を利用して、日本とソ連の関係改善のために仲介役をさせ、しかるのちに、ユーラシア同盟、日独伊にソ連を加えた四国協商を組むことを考えていたのだ。かかる同盟が成立したならば、アメリカといえども、アジアやヨーロッパに干渉することは困難だ。

三国同盟の成立後、松岡は、この日独伊ソ四国協商について、ヒトラーと直談判《じかだんぱん》しようと考えていた。一九四一年春、そうした希望が認められ、三月十二日に松岡は訪欧の旅に出る。しかし、めざすベルリンでは、すでに独ソ関係悪化のきざしが見えはじめていた。両国は、独ソ不可侵条約締結の際に、付属の秘密議定書で北欧や東欧の諸国をそれぞれの勢力圏に組み入れることを定めていた。独ソによるポーランド分割も、その一端だったわけである。

ところが、いざヨーロッパで戦争がはじまってみると、バルカンやフィンランドをめぐって利害の対立が生じ、独ソ関係はきしみはじめた。奇《く》しくも松岡同様、三国同盟にソ連を入れて、日独伊ソで英帝国を解体するという構想を抱いていたドイツ外相リッベントロップは、ソ連外務人民委員モロトフをベルリンに招き、四国同盟という、より大きなメリットを示して、両国間の問題を解決することをもくろんだ。しかし、リッベントロップの思惑とは裏腹に、訪独したモロトフは日独伊ソの同盟などという案には取り合おうとはせず、勢力圏の分割を具体的にどう処理するのかという問題に固執した。そのかたくなな態度に、ヒトラーは、もはやソ連との妥協は不可能と判断し、同国への侵攻を最終的に決断したともいわれる。

こうした情勢下、ベルリンに到着した松岡は、三月二十七日にヒトラーとの初会談にのぞむ。しかし、両者の主張はくいちがっていた。松岡にしてみれば、ドイツにやってきたのは、ソ連の三国同盟への加入問題を論じ、日ソ関係改善への助力を求めるためだった。にもかかわらず、ヒトラーのほうでは、そうした点には関心を示さず、イギリスは降伏直前だが、それを早めるためにも日本のシンガポール攻撃は決定的な意義を持つとまくしたて、日本の対英参戦について言質《げんち》を引きだそうとしたのである。さしもの独断専行で知られる松岡も、そんな大問題に外相の一存で答えるわけにはいかなかった。また、日ソ交渉仲介についても、ドイツは消極的であった。かかる冷淡さの背景には、もちろん、ドイツがソ連侵攻を決めていたという事実がある。ヒトラーは日本に対し、もはや英米牽制しか期待していなかったのである。

そうなれば、松岡のほうも、日独伊ソ四国同盟の夢を捨てざるをえない。なれど、せめて日ソ関係の改善だけでもはからなければ、手ぶらで帰国することになる。松岡は、帰路に立ち寄るモスクワで、ソ連の独裁者ヨシフ・V・スターリンと会見したいと申し入れた。この松岡の一手は実を結んだ。スターリンの側でも、ソ独関係が悪化していることに鑑《かんが》みて、極東の安全を欲していたからである。四月十三日、互いの領土の保全と不可侵、一方が紛争に突入した場合に他方は中立を守るとした日ソ中立条約が成立した。

戦争への傾斜

こうして、松岡が欧州歴訪の旅に出ているあいだにも、アメリカの対日姿勢は、三国同盟の締結や日本の北部仏印進駐を受けて、いっそう強硬なものになっている。一九四〇年の大統領選挙に勝利し、三選を果たしたフランクリン・D・ローズヴェルトは、翌一九四一年三月十一日、「武器貸与法《レンドリース》」を成立させる。これは、アメリカが自らの防衛に重要であると認めた国への即時武器貸与を可能とするものだった。続く三月二十五日、アメリカにおけるイギリス艦船の修理が認められ、さらに三十日には在米の枢軸国船舶が接収された。かかる措置は中立国の義務に反するものであり、国際法に違反するという声は、アメリカ国内にもあったのだが、ローズヴェルトは耳を貸さなかった。すでに大統領は、枢軸国を打倒するために、アメリカの力を動員すると決意していたのである。

ゆえに、正規の外交ルートを通じての日本の対米関係改善の努力も、いっこうに功を奏さなかったのだが、一九四〇年十一月に、メリノール会司祭のジェイムズ・ウォルシュと同会神父のジェイムズ・ドラウトが来日し、政財界や軍部の有力者と会見、和解の可能性をさぐったことがきっかけで、事態は動きだした。両神父の社会的地位は高く、大統領とも直接話ができたし、彼らを案内した井川忠雄《いかわただお》という元大蔵官僚は近衛首相と親しかったから、仲介役にはうってつけだったのだ。アメリカ側では大統領とコーデル・ハル国務長官（他国の外務大臣に相当する）、日本側では近衛総理や陸海軍首脳部の了承を得て、交渉は一九四一年四月までに予想外に進展した。

ところが、帰国した松岡は、留守中、自分のあずかり知らぬところで、民間人がはじめた対米交渉など認められないと、へそを曲げた。五月三日の大本営政府連絡会議に出席した松岡は、アメリカに中国から手を引かせる、日米諒解《りょうかい》案は三国同盟に抵触しないものにする、ドイツに対する信義を守り、アメリカの欧州戦争参戦を阻止するといった、いわゆる「松岡三原則」を打ち出し、交渉に急ブレーキをかけたのだ。こうした日米交渉への敵意ゆえに、松岡への批判の声は高まり、外相更迭に踏み切るべきだとの意見もささやかれはじめた。

かかる政争のさなか、あらたな大戦争が勃発《ぼっぱつ》する。一九四一年六月二十二日、ドイツがソ連に侵攻したのである。この情勢急変の知らせを受けた松岡は、常軌を逸した反応を示した。ただちに参内し、独ソが開戦したからには、日本もドイツと協力してソ連を討つべきだとし、そのために南方は一時手控えることになるが、こちらも早晩戦争になると上奏したのだ。もはや、松岡のごとき人物を外務大臣の要職に就けておくことはできない。七月十六日、第二次近衛内閣は総辞職した。といっても、豊田貞次郎が外務大臣に補せられただけで、ほとんどの閣僚は留任したから、事実上、松岡の更迭措置であったが。

この間、日本もドイツに呼応し、満洲から討って出て、ソ連を打倒すべきだという議論もあり、関東軍を強化するための大動員「関東軍特種演習」も実行された。しかし、侵攻作戦の成功を確信できるだけの条件が整わず、結局対ソ戦は幻に終わった。

日米戦争を決定づけた南部仏印進駐

かくて、日米諒解の障害となっていた松岡が排除されたからには、関係改善も望まれるかと思われた。だが、日本は、ここで悪手を打ってしまう。これぐらいのことで、アメリカが出てくることはあるまいとたかをくくり、南部仏印への兵力進駐を実行したのである。かような愚行をしでかした動機は、やはり資源不足だった。近衛政府は、米や錫《すず》、ゴムといった、多岐にわたる物資の供給を確保すべく、蘭印・仏印と交渉を重ねていたが、その成果がはかばかしくなかったのである。

ゆえに、資源地帯仏印を押さえ、日本の基地としなければ、先はおぼつかないとする主張が、陸海軍のなかで台頭してくる。六月十二日、陸海軍首脳部は、大本営政府連絡懇談会に、「南方施策促進に関する件」を提出した。この案は、仏印との軍事的結合を求め、それを実現するために、必要な外交を行いつつ進駐を準備、もし仏印が抵抗するなら、武力に訴えるとしていた。七月二日、御前会議は、南方進出の態勢を固めること、そのためには対米英戦も辞さずという文章を含む「情勢の推移に伴う帝国国策要綱」を裁可したのだ。

この決定を受けて、同月十四日、ヴィシー・フランス（一九四〇年のフランス共和国政府降伏後、南仏につくられた親独政権）駐在の加藤外松《かとうそとまつ》大使が交渉を開始した。ヴィシー政権は若干の条件を付けながらも日本側の要求を受諾、二十八日には陸軍部隊が南部仏印に無血進駐する。

だが、アメリカの反応は激烈だった。南部仏印進駐の報を聞いた米国務省は、間髪《かんはつ》いれずに、日本の南部仏印進駐は「征服行動」であるとする声明を出したのだ。しかも、アメリカの抗議は、言葉だけのものではなかった。すでに七月二十六日には在米日本資産の凍結令を出していたが、加えて八月一日には対日石油禁輸と、日本にとっては致命的な決定を下したのである。とりわけ後者の措置は効果的であった。石油が輸入できなければ、いずれは連合艦隊も動かなくなり、戦争によってアメリカに一矢報いることも不可能になる。むろん、日本経済も破局を迎えるであろう。

民主主義アメリカの宿敵であるナチズムのドイツと軍事同盟を結んだことにより、日本は、平和と戦争のあいだのポイント・オヴ・ノー・リターンを越えた。それだけでも取り返しのつかぬことであったのに、アメリカは出てこないという、根拠のない観測にもとづいて、軽率に行われた南部仏印進駐により、もはや戦争は不可避となってしまったのである。

戦争に備える山本

こうして日本が急速に戦争に向かうなか、山本五十六は、ただ傍観しているしかなかった。一九四〇年十一月に、軍人として最高の階級である大将に進んでいたとはいえ、本書九〇頁で説明した「戦力行使者」の典型といえる連合艦隊司令長官の職にある身としては、職掌外の業務である政治に容喙《ようかい》するわけにはいかなかったのである。それでも、山本は、友人や要路にある人々に対し、かかる事態への憂慮を表明している。いくつか、典型的な文書を挙げてみよう。

「〔前略〕昨年八月から九月三国同盟予示の後、離京帰艦の際、非常に不安を感じ、及川〔古志郎〕氏に将来の見通し如何《いかん》と問いたるに、或《あるい》は独の為火中の栗を拾うの危険なしとせざるも、米国はなかなか起《た》つ間敷《まじく》、大抵大丈夫と思うとの事なりき、〔伏見宮〕殿下も亦《また》かつて〔中略〕『此《か》くなる上はやる処までやるもやむを得まじ』との意味の事を申されし様記憶し、之ではとても危険なりと感じ〔た〕〔後略〕」（一九四一年一月二十三日付第一艦隊司令長官古賀《こが》峯一《みねいち》中将宛書簡、『大分県先哲叢書　堀悌吉資料集』、第一巻）。

「対米関係が今日の如くなるは、昨年秋よりわかりきつたる事なり、併《しか》し其後真剣なる軍備計画並《ならび》に之が実行上、物動方面と照し合せ、此際海軍はふみ止《とど》まるを要す」（一九四一年一月二十三日付で、海軍人事局長中原義正《なかはらよしまさ》少将に託した及川古志郎海相宛伝言、『大分県先哲叢書　堀悌吉資料集』、第一巻）。

しかし、山本の警告は空しかった。ここまで記してきたように、日本は対米戦争への急流に飛び込んでいたのだ。

山本は、一九四〇年の十一月に連合艦隊が横須賀《よこすか》に碇泊《ていはく》していたころ、海軍省に何度も出向いて、対米戦略・作戦についての方針を及川海相に伝えた。その内容をまとめた一九四一年一月七日付の文書「戦備訓練作戦方針等の件覚」で、山本は断じている。

「国際関係の確たる見透しは、何人《なんびと》にも付き兼《か》ぬる所なれども、海軍、特に連合艦隊としては対米英必戦を覚悟して、戦備に訓練に、将又《はたまた》作戦計画に真剣に邁進すべき時機に到達せるものと信ず」（『大分県先哲叢書　堀悌吉資料集』、第一巻）。

山本五十六は、三国同盟不可なり、日米戦争は必敗ゆえに回避せざるべからずと的確な判断を下しながら、それとは逆の方向に進むことを強いられていたのである。

第七章　真珠湾へ

軍戦備進まず

もとより、山本五十六《やまもといそろく》は、対米戦争を望んでいたわけではない。むしろ、準備もなく、腰も定まらないままに、機会主義的に拡張政策を続ける政府の姿勢に憂慮していたとみてよかろう。山本が、親交のあった国粋大衆党の総裁笹川良一《ささかわりょういち》に宛てた、有名な一九四〇年一月二十四日付の手紙には、こういう一節がある。「併《しか》し、日米開戦に至らば、己《おの》が目ざすところ、素《もと》よりグアム、比律賓《フイリピン》にあらず、将又《はたまた》布哇《ハワイ》、桑港《サンフランシスコ》にあらず、実に華府《かふ》〔ワシントン〕街頭白亜館《はくあかん》〔ホワイトハウス〕上の盟ならざるべからず、当路の為政家、果たして此《この》本腰の覚悟と自信ありや」（『大分県先哲叢書　堀悌吉資料集』、第一巻）。すなわち、日米戦争が開始されれば、首都ワシントンまで攻めていって、講和させるぐらいの覚悟がなければならないが、今日の為政者たちにそんな真剣さはあるのかという慨嘆である。

ちなみに、本書序章で触れたように、この書簡は「当路の為政家、果たして此本腰の覚悟と自信ありや」の部分を削って、国民の士気を鼓舞する目的で公表された。それが、同盟通信を通じて、外国に流された結果、アメリカでは、山本は首都ワシントンを占領するつもりの好戦的な人物だという評判が広まっている。戦時中に翻刻・刊行された山本の文書を利用する際に、格別の注意を要するゆえんだ。

もっとも、本書第五章で述べた逓信省航空局長小松茂《こまつしげる》の回想からもわかるように、山本五十六は、機材の生産補充や搭乗員の養成能力拡大も含む航空戦力の充実によって、アメリカとの戦争にも成算が得られる、もしくは、その威力によって同国を抑止できると考えていたものと推測できる。海軍次官と航空本部長を兼任していた時代に、「航空の整備充実さえやってくれれば、対米作戦は大丈夫だ、どうか、航空基地を充分整備して、基地航空部隊の活躍し得るように準備してください」と発言していることも、その傍証となろう（渡邊幾治郎『史傳山本元帥』）。

現実の戦争において、日米の国力・生産力がかけ離れていることを見せつけられた後世のわれわれにしてみれば、山本もいささか楽観が過ぎるのではないかと思われ、用兵思想から検討する際には減点となるのだが、彼にとっては、新時代の戦力である航空軍備こそが、旧態依然たる海上決戦では勝ち目がないなか、唯一の光明、ひたすらすがるべき手段だったのかもしれない。

しかし、山本の希望が充《み》たされることはなかった。一九四〇（昭和十五）年九月十五日の三国同盟締結をめぐる海軍首脳部の「会議」に際して、海軍軍戦備の未成を訴えた山本が一顧だにされなかったことはすでに記した。明けて一九四一年七月、南部仏印進駐決定後の情勢について説明を受けるため、古賀《こが》第二艦隊司令長官とともに上京した山本は、より深刻な事態に直面することになる。

及川《おいかわ》海相、一九四一年四月に伏見宮《ふしみのみや》後任として軍令部総長になった永野《ながの》修身《おさみ》大将、一九四〇年十月に航空本部長に就任した井上成美《いのうえしげよし》中将に迎えられた山本は、何よりもまず航空軍備の現状について尋ねた。井上の答えは衝撃的なものだった。

「航〔空〕本〔部〕は一生懸命やっていますが、思う様に進まず、正直な所、航空魚雷、徹甲爆弾等、山本長官の次官の時から、殆《ほと》んど見るべき進展はありません。その上、今度の仏印進駐の動員で、重要工員の応召による影響は重大です」。

憂慮すべき状態であることを聞かされ、今度は古賀が質問する。

「斯様《かよう》な重大なことを、艦隊長官の考えもきかずにかんたんに決め、万一戦《いくさ》になって、さぁやれと艦隊に言われたって、勝てませんよ。〔中略〕一体今度の事に対する軍令部のお考えはどうなのですか」。

これに答えた永野の言葉は無責任きわまりないものであった。

「政府がそう決めたんだから仕方がないだろう」（井上成美伝記刊行会『井上成美』所収「思い出の記」）。

これでは山本も、軍戦備不充分なまま、巨人アメリカと対決するのかと震え上がらずにはいられなかったろう。

戦争回避の努力

しかるべき航空戦力を主体として、対米戦にのぞむという山本の望みは断たれた。もし、旧態依然たる軍備に頼るしかないのであれば、アメリカとの戦争は必敗ということになる。そのような勝ち目のない戦争は何としても避けなければならない。

だが、山本の思いをよそに、日米関係は悪化の一途をたどっていた。石油禁輸措置を受けた日本において、対米戦やむなしとする議論が、みるみる力を得てきたのだ。陸海軍ともに、南部仏印進駐が招いた苦境にあって、このままではじり貧だという危機感にさいなまれ、戦争を選ぼうとしているのだった。かかる状況下、近衛《このえ》文麿《ふみまろ》首相も非常の決断をせざるを得なくなった。八月四日、自らアメリカに乗り込み、ローズヴェルト大統領と直接会見して、日米和解をもたらしたいと、陸相・海相に持ちかけたのである。海軍の賛成と、陸軍の一応の同意（同格の大統領以外、たとえばハル国務長官などを相手にするのであれば、会談を拒否するなどの留保を付していた）を得た近衛は、ローズヴェルト大統領に打診する。結果は上々で、大統領からは会見場所や時期に関する示唆も得られたため、近衛は八月二十八日に頂上会談を行いたいと、アメリカ側に正式に申し入れた。

九月十二日、山本五十六は、再び近衛と会見している。右の頂上会談が実現した場合には、山本は総理の随員となる予定だったのだ。近衛から、交渉がまとまらなかった場合の海軍の見通しを訊《き》かれた山本は、「それは、是非私にやれと言われれば、一年や一年半は存分に暴れて御覧に入れます。しかしそれから先のことは、全く保証出来ません」と、およそ一年前に近衛と会談したとき同様に、長期戦はできないことを強調し、外交に全力をつくすよう、懇請した。

「もし戦争になったら、私は飛行機にも乗ります、潜水艦にも乗ります、太平洋《たいへいよう》を縦横に飛びまわって決死の戦《いくさ》をするつもりです。総理もどうか、生やさしく考えられず、死ぬ覚悟で一つ、交渉にあたっていただきたい。そして、たとい会談が決裂することになっても、尻《しり》をまくったりせず、一抹《いちまつ》の余韻を残しておいて下さい。外交にラスト・ウォードは無いと言いますから」（阿川『山本五十六』、文庫版、下巻。なお、山本と近衛の諸会談については、海軍史研究者の横谷英暁による論文「検証近衛文麿・山本五十六会談」が、巷間伝えられている以上の内容があったことを示唆しているが、ここでは従来確認されてきたことのみに拠って記述した。）。

「外交にラスト・ウォードは無い」とは、山本の切望をよくあらわした言葉といえよう。航空戦力を主兵として、正攻法の対米総力戦を行おうにも、その準備は遅々として進まない。となれば、戦略・作戦次元でいかに策を練ろうとも、勝利はきわめて困難であるから、ここは政治によって戦争を回避してもらわねばならないのだった。

さりながら、山本はもう、海軍次官のときのように政治に介入できる立場にない。今の連合艦隊司令長官の職掌としては、中央への意見書、もしくは要路の人物への私信によって、かぼそい抗議の声を上げるほかなかったのである。

開戦決定

しかし、山本の深い憂慮にもかかわらず、情勢は悪化の一途をたどる。進まぬ外交交渉にしびれを切らした陸海軍は、日米交渉に期限をつけ、それまでに成果が得られなかったら、武力に訴えるという方針に傾きつつあった。九月三日、陸海軍は、「帝国国策遂行要領」という文書を、政府との連絡会議に提出した。この案により、外交交渉に具体的な期限が切られたことは注目に値するだろう。すなわち、同案は、十月下旬までに対米（英蘭）戦争の準備を完了、それと並行して、外交交渉による対米要求貫徹に努力するも、十月上旬ごろになっても妥結の見込みがない場合は、ただちに対米（英蘭）戦争を決意することを主張していたのである。

頂上会談による日米和解を夢見る近衛にとっては、後ろから刺されたようなものだったろう。だが、統帥部にもまったく理由がないというわけではなかった。南方侵攻に際して、大規模な上陸作戦を実行できるのは、季節風などの関係から十二月までとなる。その時期をすぎてしまえば、翌年四月ごろまで、上陸作戦は困難になる。この前提から逆算するなら、十月中には戦争準備と開戦決意を定めておかねばならないのだった。

ゆえに、「帝国国策遂行要領」は、連絡会議の認可を得て、九月六日に御前会議にあげられることになった。かかる経過に、昭和天皇《しょうわ》は懊悩《おうのう》した。御前会議では、天皇は発言してはならないというならわしになっていたのに、敢《あ》えて口を開き、外交を優先すべきだと意見を述べ、さらに「四方《よも》の海みなはらからと思ふ世に　など波風のたちさわぐらむ」と、明治天皇《めいじ》の御製《ぎょせい》を読み上げたのは、このときのことである。

かくて、政府の動きも和解に揺り戻したかと思われたのだが、十月二日、ハル米国務長官より、中国および仏印からの撤退という、日本としては認められるはずもない要求を含んだ覚書が送られてきた。一方、陸軍大臣東條英機《とうじょうひでき》中将（十月に大将進級）は、日米交渉が妥結しなかった場合には戦争を行うという方針に固執し、近衛内閣を総辞職に追い込む。

ところが、昭和天皇と宮中勢力は、戦争回避のために意外な手を打った。東條自身に組閣を命じ、内外の情勢を検討する、すなわち、日米交渉成立のために全力をつくすように言い含めたのである。主戦派を敢えて首相に起用し、逆に和解反対派を抑えようとする策であった。されど、情勢は、東條一人の努力では、とても転回させられないところまで来ていた。開戦を唱える陸海軍の圧力は日に日に強くなり、十一月五日の御前会議では、新しい「帝国国策遂行要領」が決められる。それは、十一月末までに交渉が成功しない場合は、十二月初めに武力発動に移ると定めていた。

十一月二十六日（アメリカ時間）、ワシントンで交渉に当たっていた野村吉三郎《のむらきちさぶろう》・来栖三郎《くるすさぶろう》の両大使に手交された「ハル・ノート」がとどめとなった。このハル国務長官の覚書は、中国全土からの日本軍撤退や、蔣介石《しょうかいせき》政権を正統政府として認めることなど、とうてい受け入れかねぬ要求を突きつけてきたのである。こうして、平和の可能性は消え去った。

十二月一日、御前会議は対米英蘭開戦を決定した。それによって、山本も、意に染まぬ戦争を指揮するという皮肉な役目を負うことになった。一九四一年十月十一日付の堀悌吉《ほりていきち》宛書簡に山本は記す。

「〔前略〕大勢は既《すで》に最悪の場合に陥りたりと認む、〔中略〕個人としての意見と正確に正反対の決意を固め、其《そ》の方向に一途邁進《まいしん》の外なき現在の立場は誠に変なもの也《なり》、之《これ》も命というものか」（『大分県先哲叢書　堀悌吉資料集』、第一巻）。

職を賭すべきだったのか

元海軍士官の著述家生出寿《おいでひさし》が、山本が戦争反対だというなら、何故、自らが海相になる、あるいは、連合艦隊司令長官の職を賭《と》して、抵抗しなかったのかと批判したことは、本書序章で述べた。実は、こうした生出の疑義は新しいものではなく、戦後に山本が日米戦争に抵抗したことがあきらかにされて以来、矛盾として指摘されてきたことであった。これについては、「五峯録《ごほう》」という文書（山本の書簡を集めたもの。山本五十六の「五」と古賀峯一《みねいち》の「峯」から命名された）に、堀悌吉が付した註釈《ちゆうしやく》が回答となろう。

「尚《な》お、茲《ここ》に一言附け加えて置きたいことがある。それは『山本がほんとに戦争に反対ならば、たとい勅命ありとするも、何故に之を拒むことをせずして遵奉したのであるか』と云う声に答うる為のものである。端的に言えば

一、軍隊の本質は、国家の要求に応じて当然の責務を果たすにある

二、敵に向かうべき最高命令を承《う》けては、閫外《こんがい》の臣〔外征に当たる臣下〕として、職を辞す

るわけに行かぬの二つにつきる」(『大分県先哲叢書　堀悌吉資料集』、第三巻)。

筆者も、堀の見解に賛同したい。政府が自らのそれと異なる結論を出したからといって、戦争準備と指揮の責任を放擲《ほうてき》するなど、暴力のテクノクラートである軍人には許されぬことであろう。もっとも、そう考えていくと、ハワイ作戦やミッドウェイ作戦で、山本が辞職をちらつかせたことをどう解釈するかという問題が出てくるのだが、それはのちに当該の節で検討しよう。

ただし、山本は、一九四一年初めごろより、連合艦隊司令長官の職を米内光政《よないみつまさ》に引き継いでもらうことはできないかと、海軍中央に働きかけていた。この人事は一種の伏線で、山本は、米内を連合艦隊司令長官から軍令部総長、もしくは海軍大臣として、戦争回避に努力してもらうつもりだったらしい。また、予備役となっている海軍の長老たちには、山本を海軍大臣に据えるべきだとする意見も少なくなかった。しかし、これらの案は、戦争に備える時期の連合艦隊司令長官は山本のほかなしとの声に押されて、立ち消えになったのである。つまり、戦争阻止のため、山本に政治のチャンネルを与える試みは、芽のうちに潰《つい》えてしまったのであった(野村『山本五十六再考』)。

また、戦争に赴くことを決意しながらも、山本は、天皇の決断によって、開戦を止めることはできないかと期待していたようだ。たとえば、一九四一年十月二十四日付の嶋田《しまだ》繁太郎《しげたろう》海軍大将（この月十八日に海相に就任）に宛てた手紙には、以下のような記述がある。

「尚《な》お大局より考慮すれば、日米英衝突は避けらるるものなれば、此《これ》を避け、此際隠忍自戒《いんにんじかい》、臥薪嘗胆《がしんしょうたん》すべきは勿論《もちろん》なるも、それには非常の勇気と力とを要し、今日の事態にまで追込まれたる日本が果して左様《さよう》に転機し得べきか、申すも長き事ながら、ただ残されたるは尊き聖断の一途のみと恐懼《きょうく》する次第《しだい》に御座候《ござそうろう》」（『大分県先哲叢書　堀悌吉資料集』、第三巻）。

ただし、山本が聖断を得るために具体的な行動に出た形跡はない。しかしながら、著述家の鳥居《とりい》民《たみ》は、その著書で、当時中佐で軍令部第一部第一課員兼大本営参謀だった高松宮宣仁《たかまつのみやのぶひと》親王を通じて、昭和天皇が戦争突入停止の決断をするよう、山本が働きかけたと主張している（鳥居民『山本五十六の乾坤一擲』）。けれども、この鳥居の結論は、根拠のほとんどが想像というものなので、とうてい採用できかねるのである。

最後の選択肢

それでは、山本は不本意な戦争をどのように遂行しようとしていたのか。まず指摘できるのは、日本海軍が伝統的に追求してきた漸減邀撃《ぜんげんようげき》作戦に対して、山本が懐疑を深めていたことであろう。よく知られているように、日露戦争後の海軍は、仮想敵国アメリカの太平洋艦隊の侵攻を日本近海で迎え撃ち、日本海《にほんかい》海戦式の艦隊決戦でこれを撃滅するとの戦略を練ってきた。とくに、ワシントン・ロンドンの両軍縮条約によって、対米艦船保有比率が不利に定められてからは、潜水艦や委任統治領南洋群島を基地とする航空隊などによって、太平洋を西進する米艦隊を少しずつ撃破し〔漸減〕、彼我の兵力が拮抗《きっこう》する状態、できれば、それ以上に持っていったところで、主力が邀撃するという作戦を錬磨し、軍戦備を整えてきたのである。山本が開発を進めた中攻が、この「漸減」を目的としていたこともすでに述べた。

ところが、この漸減邀撃作戦は、いかに「月月火水木金金」の猛訓練を重ね、艦隊や航空隊の術力を高めても、成算が立たなかったのである。教育機関であると同時に、現在でいうシンクタンクの機能も有していた海軍大学校で、いくら図上演習や兵棋演習、いわゆるウォーゲームを繰り返して研究しても、漸減邀撃作戦成功の目算は得られないのであった。

前掲の一九四一年一月七日付文書「戦備訓練作戦方針等の件覚」には、かかる旧来の漸減邀撃作戦案への不安が表明されている。

「作戦方針に関する従来の研究は、是《こ》れ亦《また》正常堂々たる邀撃主作戦を対象とするものなり。而《しか》して屡次《るじ》〔しばしば〕図〔上〕演〔習〕等の示す結果を観るに、帝国海軍は未《いま》だ一回の大勝を得たることなく、此の儘《まま》推移すれば恐らくぢり貧に陥るにあらずやと懸念せらるる情勢に於《お》いて演習中止となるを恒例とせり。〔原文改行〕事前戦否の決を採らんが為の資料としてはいざ知らず、苟《いやし》くも一旦《いったん》開戦と決したる以上、如此《かくのごとき》経過は断じて之を避けざる可《べ》からず」（『大分県先哲叢書　堀悌吉資料集』、第　巻）。

しかも、山本には、それ以上の懸念、そもそも「決戦」は成り立つのかという疑念があった。

たとえば、ナポレオンのオーストリア戦役の帰趨《きすう》を決めたアウステルリッツ会戦（一八〇五年）や日露戦争の掉尾《ちょうび》を飾った日本海海戦といった、戦争全体の勝敗を決するような「決戦」は、十九世紀以来、生起しにくくなっていた。国民国家の成立によって、戦争が、軍隊のみならず、国民同士の闘争の性格を帯びるようになってきたからである。従って、戦争は、従来であれば「決戦」とみなされるような会戦において、いずれかの主力が撃破されたのちになっても、国民がゲリラ的抵抗を続けるといったかたちで継続されるようになっていった。一八七〇年から七一年の普仏《ふふつ》戦争で、フランス正規軍が、皇帝ナポレオン三世が捕虜となるような大敗を被り、政府が和平交渉をはじめたあとも、パリ・コミューンが抵抗を続けたことなどは、その典型的な事例であろう。

加えて、徴兵制により人員が確保され、生産力も飛躍的に増大して、それまでには考えられなかった量の兵器や物資の供給が見込まれるようになると、ただ一度の「決戦」で敵に致命的な打撃を与えることは、いよいよ難しくなった。第一次世界大戦がそうであったごとく、戦争は、いつ果てるともしれない消耗戦を繰り返したあげくに、参戦国のいずれかが疲弊しきって継戦不能にならなければ、終わらないものになってきたのである。

山本は、かくのごとく戦争の性格が変化したことを理解しており、来たるべき太平洋のいくさも、全軍激突しての艦隊決戦など起こり得ないと考えていた。前掲の「戦備訓練作戦方針等の件覚」には、「〔前略〕日米英開戦の場合を考察するに、全艦隊を以《もっ》てする接敵、展開、砲魚雷戦、全軍突撃等の華々しき場面は、戦争の全期を通じ、遂《つい》に実現の機会を見ざる場合等も生ずべく〔後略〕」とあり、小沢治三郎《おざわじさぶろう》も（小沢が第一航空戦隊司令官時代の一九四〇年のこと）、山本が「今後は従来のような艦隊決戦は起こらないだろう」と語ったと、戦後に回想している（『戦史叢書　ハワイ作戦』）。

こうして日本海軍の戦略的な選択肢を検討してみると、とどのつまり、山本は打つ手をなくしていたといえよう。

伝統的な漸減邀撃作戦は、数々の図上演習が証明したように成功がおぼつかないものであるし、何よりも、総力戦の時代にあっては、艦隊決戦の勝利が戦争終結に直結するものではない。しかし、航空機という新戦力によって、正攻法の総力戦で対米戦争を遂行しようにも、海軍省をはじめとする「戦力準備者」の失敗により、その希望は失われた。政治に訴え、戦争自体を回避する見込みも絶望的な状態である。

かかる窮境にあって、山本が一縷《いちる》の望みを託したのが、現有戦力をフルに使用して、短期間のうちに、アメリカ国民の継戦意志をくじくような手痛い打撃を連続的に与える戦略であった。その一方で大幅に外交的な譲歩を示して、講和にこぎつけるのだ。もちろん、国力の根本的な懸隔を考えれば、いくら損害を与えたところで、アメリカを屈服させられる保証などありはしない。イデオロギー的動員によって敵愾心《てきがいしん》をあおる総力戦にあっては、十九世紀的な和平による戦争終結が困難である。そんなことは百も承知だ。けれども、必敗の戦争の指揮を執ることを命じられた山本としては、万に一つの僥倖《ぎようこう》を追うしか、選択肢が残されていないのであった。再び「戦備訓練作戦方針等の件覚」より引用しよう。

「日米戦争に於て、我の第一に遂行せざるべからず要項は、開戦劈頭《へきとう》敵主力艦隊を猛撃撃破して、米国海軍及《および》米国民をして救うべからざる程度に、其の志気を沮喪《そそう》せしむること是なり」（『大分県先哲叢書　堀悌吉資料集』、第一巻）。

この「救うべからざる程度に」アメリカ国民の戦意をくじく方策として、山本がたどりついたのが真珠湾《しんじゆわん》攻撃であった。

タラント空襲の影響

連合艦隊司令長官としての山本が、その一端でしかないとはいえ、真珠湾攻撃の着想を洩《も》らしたのは、一九四〇年三月だったといわれている。大編隊による昼間雷撃訓練で、空母の航空隊がみごとな攻撃ぶりを示したのを見た山本が「飛行機でハワイを叩《たた》けないものか」と呟《つぶや》いたのを、当時の参謀長福留繁《ふくとめしげる》少将がかたわらで聞いていたのだ。

とはいえ、さしもの山本にも、虎の子の航空母艦と手塩にかけた海軍航空隊の精鋭を、いきなり敵の牙城《がじょう》にぶつけるような攻撃計画はためらわれたらしい。一九四〇年十月ごろ、翌年度の連合艦隊訓練方針を検討していた際に、福留参謀長がハワイ奇襲の構想を加味するよう進言したところ、山本の返事は「ちょっと待て」だったとする証言からも、それは読み取れる。ところが、およそ一か月後、十一月下旬には、山本は、及川海軍大臣に真珠湾攻撃の構想を口頭で伝えているのである。

戦史叢書《そうしょ》などの先行研究は、こうした山本の変化の理由を、十一月下旬に実施された蘭印攻略作戦図上演習の結果に求めている。南方資源の獲得に着手するならば、米英蘭を相手とする戦争になるのは必至であり、最初から、この三か国を想定した作戦を立てなければならない。すなわち、アメリカのみを仮想敵とした漸減邀撃作戦の前提は、この時点でもはや成立しないことになる。南方攻略と米太平洋艦隊邀撃を同時に考える必要が出てくるが、前者に要する兵力量に鑑《かんが》みて、両目標の同時追求が無理であることはあきらかだ。従って、南方攻略を実行し、かつ、その過程で生じた消耗を回復するまで、米艦隊の来攻を止めておく必要がある。こうした図上演習の結果、山本は、どうしても真珠湾攻撃をやって、太平洋艦隊を無力化しておかなければ、南方作戦も不可能になると腹を固めたというのである（『戦史叢書　ハワイ作戦』）。

適切な推測であると思われるが、筆者は、それに加えて、ヨーロッパ戦線で起こった一大事件、タラント空襲において、航空機による戦艦の撃破に成功したことが大きく影響したと考える。やや話題が飛ぶが、そのタラント空襲について簡単に述べておこう。一九三八年以来、空母「グローリアス」艦長アーサー・L・リスター大佐は、イタリアとの戦争に突入した場合には、その海軍の主たる根拠地であるタラント軍港を空襲、敵艦隊の主力を撃破すべきだと主張し、研究訓練を重ねていた。来たるべき攻撃では、複葉羽布《はふ》張りのソードフィッシュ攻撃機で夜間雷撃を行うのだ。この計画は、地中海《ちちゅうかい》艦隊司令長官であるアンドリュー・B・カニンガム大将のもとで、「審判《ジャッジメント》」作戦として実行に移されることになる。

一九四〇年十一月十一日から十二日にかけての夜、空母「イラストリアス」を発進した二十一機のソードフィッシュ（うち十一機が雷装、残り十機は爆弾もしくは照明弾を懸吊《けんちょう》）は、タラント港内にあったイタリア艦隊主力を夜襲、旧式戦艦「コンテ・ディ・カブール」ならびに「カイオ・ドゥイリオ」にそれぞれ魚雷を一本命中させて着底に追い込んだ。加えて、新鋭戦艦「リットリオ」も三本の魚雷を撃ち込まれ、大破している。このような大戦果をあげるためにイギリス側が払った犠牲は、実にソードフィッシュ二機喪失のみ。

　世界の海軍筋に衝撃を与えた攻撃であった。両大戦間期に激しい議論となった、航空機は実戦で戦艦を撃破し得るやという問題に決着がついたのである。しかも、イギリスの艦載機は、軍港内で魚雷を発射、みごと機能させている。当時の常識でいえば、航空雷撃を行うのは、最低でも約九メートルの水深がなくてはならない。それより浅いと海底に刺さって、目標に到達する前に爆発ないしは推進停止してしまうからである。タラント軍港の水深は約十二メートルで、ぎりぎりだ。この困難を克服したのは、浅海面用に改良された魚雷と投下装置であった。

　つまりは、真珠湾攻撃のひな形とでもいうべき戦闘だ。この先例に関する情報が山本の耳に入り、背中を押したとみても、あながち牽強《けんきょう》付会ということにはなるまい。事実、日本海軍は、折からドイツ出張中だった海軍航空本部員内藤雄少佐を現地タラントに派遣し、詳細な調査を実行させていたのだ。

　ちなみに、やや時系列を先に進めて述べると、日本海軍のタラント攻撃に関する情報収集は、その後も続けられた。一九四一年五月から六月にかけては、三国同盟軍事専門委員としてドイツに駐在していた阿部《あべ》勝雄《かつお》少将が訪伊、イタリア海軍当局より、多数の情報を集めている。代償は、空母の運用に関するノウハウだったという（Giuseppe Fioravanzo, “The

Japanese Military Mission to Italy In 1941")。これらの情報は、真珠湾攻撃の準備におおいに役立った。前出の内藤は一九四一年に帰国したが、同年の十月二十三日に、山本の幕僚ほかにタラント空襲の詳細を報告した。内藤の海軍兵学校同期生であり、真珠湾攻撃の総指揮官となる淵田《ふちだ》美津雄《みつお》中佐も、このレクチャーを聴いており、「ジョンブルの英海軍などに負けてたまるか」と奮い立ったという（中田整一編・淵田美津雄著『真珠湾攻撃総隊長の回想　淵田美津雄自叙伝』）。

具体化する攻撃計画

いずれにせよ、山本は、明けて一九四一年の初頭には、真珠湾攻撃を実行する決意を固めていた。同年一月七日、「戦備訓練作戦方針等の件覚」で、その構想が披露された。山本は、「日米開戦の劈頭に於て、極度に善處して、勝敗を第一日に於て決するの覚悟を以て、計画並《ならび》に実行を期せざるべからず」と宣言した上で、「敵米主力の大部真珠湾に在泊せる場合には、航空部隊を以て之を徹底的に撃破し、且潜水部隊を以て同港の閉塞《へいそく》を企図す」という。具体的には大型空母四隻を使用し、「月明の夜、又は黎明《れいめい》を期し、全航空兵力を以て全滅を期して敵を強（奇）襲」するのだ。

続いて、山本は連合艦隊司令部の幕僚のほかに、航空本部でおのが腹心であった大西瀧治《おおにしたきじ》郎《ろう》少将（一九四一年当時は、第一一航空艦隊参謀長）に、ひそかに真珠湾攻撃の計画立案を命じた。大西は、第一航空戦隊参謀で、やはり航空の専門家である源田実《げんだみのる》中佐に相談し、作戦案を練り上げて、四月上旬に山本に提出する。連合艦隊司令部は、これをもとに、上級組織であり、作戦決定の権限を有する軍令部に示したが、この大西案はまだ構想程度で、詳細な計画ではなかったようである。

一方、連合艦隊司令部内でも、首席参謀黒島亀人《くろしまかめと》大佐をはじめ、とくに山本から指定された参謀だけで、ハワイ作戦の研究を進めていた。ちなみに、この黒島は変人として知られ、夏は浴衣《ゆかた》、冬は褞袍《どてら》で、旗艦長門《ながと》内の自室に閉じこもり、もうもうと煙草をくゆらせながら、作戦を練ったという挿話が伝えられている。インド独立に献身した政治家・宗教家にちなんで、「ガンジー」とあだ名されていたという。もっとも、海軍兵学校の卒業席次は九十五人中三十四位であったから、本来ならば連合艦隊首席参謀などという職務に任ぜられるなど考えにくいことではあったけれども、一九三一（昭和六）年末に巡洋艦羽黒《はぐろ》、ついで愛宕《あたご》の砲術長に配置されたときに、主砲の命中率を上げる特別研究を出して、注目されたのをきっかけに、さまざまな戦隊の参謀を歴任して、頭角を現した。そうした活躍に関心を抱いた山本が、とくに連合艦隊の首席参謀にもらい受けたのだろうというのは、黒島の同期生である野《の》元為輝《もとためき》少将の推測である。

山本は、この黒島を「優秀な参謀は数多くいるが、大体の発想法は同じで、黒島だけが思いもつかぬ発想を出してくれるから手離せないよ」と賞賛していたが（秦前掲書）、はたして正しい評価だったかどうか。たしかに、黒島は海軍伝統の漸減邀撃作戦に囚《とら》われない作戦を立案したものの、それには同時に多くの疑問が呈され、今日でも議論の的になっている。あるいは、山本は、海軍の固定観念に拘泥しないという一点のみで、黒島を過大評価してしまったのかもしれない。

その問題は本書後段で触れることにして、真珠湾攻撃に話を戻す。連合艦隊司令部は、かねて真珠湾攻撃作戦の採用を軍令部に要望していたが、一九四一年八月七日、黒島が連絡のために軍令部に出頭した際、その適否をめぐって激論になった。

軍令部第一課長の富岡定俊《とみおかさだとし》大佐以下が、ハワイ作戦は投機的で確実性が薄く、南方攻略作戦にも悪影響をおよぼすと反対しても、黒島は、真珠湾攻撃によって米太平洋艦隊に打撃を与えておかなければ、侵攻作戦もおぼつかないと譲らなかった。結局、結論は出されず、九月に図上演習を行った上で、あらためて検討することになった。

反対者をも心服させる山本の統率

連合艦隊司令部は、一九四一年九月十一日から二十日まで、目黒《めぐろ》の海軍大学校で十日間にわたって図上演習を行い、対米英蘭戦争の作戦計画を検討した。そのうち、十六日と十七日がハワイ作戦特別図上演習に充てられ、関係者だけが参加して、真珠湾攻撃のシミュレーションが試された。結果は、赤軍《あか》の戦艦四隻撃沈、一隻大破、空母二隻撃沈、一隻大破、航空機撃墜撃破百八十機、ほかに巡洋艦三隻撃沈、三隻勢力半減と判定された。青軍《あお》の損害も大きく、参加空母四隻全滅、航空機の損害百二十七機とみなされたが、再判定により、空母勢力半減に下方修正された。なお「赤軍」「青軍」は、図上演習や兵棋演習の慣習的用語で、それぞれ仮想敵と味方を指す。すなわち、この場合は赤軍が米側、青軍が日本側ということになる。

　こうした結果をみて、かねて存在していた真珠湾攻撃への反対論がくすぶりはじめていた。現場でハワイ作戦を担当する第一航空艦隊の司令長官南雲忠一《なぐもちゅういち》中将は、企図秘匿や燃料補給に問題があり、成算少なしと判断していたし、同参謀長草鹿龍之介《くさかりゅうのすけ》少将も大型空母はフィリピン方面の攻略作戦に投入すべきで、国運を賭《か》けた戦争の第一戦で投機的な策を取るのはよろしくないと主張していたのだ。また、基地航空部隊主体の第一一航空艦隊司令長官の塚原《つかはら》二《に》四《し》三《ぞう》中将も、前述の海軍大学校における図上演習で航空部隊が激しく消耗する可能性が示されたことや、兵力集中という航空作戦の原則に鑑みて、大型空母をハワイに向けることに反対していた。その参謀長大西瀧治郎少将も、武力でアメリカを屈服させることが期待出来ない以上、早期の戦争終結のため、どこかで対米妥協する必要があるのに、同国を強く刺激する真珠湾攻撃のような作戦はよろしくないと唱えていたのである。

両航空艦隊首脳部は、こうした意見をすりあわせた結果、ハワイ作戦は取りやめるべきだとの結論に達し、二人の司令長官連名で、その旨を山本に意見具申することにした。十月三日、草鹿と大西の両参謀長は、山口県室積《むろづみ》沖にあった戦艦陸奥《むつ》（当時、一時的に連合艦隊旗艦とされていた）に山本を訪ねる。

反対者を自分の支持に取り込んでしまう山本の不思議な統率力が発揮されたのは、このときであった。二人の参謀長の反対を聞いていた山本は、南方作戦中に米艦隊に東京を空襲されたらどうする、自分が連合艦隊司令長官であるかぎり、ハワイ奇襲作戦を断行する決心であると一喝してから、「僕がいくらブリッジやポーカーが好きだからといって、そう投機的だ、投機的だというなよ、君達のいうことも一理はあるが、僕のいうこともよく研究してくれ」と語りかけた。そう諭されているうちに、大西などは途中から山本の味方になって、草鹿を説得にかかったという。

さらに草鹿も、大西とともに、陸奥の舷門《げんもん》まで山本に見送られ、肩を叩かれて、陥落した。「草鹿君、君の言うことはよく分った。だが、真珠湾攻撃は僕の固い信念だ。これからは反対論を唱えずに、僕の信念の実現に努力してくれたまえ。作戦実施のために君の要望することは何でも必ず実現させるように努力するから」と告げられた草鹿は、「分かりました。今後反対論は一切申し上げません。長官のお考えの実現に努めます」と、来訪の目的とは正反対の決意を口にしていたのである（『戦史叢書　ハワイ作戦』ならびに阿川『山本五十六』、文庫版、下巻）。

山本の統率の妙を伝えるエピソードであった。

海軍統帥の二元性

十月九日から十三日にかけて、戦艦長門艦上で（その前日に、陸奥より長門に旗艦変更）、南方攻略とハワイ作戦の図上演習と研究会が開催された。このときの研究会で、第一航空艦隊は、就役したばかりの翔鶴《しょうかく》と瑞鶴《ずいかく》を加えて、大型空母六隻をハワイ作戦に投入したいと要望している。山本は首肯し、「異論もあろうが、私が長官であるかぎり、ハワイ奇襲作戦は必ずやる。やるかぎりは実施部隊の要望する航空母艦兵力の実現には全力を尽くす」と応じた。

これを受けて、第一航空艦隊の草鹿参謀長は十月十六日に軍令部を訪問し、空母六隻の使用と給油艦の緊急配備の交渉にかかった。だが、軍令部第一課は、給油艦の手配は承知したものの、使用空母の隻数増加については、南方作戦の兵力不足を理由に、強硬に反対したのである。そもそも、軍令部はいまだ、連合艦隊の真珠湾攻撃作戦を正式に承認してはいなかったのだ。

軍令部と連合艦隊、海軍統帥の二元性ゆえの齟齬《そご》を暴露するような事態であった。

まず軍令部は、平時においては国防方針、また、それに基づく戦備方針を確定し、国防作戦計画を策定すること、戦時にあっては、陸軍と協力して、攻勢や防御の重点をどこに置くかを戦略的に決定し、そのために海軍戦力の最善活用ができるよう、艦隊長官に指示することを任務・職掌としていた。それゆえ、軍令部は、建制上は天皇のスタッフであるけれども、「勅を奉じて」、すなわち天皇の意思にもとづくというかたちで、艦隊長官に命令する権限を持っていたのである（奉勅命令）。

これに対して、連合艦隊司令長官は、現在でいうラインのトップであり、軍政に関しては海軍大臣、作戦計画については軍令部総長の指示を受けることになっていた。日清日露《にっしんにちろ》の戦いのように、通信連絡能力が不充分であるため、軍令部による中央からの指揮統制が困難であった時代には、こうした、現場で作戦・戦術次元の判断や決定を下すポストが必要だったのだ。

しかし、通信技術が発達し、戦略・作戦次元においては、東京からアジア太平洋全域を指揮できるようになると、かかる指揮の二元性は大きな問題となった。軍令部から直接各方面の艦隊を指揮するほうが機能的であるのに、連合艦隊司令部が中間組織として割り込む恰好《かっこう》になってしまったからである。それでも、規定通りに、軍令部の命令に連合艦隊が服しているあいだはよい。だが、両者の意見が根本から対立し、連合艦隊側があくまで自らの方針を貫徹しようとした場合、いずれが戦略や作戦の決定権を持つのかは判然としなかった。形式的には、連合艦隊司令長官も天皇の直隷下にあり、軍令機関としては海軍軍令部と並立していると解釈することも可能だったからだ。

真珠湾作戦をめぐる激論は、そのような当時の海軍指揮組織の欠陥、いわば戦略・作戦を策定する頭脳が二つあるという状態の問題性が露呈した典型例であった。軍令部の拒否に遭った山本五十六は、この権限の不分明を利用して、議論の隘路《あいろ》を突破すべく、非常の手段を取った。黒島首席参謀に、「ハワイ作戦に空母全力をもって実施する決心に変わりはない。自分は職を賭しても断行する決意である」と言い含め、軍令部との交渉に送り出したのである。十月十九日、軍令部第一課を訪れた黒島は、再び真珠湾攻撃の実行と空母六隻の使用を訴えた上で、それが認められない場合、山本は連合艦隊司令長官の職を辞すると宣言した。

この爆弾発言に、とても自分たちでは決定できないと判断した福留繁少将（四月より軍令部第一部長に補せられていた）と富岡定俊第一課長は、黒島を軍令部次長の伊藤整一《いとうせいいち》中将の部屋に連れていった。黒島の説明を受けた伊藤は、永野修身軍令部総長の部屋に向かい、決裁を求める。黒島発言の重大さをうかがわせる右往左往ぶりといえるだろう。

だが、軍令部もついに折れた。次長室で待っていた黒島のもとに、永野総長が入ってきて、「山本長官がそれほどまでに自信があるというのならば、総長として責任をもって御希望どおり実行するようにいたします」と告げたのである。真珠湾攻撃は、とうとう日本海軍の正式の作戦計画として採用された（『戦史叢書　ハワイ作戦』。千早正隆「連合艦隊司令長官山本五十六と軍令部」）。

山本は、制度的には上部組織である軍令部に対し、おのが主張を通すために、首を賭けたのだ。むろん、開戦まで一か月余という時点で、司令長官を更迭するわけにはいかないという読みがあってのことであろう。事実、戦後、軍令部在職者を集めて開かれた座談会で、司会の歴史家秦郁彦《はたいくひこ》に、では山本に辞めてもらおうという意見はなかったのかと訊かれた三代《みよ》一就《かずなり》（当時中佐で、軍令部第一課勤務。「辰吉《たつきち》」より「一就」に改名）は「なかったですね。私は聞きませんでした」と即答している。続いて、佐薙毅《さなぎさだむ》（当時中佐で、軍令部第一課員）も言う。「永野さんも福留さんも、これっぽっちもそんなことを考えなかったと思いますよ。福留さんが戦後書いているように、一応軍令部は反対したが、作戦部隊のトップが自信をもってやると言いだしたら、それに任せるのが常道だ、ということでね」（「〈軍令部在職者座談会〉太平洋戦争の一三四七日間」）。

つまり、辞職をちらつかせての山本の真珠湾作戦許可請願は、まだ作戦をめぐる軍令部と連合艦隊の駆け引きの範疇《はんちゅう》に留《とど》まっているということらしい。後世のわれわれとしては、それならば、開戦そのものに対しても、司令長官の職を賭して抵抗してほしかったと言いたくなるところだが、そこまで行くと、明白に政治への介入となってしまうし、軍人の本分にもはずれる。それが、山本、さらには海軍軍人一般の認識だったのではなかろうか。

けれども、こうして、山本が決意を貫徹したからといって、軍令部と連合艦隊の二元性という問題を解消したわけではなかった。開戦後、山本の勢威が高まり、連合艦隊の発言権が大きくなるとともに、両者の乖離《かいり》と対立は激化し、日本海軍の戦略に深刻な分裂をもたらすことになる。

機動部隊の先進性

ここで、日米開戦までの最後のステップを叙述する前に、真珠湾攻撃の発想を可能とした「機動部隊」について論じておこう。両大戦間期に航空主兵論が台頭し、航空母艦が注目されるようになったことは、本書でもすでに触れた。だが、空母の持つ潜在的な力は認識されていても、それをいかに発揮させるかという問題はまだまだ未解明だった。空母を本格的に運用していた日米英の三大海軍でも、戦艦や巡洋艦を基幹とする艦隊に随伴させ、その艦載機によって、偵察や砲撃の観測、敵艦の雷爆撃に当たらせることを試みているにすぎなかったのだ。そこに、空母を一艦隊に集中させ、強大な打撃力を持たせるとの発想を持ち込んだのは、前出の小沢治三郎だった。

小沢は、本来「水雷屋」、つまり水雷科の海軍士官であったが、航空機の将来性を認め、その運用の要諦《ようてい》は「集中使用」と「統一指揮」にあると看破していた。とくに、一九三九（昭和十四）年十一月に第一航空戦隊司令官に補せられてからは、この二つの課題をどう達成すべきかという問題に熱心に取り組んでいたのである。

その小沢に、第一ならびに第二航空戦隊にそれぞれ分散配備されていた空母赤城《あかぎ》と飛龍《ひりゅう》、さらには改装中の加賀《かが》と蒼龍《そうりゅう》を、建制上一つにまとめられた艦隊に集中配備してくれとの要望をぶつけたのは、当時赤城の飛行隊長だった淵田美津雄少佐（当時）だった。淵田は、別々の艦隊、すなわち相異なる海域にいる空母から発進した航空隊が、空中で会合し、強力な編隊を組むことの難しさに悩まされていた。だが、コロンブスの卵というべきか、空母を一艦隊にまとめ、その上空で会合させればよいと思いついたのである。

淵田の提案は、念願である集中使用と統一指揮の実現におおいに資するものであったから、小沢もすぐに賛同する。小沢は、およそ半年をかけて、第一航空戦隊で実験を繰り返したのちに、その成果を反映させた意見書（一九四〇年六月九日付）を海軍大臣に提出した。以下、小沢意見書より、要点を引用する。

「現平時編制中の連合艦隊航空部隊は、一指揮官をして、之を統一指揮せしめ、常時同指揮官指導の下に訓練し得る如く、速に連合艦隊内に航空艦隊を編成するを要す。

理由

海戦における航空戦力の最大発揮は、適時適処に全航空攻撃力を集中するに在り。而《しか》して、右攻撃力の集中は、平時より全航空部隊を統一指揮し、建制部隊として演練し置かざれば、航空戦の特質上、戦時即応すること困難なり」。

「戦時、我《わが》航空母艦就役し、多数航空戦隊編成せらるるに至らば、主力部隊直属空母を除き、之を一指揮官の下に統一して航空艦隊を編成すること、絶対必要なるべし」。

この小沢意見書は、海軍中央の容《い》れるところとなり、翌一九四一年四月には、空母赤城、加賀、飛龍、蒼龍を基幹とする第一航空艦隊が新編される（提督小沢治三郎伝刊行会編『増補提督小沢治三郎伝』）。世界初の、集中的な打撃力を有する空母機動部隊の誕生であった。さらに、九月には翔鶴と瑞鶴を基幹とする第五航空戦隊が加わり、第一航空艦隊は大型空母六隻を擁する強力な艦隊に拡張された。かくて、用兵思想上においても先進的な存在である第一航空艦隊は、山本の攻勢戦略を担う主要打撃部隊となっていくのである。

ちなみに、こうした空母艦隊は「機動部隊」として知られ、その名は今日まで人口に膾炙《かいしや》している。近年では、外国の戦史書にも Kido Butai として、そのまま使われているのを見かけるほどだ。ところが、誰がいつ、このような命名をしたのかは、実は判然としない。管見のかぎりではあるが、そうした疑問に答える史料も証言も残されていないのだ。しかし、ハワイ作戦当時、中尉で、駆逐艦陽炎《かげろう》の航海長だった市來《いちき》俊男《としお》は、こう回想している。

「〔一九四一年十月末〕それまで第二艦隊の第二水雷戦隊に所属していた私の乗艦『陽炎』と『不知火《しらぬい》』、『霞《かすみ》』、『霰《あられ》』が所属する第十八駆逐隊は、引き抜かれて『機動部隊』へと編入されました。私が『機動部隊』という言葉を初めて聞いたのはこの時のことで、いったい何をする部隊だろうと思ったものです」（市來俊男「真珠湾は誇るべき作戦だった…駆逐艦でハワイを目指して」）。

市來の回想のみに頼って断定するわけにはいかないが、こうした発言をみると、ハワイ作戦準備が進められ、第一航空艦隊が編成されたあたりから、通称としての「機動部隊」が造語されたのではないかと推測される。

与えられなかった縦深軍備

ともあれ、こうした強大な打撃部隊を手に入れた山本ではあったけれども、同じころに、切望していた航空軍戦備は結局整えられなかったことを悟らされている。

先に触れた一九四一年九月の海軍大学校における図上演習と研究会の席上、前年秋に求めた零式艦上戦闘機・陸攻それぞれ一千機を装備する計画の進捗《しんちょく》状況を尋ねた山本は、何ら特別の対策が講じられていないことを知らされたのである。山本は顔色を変えて憤慨したと伝えられる。戦爆二千機要求が、けっして対米戦争の困難を示唆するためのジェスチャーではなかったことを物語る挿話であろう。

同月二十九日、山本は、及川海相に苦情を申し立てた。艦隊には戦闘機三百機があるが、内地防御用に二百機、予備として二百機ぐらいは、ほかに必要である。図上演習の結果によれば、南方作戦の消耗は約六百五十機に達する見込みで、その他、戦闘によらない損失もあろうから、充分な補充を得なければ、作戦はとうてい継続できないというのが、山本の言い分だった。

しかし、このとき、山本は、現状の兵力で戦えといわれれば、初期戦闘に関するかぎり、相当有利ないくさをやれるであろうとも発言している。いささか矛盾しているかのように思われるが、前年の航空機増強要求を無視されたかたちになった山本は、すでにもう、生産力の裏付けを持たない表層的な戦力だけでやれることをやるしかないという心境に達していたのではあるまいか。すなわち、損害や補給を顧みず、全力をつぎこんでの打撃を与え、短期戦で講和にこぎつける以外に（といっても、その見込みもゼロに近いのだが）対米戦争を行うすべはないと思い定めていたと推測されるのである。

一九四一年秋、連合艦隊は、練習航空隊等から熟練搭乗員を引き抜き、実戦部隊に転属させるという策に出ている。長期戦に備えた搭乗員養成の観点から考えれば、教官要員までも前線に投入してしまうようなことは暴挙でしかないのだが、これもまた、縦深軍備、すなわち、生産力と補充の裏付けがある軍備が望めないことを知った山本が、短期の激烈な攻勢にすべてをつぎこむ戦略に転換したことの証左であると思われる。

名をも命も惜まざらなむ

一九四一年十二月一日、御前会議は対米英蘭開戦を決定した。

それでも、ワシントンの日米交渉が土壇場《どたんば》で局面を打開し、平和を回復してくれはしないかという山本の期待、というよりも、祈りが止むことはなかった。

開戦決定のおよそ半月前、十一月十三日に、山本は、南遣艦隊以外の艦隊司令長官、参謀長、先任参謀らを岩国《いわくに》海軍航空隊に集めた。作戦命令の説明（機動部隊は千島《ちしま》列島択捉島《えとろふとう》の単冠《ひとかっぷ》湾に集結後、ハワイ攻撃に向かうことも明示された）と打ち合わせが目的である。開戦はおおむね十二月八日と予定されていることも、この会合で示された。

さりながら、山本は、ワシントンで行われている日米交渉が成立したならば、出動部隊の引き上げを命じるから、その場合は、たとえ空母の攻撃隊が発進したあとであっても、ただちに反転、帰投せよと念を押したのである。これには、機動部隊の司令長官である南雲のほか、何人かが反発した。出て行ってから帰るようなことは無理だ、士気にも関わることだし、実際問題として、とてもできない……。南雲などは、出かかった小便を止めるようなものだと、いささか下品なたとえを使ったといわれる。

山本は色をなした。「百年兵を養うは、何のためだと思っているか、もし、この命令を受けて、帰って来られないと思う指揮官があるなら、只今《ただいま》から出動を禁止する。即刻辞表を出せ」。この言葉に一同粛然とし、もはや異議を唱える者は出なかったといわれる（阿川『山本五十六』、文庫版、下巻）。

しかし、山本、さらには日米両国にとって不幸であったことに、ワシントンの交渉は不調に終わる。十二月二日、「新高山《にいたかやま》登れ一二〇八」という符牒《ふちょう》を使った電報が発信された。正式な開戦日が十二月八日に決まったと伝える電報である。

その戦争開始の日に、山本はあらためて遺書をしたためた。

「此度《このたび》は大詔《たいしょう》を奉じて堂々の出陣なれば、生死共に超然たることは難《かた》からざるべし。ただ此戦《いくさ》は未曾有《みぞう》の大戦にして、いろいろ曲折もあるべく、名を惜《お》しみ己《おのれ》を潔《いさぎよ》くせんの私心ありては、とても此大任は成し遂げ得まじと、よくよく覚悟せり。されば

大君《おおきみ》の御楯《みたて》とただに思う身は
　名をも命も惜《おし》まざらなむ」

（『大分県先哲叢書　堀悌吉資料集』、第一巻）。

敗将の汚名を負うことも、生命を失うことも覚悟の上で、アメリカとの大戦争にのぞむ。山本五十六は悲壮な決意を固めた。

第八章　山本戦略の栄光と挫折

真珠湾攻撃の評価

一九四一（昭和十六）年十二月八日、日本時間午前三時十九分（ハワイ時間の十二月七日午前七時四十九分）、南雲《なぐも》機動部隊が発進させた第一次攻撃隊は、「全軍攻撃せよ」を意味する「ト連送」を発信するとともに攻撃を開始した。ついで、午前三時二十二分には、攻撃隊長淵田美津雄《ふちだみつお》中佐が「トラトラトラ」（われ奇襲に成功せり、の意）を発信する。第一次攻撃隊が碇泊《ていはく》中の戦艦群や地上基地の航空隊などに痛打を与えたのち、第二次攻撃隊が殺到して、追い打ちをかけた。また、特殊潜航艇五隻による攻撃も敢行されたが、こちらは戦果を挙げられなかった。

アメリカ軍の被害は甚大であった。戦艦四、敷設艦一、標的艦一が撃沈され、戦艦四、巡洋艦三、駆逐艦三、水上機母艦一、工作艦一が損傷を受けたのだ。航空機の損害は、陸海軍合わせて二百三十一機だった。これだけの戦果に対し、日本側の犠牲は、航空機二十九機、特殊潜航艇五隻のみ。

一方的かつ圧倒的な勝利といえるが、それにもかかわらず、ハワイ作戦にはさまざまな批判が向けられているのは、よく知られている通りである。政治、戦略、作戦、戦術の各次元に問題があり、加えて、それら複数の次元が関連する争点も指摘されているのだ。はたして、そうした評価は的を射ているのかどうか、また、一理あるとしても、どこまで適切なのか。以下、検討していくことにしたい。

まず、政治レベルでは、真珠湾《しんじゅわん》攻撃は米国民を激昂《げきこう》させ、その戦意を高める結果となり、しかも、和平による戦争終結を困難にした愚策だとする見解がある。もし、この批判が、開戦劈頭《へきとう》の奇襲攻撃という方法自体がよくなかったのだということであれば、そもそも日本が南方侵攻作戦に出た時点で、米国民は充分に憤激したであろう。真珠湾攻撃をやらなければ、史実ほどには彼らの士気は振るわなかったはずだとする主張には根拠がない。

しかし、より検討に価する批判として、結果的に「だまし討ち」となった真珠湾攻撃が、政治・戦略レベルで悪影響をおよぼしたことは否定できないとの説がある。周知のごとく、

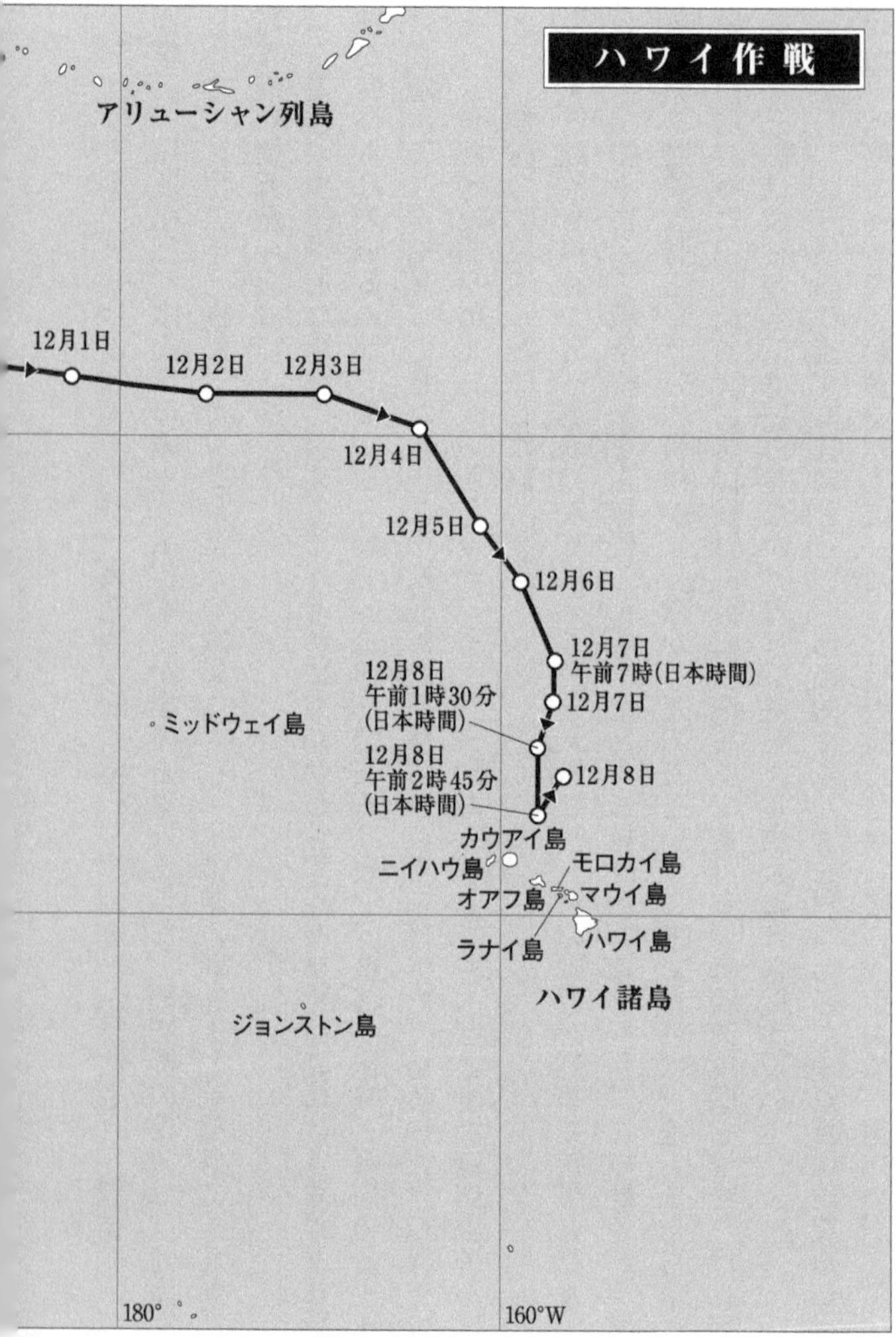
ハワイ作戦
アリューシャン列島
12月1日
12月2日
12月3日
12月4日
12月5日
12月6日
12月7日
午前7時(日本時間)
12月7日
12月8日
午前1時30分
(日本時間)
12月8日
午前2時45分
(日本時間)
12月8日
ミッドウェイ島
カウアイ島
ニイハウ島
モロカイ島
オアフ島
マウイ島
ラナイ島
ハワイ島
ハワイ諸島
ジョンストン島
180°
160°W

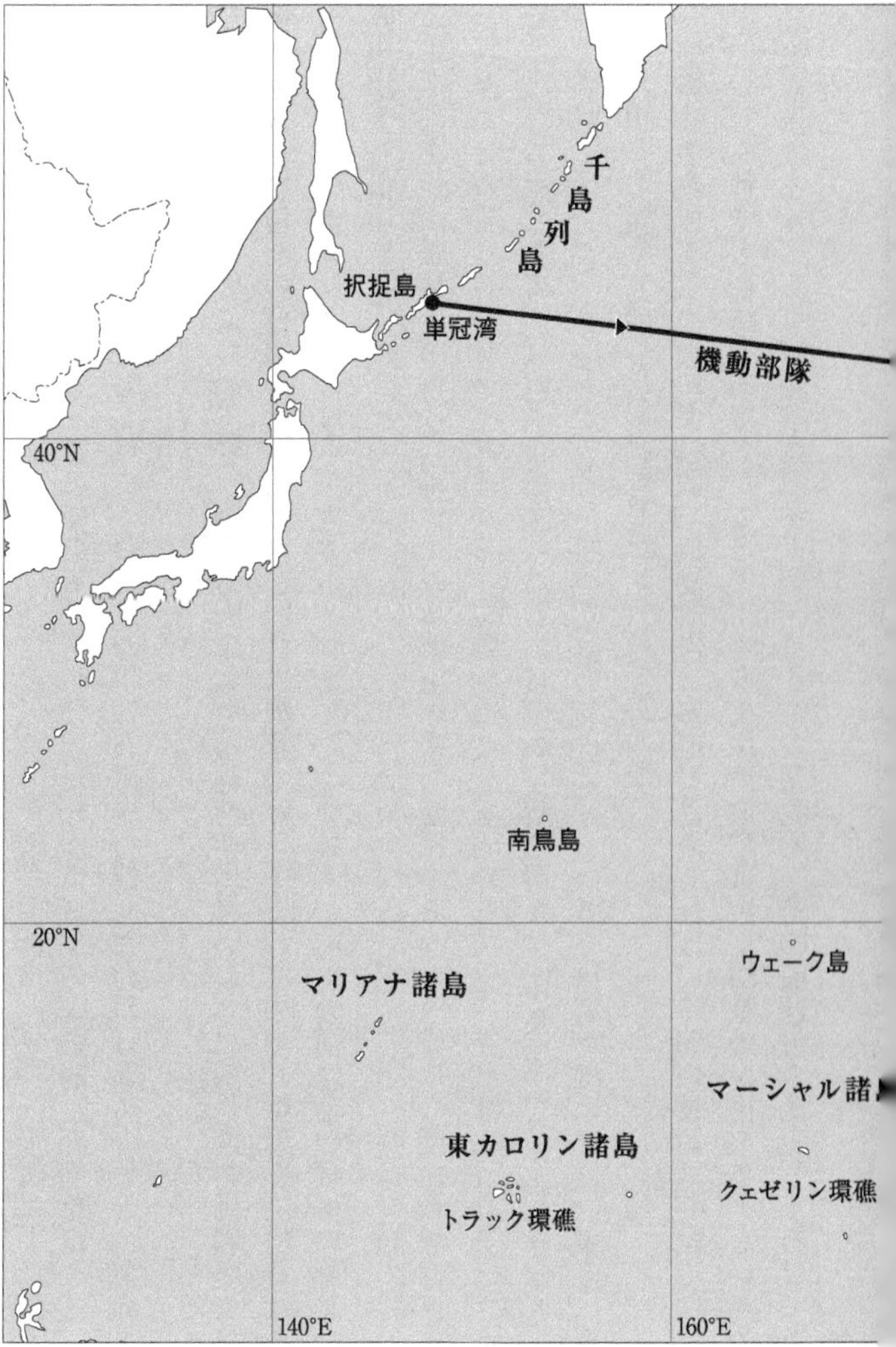
千島列島
択捉島
単冠湾
機動部隊
40°N
南鳥島
20°N
ウェーク島
マリアナ諸島
マーシャル諸
東カロリン諸島
クェゼリン環礁
トラック環礁
140°E
160°E

外務当局の不手際（手交文書作成の遅れ等）により開戦通告が遅れ、真珠湾攻撃は宣戦布告前の戦闘行為になってしまったのである。それは、たしかに日本の国際的な評判を落とし、国際法違反の不意打ちをしかけてくるような卑怯《ひきょう》な敵を打倒しなければならないとの認識を米国民に与えることになった。

もっとも、この件については、山本《やまもと》も海軍省も神経を使っていた。日清日露《にっしんにちろ》の両戦争では、敢《あ》えて宣戦布告前の奇襲を行ったけれど、対米戦争では、かえって相手の戦意を高揚させることになり、デメリットのほうが大きいと判断したのである。前出の福留繁《ふくとめしげる》が戦後に著した回想録より引用する。

「軍令部次長伊藤整一《いとうせいいち》中将は、稀《ま》れにみる慎重周密な智将であった。彼は今度の戦争は存亡にかかわる容易ならぬ戦争であるから、国際的な手続を省略して後害を残すようなことがあってはならぬとして、開戦通告をすることに各部の了解を得た。〔中略〕〔ハワイ作戦に関しては、機密保持のため、計画を知る者の範囲を局限していたから〕外交措置に関しては、東郷《とうごう》〔茂徳《しげのり》〕外相と伊藤軍令部次長が直接協議したのであった。

国際法学者榎本重治《えのもとしげはる》氏によれば、最後通告は事前でさえあれば、時間の長短は問題ではなく、一分一秒でも合法であるとのことで、一方真珠湾攻撃は敵に防戦の余裕を与えないため、最後通告はなるべく攻撃開始直前がよい。そこで攻撃開始一時間前通告と決定したわけである。

真珠湾攻撃開始は、ハワイ時間の十二月七日午前八時という決定であったから、その一時間前といえば、ワシントン時間七日午後一時である。後この時間はさらに短縮されて三十分前と改められた」（福留繁『海軍生活四十年』）。

山本も、この問題は、よほど気にかけていたらしく、真珠湾攻撃成功の報を聞いた直後に、事前に開戦通告がなされたかを確認するよう、政務参謀の藤井茂《ふじいしげる》中佐に命じていた。

ちなみに、外交史研究の権威佐藤元英《さとうもとえい》は、外務省内に戦闘行為開始後に開戦を通告することにしようと策した勢力があったことを指摘している（佐藤元英『外務官僚たちの太平洋戦争』）。その要素を措《お》くとしても、開戦通告前の攻撃という失態は、外務省側が責を負うべきで、山本のミスとすることはできないと思われる。

ただし、よく知られているように、アメリカ側は、日本の外交暗号を傍受解読し、開戦日時を含む機密情報をつかんでいた。だとすれば、アメリカ側が「だまし討ち」と責めることは、倫理的に筋が通らないと批判することも可能なはずだが、それは本書の対象とする範《はん》疇《ちゅう》を超える問題であろう。

このほかにも、戦略・作戦次元の批判として、真珠湾攻撃をやらず、伝統的な漸減邀撃《ぜんげんようげき》戦を試みたほうが、より決定的な勝利を得られたのではないかという議論もある。なかには、海軍軍人で砲術の大家として知られた黛治夫《まゆずみはるお》のように、開戦前のデータを根拠に、日本側は艦砲射撃の命中率で優越していたのだから、それを活用すべきだったと戦術次元の批判を加味する向きもある。

しかしながら、アメリカのみならず、イギリスやオランダも敵にまわした結果、彼我の戦力比は、連合国側に有利になっていた。従って、南方侵攻にも、より多くの兵力を差し向けなければならない。すなわち、もしも漸減邀撃作戦を実行しようとしても、最初から全力を傾注するわけにはいかず、状況に応じて、マレーやフィリピン方面から西太平洋《にしたいへいよう》に艦隊をシフトしていかなければならなかったのだ。そうなれば、南方攻略も主力決戦も不首尾に終わる可能性が大きかったであろう。ゆえに、南方作戦への米太平洋艦隊の介入をふせぐという戦略・作戦次元上の前提を充《み》たすためにも、真珠湾攻撃は必要かつ適切であったと筆者は考える。黛の戦術次元での議論については、太平洋戦争中、日本艦隊の艦砲射撃は、演習で示したような高い命中率を示していないと答えるだけに留《とど》めておこう。

また、戦術次元の批判として、米空母は真珠湾に在泊しておらず、一隻も沈められなかったが、かかる重要な艦種を叩《たた》けなかったのでは意味はないとするものもある。これは後知恵と評するほかない論難であろう。航空母艦が海戦の主役となったことは、まさにこの真珠湾攻撃が証明した事実である。すなわち、一九四一年十二月八日までは、空母こそ至上の目標、最優先で撃破すべきだとする説は、極端な航空主兵論者以外は唱えていなかった。にもかかわらず、米空母を沈めることを真珠湾攻撃の主眼としなかったのは誤りだとするのは、時代の先取りを要求する無いものねだりでしかないだろう。

なお、この問題を論じる上で、『戦史叢書《そうしよ》　海軍航空概史』には、見逃せない記述がある。連合艦隊は空襲の第一目標は戦艦、空母は第二目標と定めたというのである。これに対し、機動部隊側は、攻撃目標の優先順位を入れ換える、すなわち、第一目標を空母とするように要望したが、山本はこれを容《い》れなかった。もし、これが事実なら、山本は、航空主兵論を唱え、さらには空母の集中使用による打撃力の発揮という先駆的な戦法を採りながら、なお戦艦の存在意義を重視していたと判断するしかない。

いずれにしても、ここでひとまず『戦史叢書　海軍航空概史』に従って、考察してみよう。もし山本が空母ではなく戦艦を第一目標に指定したとするなら、その戦艦の持つ威信への「未練」ともいうべき感情と航空主兵論のあいだの揺れが、前者に振り切ったかたちで露呈したものと解釈可能で、充分批判の対象になるだろう。その意味で、『戦史叢書　海軍航空概史』が、山本は「本作戦〔真珠湾攻撃〕の主目的を敵の士気低下においていた。それには当時世界が一般的に海軍力の象徴と考えていた戦艦を、港内万人環視の中で撃沈するのが、最《もつと》も効果的であると考えていた」と解説しているのは、的を射ているものと思われる。たしかに山本には、戦艦偏重といっても過言ではないような傾向がみられ、このあとも不可解な運用を行うのである。

しかしながら、実は、この『戦史叢書　海軍航空概史』の記述には、典拠となる史料も証言も付せられておらず、真偽を検討することができない。また、管見のかぎり、空母よりも戦艦への攻撃を優先するという指示は、他の史資料では確認されないのだ。よって、山本が真珠湾攻撃で戦艦を主敵と認識していたかどうかについては、今後の研究の進展に期待し、判断を留保することにしたい。

第二撃をめぐる批判

続いて、戦略、作戦、戦術の三つの次元すべてが関わる問題、第二撃は可能だったかという問題を検討しよう。真珠湾攻撃の衝撃から醒《さ》めるとともに、米海軍当局は、とほうもない災厄ではあったけれども、自分たちが不幸中の幸いともいうべきツキにめぐまれていたことに気づいた。真珠湾の海軍工廠《こうしょう》や燃料タンクは無傷だったのである。それらが健在なら、空母を含む残存艦船を縦横に動かし、日本の攻勢に対応することができる。彼らは喜び、ついで、いぶかしんだ。日本軍は何故、第二撃を繰り出して、工廠と燃料タンクを破壊し、真珠湾の軍港としての機能を奪わなかったのか。とどめを刺すのを怠ったのは、致命的な失策ではなかったか？

そうした声は、中立国を通じて日本にも伝わり、ハワイ作戦は不徹底だった、小成に甘んじたという批判の伏流となった。戦後、それが顕在化し、山本批判の根拠の一つとされたのだ。

この問題を考える際に、しばしば指摘されるのは、山本と軍令部・機動部隊のあいだに存在していた温度差である。山本は、前掲の「戦備訓練作戦方針等の件覚」に記されているように、「開戦劈頭《へきとう》敵主力艦隊を猛撃撃破して、米国海軍及《および》米国民をして救うべからざる程に、其《そ》の志気を沮喪《そそう》せしむること」を企図していた。一方、十一月七日、永野《ながの》軍令部総長が指示した「対米英蘭戦争帝国海軍作戦方針」には、「第一航空艦隊を基幹とする部隊を以《もっ》て、開戦劈頭、布哇《ハワイ》所在敵艦隊を奇襲し、其《そ》の勢力を減殺するに努む」とあるのみで、山本の覚書に比べると、撃滅の覚悟はかなりトーンダウンしている。当時、軍令部第一部長であった福留繁は、戦後の回想で、「もし南方作戦たけなわで、全海軍を広範な地域に分散している時期に、その側背を衝《つ》かれるようなことがあっては大変であるから、その最悪の事態を予防しながら南方作戦を遂行してゆこうというのが真珠湾の攻撃だったのだ」という理解を提示している（福留繁『史観眞珠湾攻撃』）。

つまり、徹底的な撃滅を狙う山本と、南方作戦中の米艦隊の行動を封じられればよいとする軍令部の食いちがいがあったというのである。

ところが、永野の指示を受けた山本司令部が下達した「機密連合艦隊命令作第一号」には、「開戦劈頭、ハワイに米艦隊を奇襲撃破し、その積極作戦を封止す」と、軍令部の意向同様の方針が示されている（『戦史叢書　ハワイ作戦』）。いったい、山本は「撃滅」と「封止」といずれに重点を置いていたのだろうか。

筆者は、やはり山本の真意は「撃滅」にあったと考える。それが、軍令部に充分伝わらず、また連合艦隊への命令が「封止」に傾いていることは、本書でもたびたび述べてきた、わからぬと思った相手には、言葉を尽くして説明することをしない山本の「無口」が反映されていたのではなかったか。

『戦史叢書　ハワイ作戦』は、この問題の機微について、黒島《くろしま》が戦後、ハワイ作戦の目的に関して、山本の「戦備訓練作戦方針等の件覚」と同趣旨のことを回想しているのに対し、連合艦隊航空参謀の佐々木彰《ささききあきら》中佐が、そうした長官の企図は戦後に同覚書を読んで、初めて知ったと述べていることを指摘した。その上で、山本は「一部の幕僚だけにしか、自己の抱いている思想を説明していなかった」と推測するのである。

ましてや、山本は、できれば自分が真珠湾攻撃の指揮を執りたいと思っていたのだから、なおさら真意を明かさなかったとも考えられる。山本が、開戦回避を策するための伏線とし

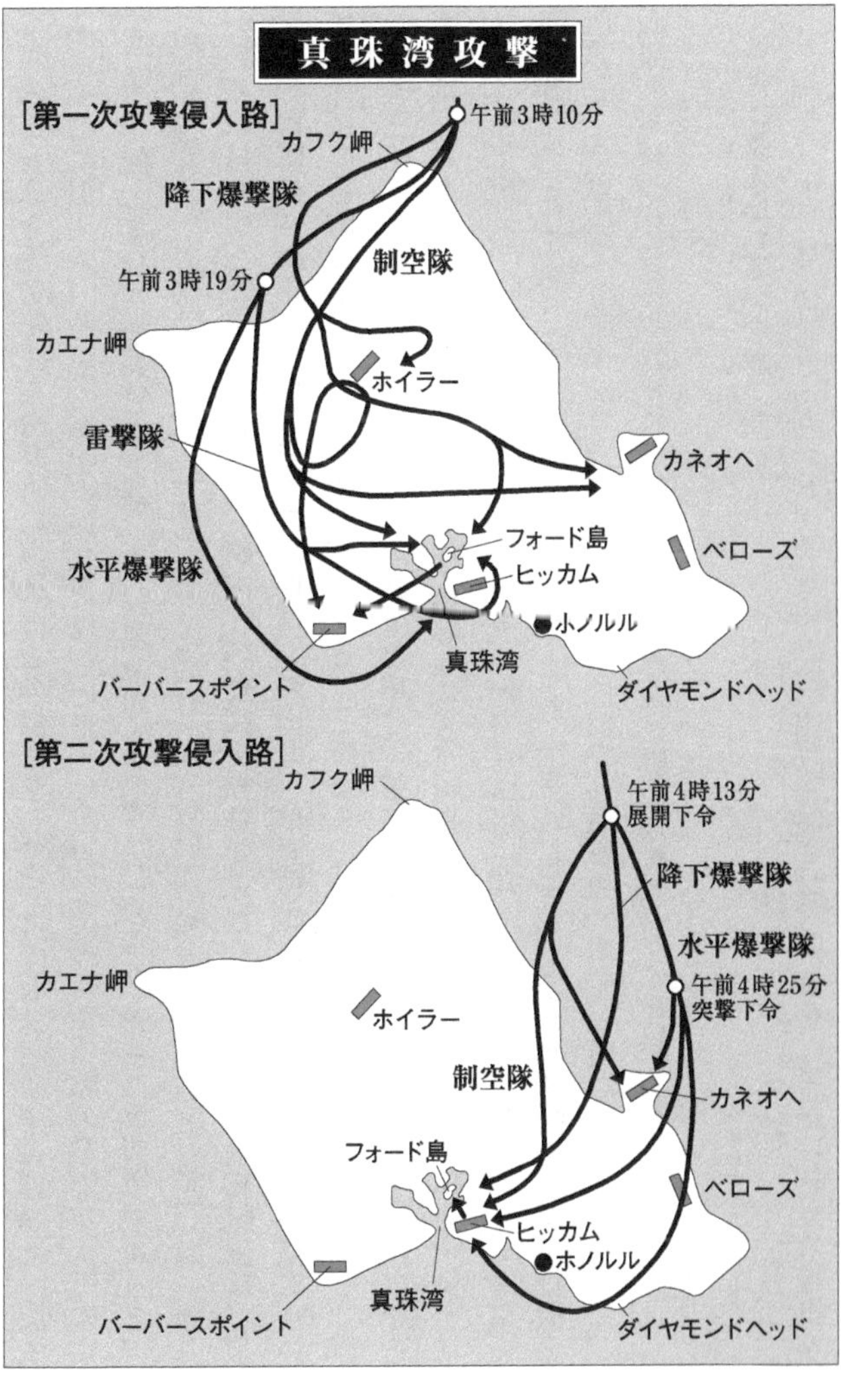
真珠湾攻撃
[第一次攻撃侵入路]
午前3時10分
カフク岬
降下爆撃隊
制空隊
午前3時19分
カエナ岬
ホイラー
雷撃隊
カネオへ
フォード島
ベローズ
水平爆撃隊
ヒッカム
ホノルル
真珠湾
バーバースポイント
ダイヤモンドヘッド
[第二次攻撃侵入路]
カフク岬
午前4時13分
展開下令
降下爆撃隊
水平爆撃隊
カエナ岬
午前4時25分
突撃下令
ホイラー
制空隊
カネオへ
フォード島
ベローズ
ヒッカム
ホノルル
真珠湾
バーバースポイント
ダイヤモンドヘッド

て、米内光政《よないみつまさ》を連合艦隊司令長官に据えるとの提言をしていたことは、すでに述べた。山本は、それに加えて、その人事が実現した場合には、「小官は前述布哇作戦の準備並《ならび》に実施に方《あた》りては航空艦隊司令長官を拝命し、攻撃部隊を直率せしめられんことを切望」すると、「戦備訓練作戦方針等の件覚」に記していたのだ（『大分県先哲叢書　堀悌吉資料集』、第一巻）。

いずれにせよ、かくのごとくに「撃滅」の企図を充分知らされなかった機動部隊側は、米太平洋艦隊の「封止」が目的であると理解していた。草鹿《くさか》参謀長の回想録は、この点について「作戦の目的は南方部隊の腹背擁護にある」と断言している（草鹿龍之介『連合艦隊』）。

そもそも、真珠湾攻撃があれほどの戦果を挙げ、第二撃を考えることができる状況になろうとは、誰も予想していなかったように思われる。事実、「機密連合艦隊命令作第一号」にも、「空襲終了後、内地に帰投、整備補給を行う」とあるだけだし、機動部隊が発令した「機密機動部隊命令作第一号」（一九四一年十一月二十三日付）にも、「空襲終わらば飛行機を収容し、全軍結束を固くして、敵の反撃に備えつつ高速避退」すると書かれているだけで、戦果拡張については触れられていないのである（『戦史叢書　ハワイ作戦』）。

条件は整えられていなかった

しかし、十二月八日に「トラトラトラ」の電報が受信され、期待をはるかに超える戦果が挙がったことがわかると、連合艦隊司令部内に、機動部隊に第二撃を命じるべしとする声がわきあがった。ところが、山本は発令をしりぞける。連合艦隊作戦参謀三和義勇《みわよしたけ》が一九四三（昭和十八）年に記した回想記より引く。

「この際、残心を奮い起して、もう一度真珠湾施設を攻撃して、之《これ》を徹底的に爆砕する如く、或《あるい》は又、敵空母部隊を索《もと》め、列島線を南に突破するの策を敢行すべきである。機動部隊司令部で躊躇《ちゅうちょ》して時機を失せぬ中《うち》に電命を可とすることに幕僚の意見一致して、その旨、長官に意見を申し上げた。すると山本長官は即座《そくざ》に『勿論《もちろん》それをやれば満点だ。自分もそれを希望するが、それに被害の状況もまだ少しも判らぬから、ここは機動部隊指揮官に委《まか》して置こう』と言われた」（『戦史叢書　ハワイ作戦』）。

また、機動部隊においても、源田実《げんだみのる》航空参謀と淵田美津雄攻撃隊長が第二撃をやるべきだと、南雲長官に進言したとされ、その挿話は、真珠湾攻撃研究の古典であるゴードン・W・プランゲの『トラ　トラ　トラ』で広められてきた。けれども、今日では、それは事実ではないとわかっている。数年前に刊行された、旧海軍ＯＢの身内だけの研究会「海軍反省会」の記録に収められた元連合艦隊参謀千早正隆《ちはやまさたか》の証言によると、源田や淵田は、本当のところは第二撃の意見具申などしていなかった。戦中・戦後に出てきた、真珠湾攻撃の不徹底に対する批判に、弁明の必要を覚え、プランゲのインタビューに際して、偽りを述べたということのようだ。

「そのときに、一番先に自分は盛んに言ったのだと言ったのは淵田（美津雄・兵52〔海兵五十二期〕）さんでありました。淵田（美津雄・兵52）さんの意見は、これはあとからのイマジネーションが入っておるということで落としました。源田（実・兵52）氏の言葉は最後までそのことを自分は言ったたし、計画を上げたんだということを非常に綿密に言いましたので、プランゲはそれを採用したのであります。

事実、私がその当時は戦闘詳報を全部手に入れておりましたので、時間的にその余裕がないことは実は分かっておりました。しかし、あまりに源田（実・兵52）氏が理路整然と言われるので、プランゲはそれを取り上げたわけなんです。実際は源田（実・兵52）氏が言っていないというのが本当であります」（戸髙一成編『［証言録］海軍反省会9』）。

この千早証言は、源田が、『真珠湾作戦回顧録』や『風鳴り止まず』といった、戦後のいくつかの回想録で、自分たちは第二撃の意見具申をしていないと記述していることからも裏付けられる。

かくのごとく、戦後ながらく語られてきたこととは異なり、当時の空気は第二撃を断念するもやむなしというものだったことがわかる。それでは、もし山本が断固として、米艦隊撃滅と真珠湾の施設破壊を命じていたら、あるいは、山本自身が機動部隊を率いていたら、第二撃は実行されただろうか。

近年の研究成果をみると、そうした可能性は低いと断じざるを得ない。イギリスの歴史家H・P・ウィルモットが、日本の等松春夫《とうまつはるお》（防衛大学校教授）とアメリカの元海軍軍人W・S・ジョンソンの協力のもと、日本機動部隊の随伴駆逐艦の積載燃料、再給油に要する時間、損傷機の数と種類、再攻撃に使用できる機種と機数、地上目標を爆撃するための大型爆弾の欠如など、さまざまなファクターを詳細に検討した結果、第二撃を行えば、大きな危険があったろうと結論づけ、矛《ほこ》を収めて去っていった南雲の判断は適切であったと断じたのである（H.P. Willmott with Haruo Tohmatsu and W. Spencer Johnson, *Pearl Harbor*）。

結局、戦略、作戦、戦術のすべての次元で巨大な成果を挙げたであろう第二撃を実施しなかったのは失敗だとする批判は、これもまた無いものねだりと考えざるを得ない。

作戦最終局面の失点

以上、検討してきた通り、開戦通告前の攻撃となった点を除けば、真珠湾攻撃は、軍人山本五十六《いそろく》の最高傑作だったと評することができよう。戦略・作戦的には、米太平洋艦隊主力の撃破と南方作戦への介入封止という目的を達成し、戦術的には極小の損害で最大の戦果を得たのである。

しかしながら、ハワイ作戦の最終局面で、山本は、失点と評価せざるを得ないような行動を取った。十二月八日、旗艦長門《ながと》以下、戦艦六、小型空母一を基幹とする約三十隻の艦隊を瀬戸内海《せとないかい》の柱島《はしらじま》泊地より出撃させ、小笠原《おがさわら》列島の線まで南下させたのだ。この艦隊は、さしたる戦闘を行なうでもなしに、十三日朝に帰投した。何の意味があるのか、判然としない出撃であった。

阿川弘之《あがわひろゆき》は、これを「体裁《ていさい》よく言って士気の問題、露骨に言えば勲章の問題」だったと批判している。「山本や山本の幕僚たちは、柱島にいても偉勲を立てたことになるが、一般の艦隊乗組員は、戦闘航海に参加せず、内海に腰を据《す》えていたというのでは、何の手柄《てがら》にもならない。誰がイニシアチブをとったかは別として、これは山本の部下思いが、情に溺《おぼ》れた一つの例であったように思われる」（阿川『山本五十六』、文庫版、下巻）。

もっとも、この出撃行動は、開戦前から予定されていたことだった。「機密連合艦隊命令作第一号」には、主力部隊は「対米国艦隊作戦第一法に在りては、X日出撃、機動部隊の引揚を掩護《えんご》す」とある。真珠湾攻撃は、いざ決行してみれば大成功を収めたのであるけれど、実施前には、天候不良のため、機動部隊の艦船が燃料補給に失敗する、損傷艦が出る、引き上げる際に敵に追尾されるといった、さまざまなアクシデントが懸念されていた。ゆえに、主力部隊が出撃して、機動部隊の帰投を掩護することになっていたのだ。戦艦が基幹となったのは、空母などの大型艦を曳航《えいこう》する必要が生じるのを想定してのことだった。

さりながら、ここまでみてきたように、機動部隊は、その艦船に損傷を被ることなく、敵に追われもせずに離脱に成功したのだから、その時点で、貴重な燃料を費消し、また米潜水艦などに遭遇する危険がある（これは、主力部隊の出撃中に現実のこととなった）行動は取りやめるべきだったろう。にもかかわらず、山本が予定通りに主力艦隊を動かした背景には、阿川が指摘するような配慮があったと考えられる。やや厳しい評価になるかもしれないが、山本は、せっかくの大成功に、最後の最後で小さな染みをつけてしまったのである。

開戦半年の光彩

十二月八日には、南方正面でも、海軍航空隊がその威力を発揮していた。台湾《たいわん》から出撃した零戦と陸攻の戦爆連合編隊が、フィリピンに駐留していた米軍航空基地の奇襲に成功、およそ百二十五機を空中と地上で撃墜破したのだ。

続いて、十二月十日には、南部仏印方面の基地にあった陸攻隊が、シンガポールから出撃してきた英東洋艦隊の主力、戦艦プリンス・オヴ・ウェールズと巡洋戦艦レパルスを撃沈する。

この、マレー沖海戦と称される戦闘において、航空機は戦艦を撃沈し得るということが、最終的に証明されたのである。しかも、戦闘航行中の戦艦が、実戦場裡《じょうり》になすすべもなく沈められたというのだから、その衝撃はなおさらであった。なるほど、タラントや真珠湾では航空機による戦艦撃沈に成功したけれど、それは、碇泊中のものを襲ってのことだった。魚雷や爆弾の回避運動を高速で行いつつ、対空射撃を攻撃隊に浴びせかけてくるような状態で、はたして本当に航空機は戦艦を撃沈できるのかという最後の疑問が払拭《ふっしょく》されたのだ。

この吉報を聞いた山本は、真珠湾攻撃成功のときには、むしろ沈鬱《ちんうつ》なようすをみせていたのとは対照的に、嬉《うれ》しそうに笑みを浮かべていたという。その心理について、阿川弘之が間然するところのない洞察を加えている。

「しかし理窟からいうと、これ〔山本が、マレー沖海戦の勝利に歓喜したこと〕は少し矛盾した話で、戦艦が真実無用の長物なら、それを沈めてもそんなに喜ぶにはあたらないし、もし喜ぶなら、四隻沈めた真珠湾の場合に、もっと喜んでいい筈《はず》だということになるが、山本は多分、自ら主張した作戦でありながら、ハワイでは、相手の寝首をかいたことが後味が悪く、今度の場合は洋上、正面からの取組みで、自分がその開発を手がけた陸上攻撃機が、年来の彼の航空優勢論を実証してみせてくれたことが、何より嬉しかったのであろう。そうして、戦艦無用、航空優先を唱えながら、戦艦が、それを保有する国の国力と栄光の象徴であるという思いから、彼自身もまた完全には脱却していなかったのであろう」〔阿川『山本五十六』、文庫版、下巻）。

こうしたマレー沖海戦の勝利に対する山本の感慨を伝えるエピソードがある。海軍航空隊がプリンス・オヴ・ウェールズとレパルスを撃沈した十二月十日の夜、旗艦長門の艦橋にあった山本のところに、藤井茂政務参謀がやってきて、英戦艦撃沈を褒賞する昭和《しょうわ》天皇の感状を読み上げた。姿勢を正して聞き入っていた山本は、それが終わると、帽子を取り、東京の方角に向かって最敬礼した。その直後、帽子をかぶり直して、艦橋の椅子に腰を下ろした山本は「突然ガバと両腕を組んで艦橋の前面にとりつけられた柵《さく》の上にうつぶせになり、肩を波打たせながら涕泣《ていきゅう》された」（坂田涓三「山本元帥と大楠公」）。

おそらく、長年心血を注いで育成した陸攻隊が、戦艦撃沈という大金星を挙げ、さらに、それが天皇に賞賛されたことで、さしもの山本も情動を抑えられなかったのであろう。

ともあれ、緒戦に大勝した連合艦隊の支援のもと、マレー、フィリピン、蘭印の攻略は順調に進んだ。その過程で生起した一九四二（昭和十七）年二月二十七日から三月一日のスラバヤ沖海戦、同年二月二十八日から三月一日のバタビア沖海戦でも、連合艦隊は水上戦闘で圧倒的な勝利を得て、東南アジア海域の連合軍水上部隊を一掃してしまった。「半年か一年の間は随分暴れてご覧に入れる」とした山本の言葉は現実になったのである。

政治への働きかけ

しかし、いくら戦況が有利に進んでも、山本は鬱々として楽しまなかった。こうして連合軍につぎつぎと打撃を与え、動揺させているときにこそ、思いきった譲歩を条件にして、対米和平に乗り出さなければならないのに、いっこうに政府は動こうとしないからであった。

開戦の三か月ほど前、柱島の泊地から上京した山本は、前出の笹川良一《ささかわりょういち》と会った際に、こう語ったという。「そりゃ、初めの間は、蛸《たこ》が脚をひろげるように、思いきり手足をひろげて、勝って勝って勝ちまくってみせる。しかし、やれるのは、せいぜい一年半だからね。それまでにどうしても和平に持って行かなきゃならない。きっかけは、シンガポールが陥落した時だ。シンガポールが陥《お》ちると、ビルマ、インドが動揺する。インドの動揺は、英国にとっては、一番痛いところで、英国がインドを失うのは、老人が行火《あんか》を取られるようなものだ。しかし、そこを読んでしっかりした手を打ってくれる政治家が果しているかね」(阿川『山本五十六』、文庫版、下巻)。

山本の危惧《きぐ》は当たっていた。一九四二年二月十五日にシンガポールが陥落しても、政府も国民も勝利に沸《わ》き立つばかりで、「しっかりした手」が打たれることはなかったのである。

それでは、山本は、軍人は政治に関与せずと、分を守って、政府の無為に手をこまぬいていたのだろうか。はなはだ断片的なことしかわかっていないが、そうではないことを示す事実がある。山本は、前年の六月以来、激烈な戦争をくりひろげているドイツとソ連《れん》の和平を仲介し、前者を対米英戦に集中させようと考えていたものと推測されるのだ。

発端は開戦前にさかのぼる。一九四一年十月、軍令部第七課長（欧州情報担当）前田精《まえだただし》大佐は、駐日ドイツ海軍武官パウル・ヴェネカー少将と会談し、ドイツはソ連との講和に関心を抱くか、もし、そうであれば、日本の仲介を歓迎するかと打診した。ヴェネカーは、ドイツの目的は、ソ連軍の殲滅《せんめつ》とスターリンの排除にあり、それが達成されたあかつきには、日本の仲介を歓迎することもないわけではないと応じた。ついで、同年十一月の会談でも、前田はこの話を繰り返し、日本政府は来たるべきスターリン体制の崩壊後、独ソの仲介に乗り出すだろうと述べた。日本海軍は、ドイツの戦力が対ソ戦で消耗してしまい、対米英戦での助力が得られなくなることを厭《いと》い、両国の和平をみちびくことができないかと模索していたのである。

日米開戦後の一九四二年二月、海軍は本格的に動いた。軍令部第八課長中堂観恵《ちゅうどうかんえい》大佐とともに、ヴェネカーと会談した前田は、本日の会談内容は連合艦隊司令長官にも通知されており、影響力のある陸軍将校たちも完全に了解していると強調した。その上で、ソ連打倒とインド洋《よう》での日独連絡を同時に行うのは不可能であるから、交渉による独ソの和平を考えるべきだとし、日本には講和を仲介する用意があると切り出したのである。

結果からいえば、この海軍の独ソ和平工作は、ベルリンで報告を受けたリッベントロップ独外相の拒絶に遭い、頓挫《とんざ》する。しかし、その後、一九四二年四月に独ソ和平交渉が再燃した際の別の仲介者による文書をみると、これについて「山本の失敗」と表現しており、前回、海軍の仲介打診の陰には、山本のイニシアチヴがあったことをうかがわせる。また、独ソ仲介工作が進んで、ドイツに代表団を派遣するとの案が浮上した際も、その候補として山本の名が挙げられていた（大木毅『第二次大戦の〈分岐点〉』所収「独ソ和平工作をめぐる群像――1942年の経緯を中心に」）。

結局、こうした独ソ和平工作は、対ソ戦を最後まで戦いぬかなければならぬ「世界観戦争」とみなしていたドイツ側の拒否によって、失敗に終わるわけであるが、このアプローチをみちびいた動因の一つに山本五十六の存在があったとしてよかろう。ただし、山本は、連合艦隊司令長官という職掌上、公には介入できないから、軍令部を通じて政治を動かそうとしたものと思われる。政治、もしくは戦略次元における山本の意外な側面をうかがわせる事実である。

第二段作戦をめぐる対立

いわゆる第一段作戦、シンガポールや蘭印、フィリピンなどの南方要地・資源地帯の攻略は完了しつつあったが、和平のきざしは見えない。そうした状況下、つぎにいかなる手を打つのか、すなわち、第二段作戦が問題になってきた。

山本は、早くも開戦の翌日、十二月九日に、ハワイとセイロン（現スリランカ）攻略の研究を命じていた。その真意は連続打撃によって戦争終結をみちびくことであったにもかかわらず、黒島首席参謀は最初それがわからず、山本の折に触れての話によって、しだいに長官の企図がわかってきたと戦後回想している。山本の「無口」の弊がまた表れていたといえよう。

ともあれ、連合艦隊司令部は、第二段作戦の立案に着手した。連合艦隊参謀長宇垣纏《うがきまとめ》少将は、その有名な日記「戦藻録《せんそうろく》」の一九四二年一月五日の条に、こう書いている。

「第一段作戦は、大体三月中旬を以《もっ》て一応進攻作戦に関する限り之《これ》を終わらし得べし。以後如何《いか》なる手を延ばすや、豪州に進むか、印度《インド》に進むか、布哇《ハワイ》攻撃と出《で》掛《か》るや。乃至《ないし》はソ連の出様《でよう》に備え好機之を打倒するか」。

ついで、一月十四日の条には、一大攻勢作戦の構想が記された。

「四日間の努力に依《よ》り、作戦指導要綱を書き上げたり。結論としては、六月以降、ミッドウエー、ジョンストン、パルミラを攻略し、航空勢力を前進せしめ、右概《おおむ》ね成れるの時機、決戦兵力、攻略部隊大挙して布哇《ハワイ》に進出、之《これ》を攻略すると共に敵艦隊と決戦し、之を撃滅するに結着せり」。

さらに、宇垣は、かかる誇大妄想的な（といっても、さしつかえあるまい）作戦を敢行する理由として、「時日の経過は、之迄《まで》の戦果を失うのみならず、〔敵〕勢力の増大を来し、我は拱手《きょうしゅ》彼の来攻《らいこう》を待つ外、策無きに至る」という点などを挙げている。山本の企図が反映していることをうかがわせる記述だ。

なお、こうした作戦案、あるいは、実施されたミッドウェイ作戦などを評して、まるで補給のことを考えていないと難ずる声は少なくない。しかし、山本が、短期に連続打撃を与えることで万に一つの和平を得ようとしたことを前提とすれば、補給が無視されていることはむしろ当然といえよう。占領したハワイやミッドウェイ、パルミラなどへの補給維持が深刻な問題になるほど戦争が長期化したならば、その時点でもはや日本の敗北は決まったも同然なのである。

しかしながら、東京の軍令部は、異なる構想を抱いていた。そもそも軍令部は、第一段作戦で南方資源地帯を攻略し、長期持久の条件を整えたのちは、戦略的防御態勢を固めつつ、反攻してくるであろう米艦隊を撃破するとの方針を堅持していた。ところが、緒戦の大勝利をみた軍令部は、前のめりになってくる。彼らは、連合軍の本格的反攻は一九四三（昭和十八）年なかば以降とみて、それ以降は、アメリカが圧倒的な戦力を投入してくるものと判断していた。だが、いかに米軍が強力であろうとも、米本土やハワイに封じこめられていれば、さしたる脅威にはならない。そうした状況をつくりだすには、反攻の拠点となるであろうオーストラリアと米本土の連絡を遮断し、アメリカ軍が展開できないようにすることだ。そう考えた軍令部は、フィジーとサモアを攻略し（FS作戦）、アメリカとオーストラリアの連絡線を断ち切るべきだと主張したのである。

またしても、海軍の指揮中枢が二つ（軍令部と連合艦隊司令部）並立していることのデメリットが暴露された。ただし、この段階では、軍令部案も連合艦隊案も採択されないまま、いわば宙ぶらりんになっている。三月七日、大本営政府連絡会議は「今後採るべき戦争指導の大綱」を決定した。だが、そこには「英を屈服し、米の戦意を喪失せしむる為《ため》、引き続き既得の戦果を拡充して、長期不敗の政戦態勢を整えつつ、機を見て積極的の方策を講ず」とあったものの、具体的方策については、「我が国力、作戦の推移、独『ソ』戦況、米『ソ』関係、重慶《じゅうけい》の動向等、諸情勢を勘案して、之を定む」とあるだけで（参謀本部編『杉山メモ』下巻）、何も決めていないといっても過言ではなかった。実際、陸海軍は、アリューシャン作戦、ハワイ作戦、FS作戦、オーストラリア作戦、インド作戦など、さまざまな選択肢をめぐって、結論の出ない評定を繰り返していたのだ。

しかしながら、大規模な地上部隊を必要とするハワイやセイロンの攻略については、陸軍が兵力を出し渋っているから、実現の見込みがないと知った連合艦隊は（ただし、一九四二年三月末から四月上旬にかけて、英艦隊を撃破し、海上優勢を得ることのみに目的を縮小したかたちで、インド洋作戦は実施された）、海軍が主体となって実行し得る作戦案を練りはじめた。MI作戦――ミッドウェイ攻略作戦である。

米空母撃滅の方針

この作戦案が出てきた経緯については、戦務参謀だった渡辺《わたなべ》安次《やすじ》が談話を残している。ざっくばらんな調子が、当時の連合艦隊司令部の空気をよく伝えていると思われるから、そのまま引用しよう。なお、原文は非常に改行が多いので、適宜行をつないだ。

「それでネ、〔陸軍が兵力を出したがらないもので〕もう海軍だけで、やろうじゃないか、というようになったんだネ。『第二段作戦は、陸軍いれたら、よう出来ない』と、連合艦隊は考えるようになったネ。そいで計画したのがミッドウェイ作戦なんです。

まア、しかし、こういう計画はネ、はっきり申せば、大本営がやらにゃいかんこっちゃがネ。だけど、軍令部からは、フィジー・サモア攻略以外は、一向に案が出てこないんだネ。むこうも研究はしとったんだろうが。ともかくも、海軍だけでやるとすれば、アメリカ艦隊のせん滅作戦ということになりますよ。それで、今まで、西に向けていた目を、再び東にぐッと向けたわけですよ、太平洋正面のハワイと、米本土の方にネ。それに、アメリカの戦艦主力は、パール・ハーバーで叩いているが、空母を一隻もやってないので、アメリカの機動部隊は、常に、我々連合艦隊司令部の、心配のたねでもあったわけです。

事実、アメリカ空母は、既に、かなり大胆に行動していたよ。二月一日には、マーシャル諸島に来攻し、同じ月の二十四日は、ウェーキ諸島を空襲した。そして、三月にはいって、四日には、南鳥島《みなみとりしま》に奇襲攻撃をかけてきている。〔中略〕で、これ以上の来攻は、こちらも放っておけない、という気持もある。それには、空母を潰《つぶ》すのが、最も手っとり早い解決方法なんです。それで、ま、とにかく、秋に、ハワイを目ざした大きな作戦をやる前提としても、この際、アメリカの機動部隊を、太平洋に、一まとめにおびき出して、叩き潰しておこう、という考え方に傾いて行った。

では、どのようなワナを仕掛ければ、アメリカの艦隊は、出てくるか。それは、戦術の原則で、日本の機動部隊が、敵の正面に進出するのが、一番敵を誘いやすい。それで、連合艦隊を、どこに進出させるか、つまり敵の正面をどこに考えたらよいか、ということになり、我々は、ミッドウェイに目標を置いたわけです」（春山和典『聞き書き　渡辺戦務参謀の語る山本五十六』）。

かくのごとく、この「ＭＩ」の秘匿名称を付せられることになる作戦は、当初米空母の捕《ほ》捉《そく》撃滅に主眼が置かれていた。日本本土が空襲され、国民が士気沮喪することを、山本が非常に不安に思っていたことも、こうした方針決定に大きく与《あずか》っているものと思われる。真珠湾攻撃前に、山本が記したことを引こう。

「〔前略〕東方に対しては専《もっぱ》ら守勢を採り、敵の来攻を待つが如きことあらんか、敵は敢然として一挙に帝国本土の急襲を行い、帝都其他《そのた》の大都市等を焼尽するの作戦に出《い》でざるを保し難し。〔原文改行〕若《も》し一旦此《いったんこ》の如き事態に立到《たちいた》らんか、南方作戦に仮令《たとえ》成功を収むるとも、我《わが》海軍は輿論《よろん》の激攻を浴び、爾后《じご》の作戦に非常の障碍《しょうがい》を生ずべく、且《かつ》国民志気の低下を如何《いかん》ともする能《あた》わざるに至らんこと、火を観るが如し（日露戦争に於《お》ける浦塩《ウラジオ》〔ウラジオストック〕艦隊の我太平洋岸半周に対する我国民の狼狽《ろうばい》を回顧すれば、思半ばに過ぎん）」（『大分県先哲叢書　堀悌吉資料集』、第一巻所収「戦備訓練作戦方針等の件覚」）。

「〔前略〕万一、敵機東京・大阪を急襲し、一朝にして、此両都府を焼尽せるが如き場合は勿論《もちろん》、左程の損害なしとするも、国論（衆愚の）は果して海軍に対し、何というべきか、日露戦争を回想すれば、想《おもい》半ばに過ぐるものありと存じ候」（一九四一年十月二十四日付嶋田繁太郎宛書簡、『大分県先哲叢書　堀悌吉資料集』、第一巻）。

連合艦隊の全将兵中、ただ一人の日露戦争経験者である山本は、ウラジオストックを基地とするロシア艦隊が、日本沿岸やその輸送線をおびやかしたときの国民の周章狼狽《しゅうしょうろうばい》ぶりをよく覚えており、対米戦争でも同様のことが起こるのではないかと危惧していたのである。

MI作戦の決定

一九四二年四月、三和参謀は、ミッドウェイ攻略案を含む第二段作戦の計画案を山本に説明した。山本は、フィジー・サモアは攻略せず、攻撃破壊に留めるだけでよいと指示した上で、計画を承認した。その結果、五月上旬にポート・モレスビー攻略、六月上旬にミッドウェイ作戦、七月中旬にFS破壊作戦、十月を目途にハワイ占領の準備を進めるとのタイム・スケジュールが決まったのだ。

ところが、四月三日に上京し、連合艦隊側の作戦案を説明した渡辺参謀に対し、軍令部側は猛烈な反対を示した。三代《みよ》第一課員は、敵はハワイやミッドウェイの基地航空隊が使えるがゆえに索敵能力に優《まさ》っている、米艦隊をおびきだすというが、不利な状況となれば出てこないだろう、またミッドウェイを占領しても維持不可能であると、反論を並べたてる。福留第一部長は、三代よりは妥協的で、まずは連合艦隊案を研究してみようという態度を示したが、それでも、FS作戦を実施して、アメリカの南方からの反攻を封じておいて、マーシャル諸島の線で邀撃態勢を固めるのが、もっとも堅実な策であるから、真珠湾攻撃と同工異曲の作戦は行うべきでないと考えていたという。

四月五日、福留、三代ばかりか、伊藤軍令部次長も同席して、軍令部の作戦室で議論が持たれた。渡辺は熱弁を振るったものの、軍令部側を押し切れない。そこで、渡辺は中座し、柱島に碇泊している戦艦大和《やまと》（当時、長門に替わって、旗艦となっていた）に電話をかけ、山本の意向をたしかめた。電話口に出たのが誰であったかは確認できないが、一説には黒島ではなかったかとされている。このあとの経緯は、三代の回想を引こう。

「しかし、渡辺参謀は一歩も退《ひ》かず、頑張りましてね、毎日のように論を戦わせて、四月五日になって、やっこさんはついにこういうのですよ。『この案が通らなければ、山本長官は辞職するといっておられる』」。

「結局ね、私が断乎《だんこ》として反対でしたから、渡辺君は三代のやつを議論でやっつけるわけにはいかんと思ったらしく、説得しやすい軍令部次長や一部長をねらったんですな。伊藤次長も福留一部長も、軍令部にくるまで、山本長官のもとで連合艦隊参謀長をやったことのあった人たちだから、山本長官がどんな人間か、よく知っている。そこへ脅しをかけるのがいい、というわけで『辞職するといっている』とやった。伝家の宝刀を抜かれたから、福留さんが『お任せしましょうか』といい、『そうですな』と伊藤さんが答えて、決まってしまった」。

「その代りに、妥協案として、〔永野軍令部〕総長は、フィジー・サモア攻略作戦（軍令部が立案）をやることを、連合艦隊に承知させた。そういう交換条件をつけて、ミッドウェー作戦に断を下したのです。私はその話を聞いて『ちきしょうッ』と、思わず涙をこぼしてしまいました」（「〈軍令部在職者座談会〉太平洋戦争の一三四七日間」）。

今日となっては信じ難いが、国家の興亡が懸かった戦略が、連合艦隊と軍令部の力関係や駆け引きによって、決まったのである。こうした山本の強圧ぶりには、当然批判もあろうが、問題はむしろ、それを可能とした日本海軍の統帥のあり方にあると、筆者には思われる。海軍の組織は、致命的なまでの制度疲労を示していたのだ。

さらに、ＭＩ作戦が採用されるや、軍令部側は、ミッドウェイと同時にアリューシャン列島西部の要地を占領することを、連合艦隊に提案した。かねて、小笠原諸島以北、本土東方正面の警戒を担当する北方部隊から、アリューシャンのキスカ島を占領し、そこを基地として航空哨戒《しょうかい》を強化すべきだとの意見具申があったが、それを組み込もうとしたのである。連合艦隊もその必要をみとめ、兵力にも余裕があるとの判断から、軍令部の提案を了承した。

こうして、作戦の輪郭《りんかく》がはっきりしてきたところで、可及的速やかなミッドウェイ攻略を要求するような事態が生じた。一九四二年四月十八日、ジェームズ・ドゥリットル陸軍中佐率いる攻撃隊が、日本本土に初空襲を実行したのである。米軍は、空母ホーネットに露天繋《けい》留《りゅう》した陸軍航空軍のＢ－25双発爆撃機を、飛行甲板から発進させるという破天荒な手段で、日本空襲を実現せしめたのだ。もちろん、そのような方法を用いたのであるから、大兵力を投入するわけにはいかず、与えた打撃はわずかであったが、首都東京を含む日本本土の要地を攻撃された日本側の心理的衝撃は大きかった。以後、急ぎミッドウェイを攻略して、航空哨戒圏を東に延ばし、米空母の跳梁《ちようりよう》を封じるべしとの声が巻き起こった。だが、そうして急《せ》かされたMI作戦は、当然詰めが甘くなり、準備不足ということになった。再び、渡辺戦務参謀の回想を引こう（改行を減らして引用）。

「日本海軍は、〔ドゥリットルの空襲で〕完全に虚をつかれたわけで、東京上空には、日本の戦闘機が一機も飛んでおらんという、全くカラッポの防備態勢だったわけですよ。完全な奇襲ですよ。東京に一撃受けてから、それからですよ、軍令部が本格的に、ミッドウェイのこと考えるようになったのは。

で、ミッドウェイやることはきめてたんだが、軍令部は、いつやるかまだきめてなかった。で、いつやるかなんだが、どうしても、早いとこやらにゃならん。夜襲上陸の予定なので、月の明るい晩をえらばにゃならん。そいで月齢の具合で、六月上旬にするか、七月上旬にするか、だ。しかし、七月上旬まで待てない、というわけだ。ドーリトル〔ドゥリットル〕の空襲でも分かるように、待てば待つほど、敵はガン首をもち上げてくる、ということでネ。それで、〔上陸作戦決行を〕六月七日に決めたんだよ。既に四月十八日だから、六月七日までに四十五日ぐらいしかないんです。その間にせんならんことはというと、ミッドウェイ作戦

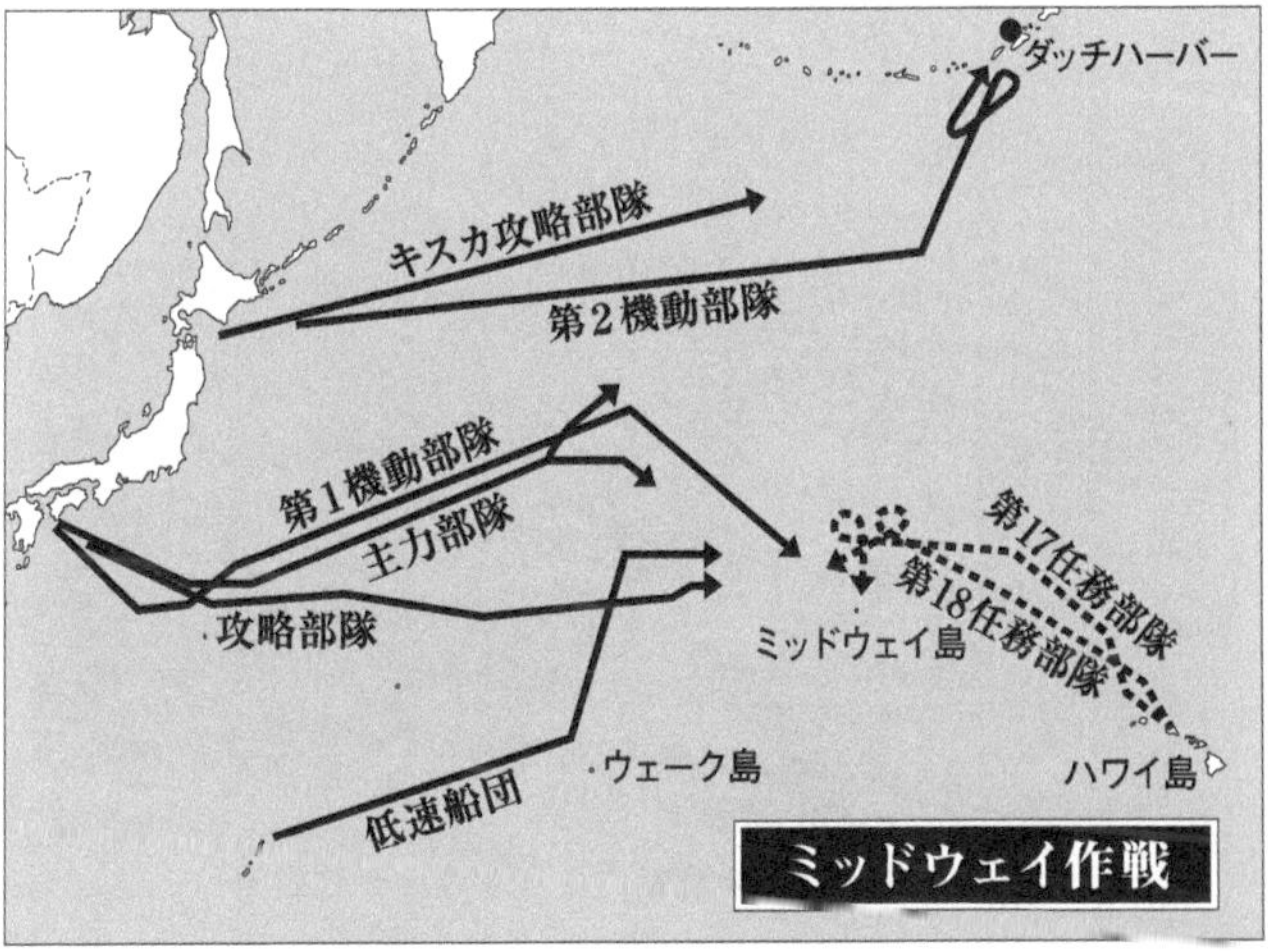

ミッドウェイ作戦

の計画をすっかり書きあげて、軍令部と連絡して、同意さして、〔中略〕そしてそれを各部隊に配布《ママ》して、各部隊が、休暇、整備、休養を終って、切っ先を揃えて出て行かにゃならんと、という段取りです。

普通にやっとったら、七月半ば過ぎるわけです。〔中略〕ところが、南雲さんの第一航空艦隊が、印度洋のセイロンを攻撃してかえって来たのが四月の下旬だ。そのかえった日を基準にして、どうしても六月の月でやりたい。で、潜水部隊も航空部隊も、心を合わせ、タイミングを合わせて、ミッドウェイに行こう、というより、むしろ、スケジュールに、ひったてられてる、という空気になってしまったんだよ」（春山前掲書）。

かくのごとく、ＭＩ作戦は、軍令部と連合

空母赤城甲板上の零戦。ミッドウェイ海戦時

艦隊の妥協の上に成立し、急ごしらえで組まれた、ずさんな計画だったのである。

戦略と作戦の挫折

一九四二（昭和十七）年六月五日、問題の多い作戦は、それにふさわしい結末を迎えた。よく知られているように、暗号を解読し、ミッドウェイ近海で待ち受けていたアメリカ機動部隊は、同島の航空基地を空襲中だった日本機動部隊を捕捉、先制攻撃を加えて、大型空母赤城《あかぎ》、加賀《かが》、蒼龍《そうりゅう》に致命打を与えたのだ。残った空母飛龍《ひりゅう》は奮戦し、米空母ヨークタウンを大破させたが（のち、潜水艦が撃沈）、自らも大破し、味方の魚雷で処分された。日本海軍の戦略的打撃力の中核となっていた大型空母四隻が失われたのである。無残なまでの敗北であった。

被弾し、炎上する空母飛龍

沈没直前の重巡洋艦三隈

ここでは、本書の主題に則して、ミッドウェイ海戦そのものを詳述することは避け、戦略、作戦、戦術のそれぞれの次元から、山本の指揮を検討していくことにしよう。

まず、戦略次元でみるかぎり、短期戦で講和にこぎつけることを目的に、補給をかえりみず、連続攻勢を加えつづけるという戦略自体は、必ずしも間違いではない。長期戦必敗の認識を前提とすれば、たとえ、可能性は極小であろうとも、ほかに手がないからだ。

その目標の一つとして、ミッドウェイ攻略を選んだのも、本土空襲の防止や続くハワイ攻略の準備という観点からして、あながち否定できないだろう。だが、第二段作戦全体に関しては、山本は、すでに述べたように戦略目標の明確化という原則を守らず、軍令部と妥協して、総花的な計画を認めてしまった。これは、後述するごとく、作戦次元での目標の多重化と兵力分散を招き、ミッドウェイ海戦の敗北を招くことになった。その結果、連続攻勢を実行するには必要不可欠の打撃戦力である機動部隊の空母四隻が失われ、山本戦略は、開戦およそ半年で、早くも挫折《ざせつ》したのである。従って、山本は、ＭＩ作戦で重大な戦略的失敗を犯したと判断せざるを得ない。

つぎに作戦次元での意味を考えたいが、それには、一定の留保をつけねばならない。というのは、連合艦隊司令長官ともなれば、幕僚に戦略的な目標を示すだけで、自ら細目を定めるようなことはしない。従って、ＭＩ作戦も、具体的なレベルでは、山本の計画というよりも、首席参謀である黒島を中心とした幕僚が立案したものなのである。つまり、厳密な意味では、山本の作戦といえるかどうか。そういう側面は考慮に入れておかねばならないだろう。しかし、さはさりながら、山本には、その案を決裁し、実行をみとめた責任があるわけだから、右の留保を付した上で、やはり彼の問題として、MI作戦の欠陥を批判していきたい。

第一に指摘しなければならないのは、本作戦計画には、太平洋戦争の日本海軍にしばしばみられた悪弊、目標の二重性が忍び込んでいたことであろう。MI作戦は、まずアリューシャンを小型空母から成る部隊で叩いて、米艦隊を牽制《けんせい》した上で、ミッドウェイに襲いかかることを企図していたが、それは単なる兵力分散に終わった。その結果、主作戦の舞台であるミッドウェイ海域の日本側戦力は減少した。事実、ミッドウェイ島周辺における彼我の航空戦力は、機数だけでみれば、ほぼ互角になっていたのである。

大軍に兵法なしという。アメリカ軍が、暗号解読によって、日本側がいつ、どれぐらいの兵力で来襲するかをほぼ完璧《かんぺき》に把握し、適切な邀撃態勢を固めたことで勝利を得たとは、本海戦について、よく語られることだ。しかし、アリューシャン方面に向けられた小型空母龍驤《りゅうじょう》と隼鷹《じゅんよう》が南雲の機動部隊に加わっていたとしたら、どうであったろう。

情報戦の成功は勝利の一要因にすぎないと喝破したイギリスの軍事史家ジョン・キーガンは、ミッドウェイ海戦についても、こう論評している。「〔前略〕勝利は最高のインテリジェンスをもってしても保証されるわけではないということをミッドウェーの戦いは証明している。ニミッツ〔太平洋艦隊司令長官〕やスプルーアンス、フレッチャー〔いずれも米空母部隊司令官〕は、ロシュフォート〔暗号解読機関長〕とその部下の暗号解読官による執拗なまでの知的努力のおかげで、戦争という曖昧模糊《あいまいもこ》とした現象からすればこれ以上ないほど鮮明に敵の計画を眼前に提示してもらったのである。それにもかかわらず、彼らは危うく敗れるところでもあった」（ジョン・キーガン『情報と戦争』）。結局、山本は、巧緻《こうち》な作戦に溺れ、敵を圧倒する兵力を集めるという勝利の大原則を忘れていたのだ。

また、作戦的には、やはりミッドウェイ島占領と米空母撃滅の二兎《にと》を追ったことが批判される。ミッドウェイ攻略によって、米空母を誘引するというが、同島の占領が達成されていない時点で後者が出現した場合には、いずれを優先するのか。その点をあきらかにしないまま、ＭＩ作戦を実施した機動部隊は、どちらに対しても不充分な措置しか取れないでいるうちに、米空母の先制攻撃によって撃破されてしまったのである。

戦術的怠惰

戦術次元に関しては、実は山本は、ＭＩ作戦前に参照すべき戦例を得ていた。

一九四二年五月、井上成美《いのうえしげよし》中将を司令長官とする第四艦隊は、第二段作戦の一環として、ニューギニアのポート・モレスビー攻略を目的とするMO作戦を発動した。連合艦隊は、これを阻止するため、米空母が出動してくる公算が高いとみて、空母翔鶴《しょうかく》と瑞鶴《ずいかく》を基幹とする第五航空戦隊を、井上の麾下《きか》に入れていた。予想通り、アメリカは、空母ヨークタウンとレキシントンを珊瑚《さんご》海《かい》に出撃させ、第四艦隊を待ち受けていたのである。

ここに、史上初の本格的な空母対空母の激突、珊瑚海海戦が生起した。結果は、日本側が翔鶴大破、小型空母祥鳳《しょうほう》喪失、アメリカ側がレキシントン沈没、ヨークタウン大破と、戦術的には連合艦隊の勝利とみえる。しかしながら、井上は翔鶴が大破した時点でMO作戦を中止、ヨークタウン追撃も断念しており、ポート・モレスビー占領の目的は果たせなかった。

この海戦は、空母対空母の戦いがいかに大きな消耗をもたらすものか、また、空母を守るためには、どのような艦隊を編成することが必要なのかを如実に示した。具体的には、強大な対空火力を持つ戦艦や重巡洋艦を機動部隊に配備し、空母の防御に当たらせることが必要だったといえるだろう。ところが、山本は、ミッドウェイに向かう機動部隊を増強しようとはしなかった。空母四隻の護衛兵力として、高速戦艦二、重巡二、軽巡一、駆逐艦十二を付したただけで、米空母艦隊と激突させたのである。

では、前年末に就役したばかりの大和をはじめとする日本の戦艦群はどこにいたのか。それらは、まったく無意味な配置をされていた。主力部隊と称し、機動部隊が脅威にさらされても掩護不可能な位置、その五百カイリ（約九百キロ）後方を進んでいたのだ。こうなると、山本の戦艦への未練は、作戦や戦闘を阻害するところまで来ていたと判断しなければならない。山本は、真珠湾攻撃やマレー沖海戦で、戦艦が海戦の脇役になったことを自ら証明しながら、なお主役であるかのごとくに扱いつづけた。空母の護衛、艦砲射撃による上陸掩護、機動部隊の前衛として警戒部隊に活用するといった可能性を検討せず、戦術的怠惰におちいっていたのである。

山本は将棋を指していたか

ミッドウェイ海戦における山本には、その統率能力を疑わしめるエピソードがある。当日、山本は将棋を指していて、機動部隊の空母が損傷を受けたという凶報がつぎつぎと入ってきてもやめようとせず、「またやられたか」と呟《つぶや》いたというのだ。これが事実ならば、山本の将としての資質どころか、人間性までも俎上《そじょう》に載せなければならなくなるだろう。以下、やや本題とはそれるが、山本の統率に関わる問題として、その真偽を検討したい。

この挿話は、さまざまな、といっても、多くは信用度の低い文献で語られているのであるが、出所をたどっていくと、当時一等兵曹で山本の従兵長を務めていた近江《おうみ》兵治郎《へいじろう》にいきつく。彼の回想録に、このような記述があるのだ。

「司令部参謀はまた、絶対な勝算を見込み、長閑《のどか》であった。五月《ママ》の太平洋は、波また静かにして七万トンの大和は浮かぶ城そのものであった。ハワイ作戦のような緊張した空気は無く、山本長官みずから兵棋図盤と呼んでいた将棋盤を引出し、渡辺戦務参謀をからかいながら一番始められた。〔原文改行〕顔色を変えた司令部暗号長が、電報持参で入ってきたのはこの時である。暗号長は、解読した暗号文を急ぎ読み上げた。

『「赤城」被爆大にして総員退去』

暗号長は報告を終えると、いったんは元来た方へそのまま戻っていったが、しばらくすると再び報告に走って来た。今度は『加賀』の悲報が伝えられた。〔原文改行〕この時山本長官は、少しも動ずること無く、泰然自若《たいぜんじじゃく》とした姿であった。

『ほう、またやられたか』

長官の口から発せられたのは、その一言であった。戦務参謀との将棋を指す手は止まっていなかった。〔原文改行〕この将棋の件は、世間では知られていないことである。また、既にこの現場を目撃した者は、もう日本国中探しても、私近江一人だけとなっている」（近江兵治郎『連合艦隊司令長官山本五十六とその参謀たち』）。


このように、山本が悲報にも動じていないことを賞賛するニュアンスではある。けれども、連合艦隊司令長官が作戦遂行中に将棋をはじめるなど本来なら絶対に許されない行為だろう。

しかし、近江の回想にも名前が出てくる渡辺の描くところはまったく異なる。また、改行を減らして引用しよう。

「『赤城』が、そんな状態になっていることは、ブリッジにあがったとき、僕は、もちろん、まるで予想もしていなかった。〔中略〕毎日、毎日、深い霧がかかりましてネ、六月一日から。毎日、霧の中を航行しながら進んでたんですがネ。あの朝、霧がはれたように思ったナ。思うて、前、見とったら、突然、電信室から、『アカギ、カサイッ！』ときたんだよ。そいで、びっくりして伝声管をとってみた。『赤城、加賀、蒼竜、大火災ッ！』と言うんだ。ま、大事なことは、何はともあれ、まず口で知らすからネ。それで、僕は、すぐ作戦室に行って、そのことを、山本さんに報告申しあげた。山本さんは、黙って聞いておられた」〔春山前掲書〕。

このように、近江と渡辺の回想は根本から食い違っている。だが、渡辺は、本当は山本と将棋を指していて、それを不謹慎と取られるのを恐れて、つくり話をしたとも考えられる。はたして、いずれが事実なのか。

結論からいえば、おそらく、この将棋のエピソードは、近江の記憶ちがいであろう。もう一人、ミッドウェイ海戦当時、山本の近くにいた人物が、別の証言を残している。軍楽隊の一員として連合艦隊旗艦に乗り組んでいた林進《はやしすすむ》だ。当時、林は二等軍楽兵で、暗号取次員兼作戦室の電話取次員（戦闘配置。戦時の軍楽隊員は伝統的に、奏楽やその練習時間以外は、乗艦艦内の連絡要員に当てられる）で、山本以下、連合艦隊司令部の要員のすぐそばで勤務していた。林の回想を引用する。

「この〔赤城、加賀、蒼龍の被害に関する第一報が入った〕とき、山本長官と渡辺参謀は将棋を指しておられ、『ほうまたやられたか』と言って、将棋を止めなかったと書いた本もありますが、私の記憶では、長官が将棋を指しておられた憶《おぼ》えはありません。狭い艦橋作戦室では、長官に背を向けていても良く分ります。〔原文改行〕。また渡辺参謀が戦後話されたという本には、艦橋で当直中、新宮〔等大尉〕暗号長の伝声管による報告で知り、作戦室に降りたら、作戦室ではまだ知らなかった、とありますが、これも違うと思います。電文は暗号長がサインし、すぐ伝送管で送られ、渡辺参謀が艦橋より来られるまでには着いているはずです」（林進「軍楽兵の見た連合艦隊作戦室」）。

前後の状況からいって、林の回想のほうが正しく、山本は将棋など指していなかったと思われる。では、近江に何らかの意図があって、誤ったエピソードを広めたのかと疑われるのだが、彼は戦後も山本を敬愛していたことで知られており、そのようなことをする理由がない。ただ、ガダルカナルをめぐる一連の戦闘中に、ある参謀が、またやられたのかと口にしたという話があるから、時が経ち、記憶が薄れるなか、それを山本のエピソードと混同したものか。

いずれにせよ、この、山本の統率力を判断する際に大きな汚点となりかねないエピソードは事実ではないと判断してよさそうだ。そもそも山本は、ミッドウェイ海戦直後に回虫が原因の腹痛に悩まされたというから、おそらくは将棋どころではなかったろう。たしかに、MI作戦中止を命じた直後から数日間、山本は長官室にこもって、姿を見せなかったのである。

もっとも、渡辺参謀は、回虫うんぬんは診断がつかないから名目上そう称していただけで、ミッドウェイ海戦後に山本が寝込んでしまったのは精神的な衝撃ゆえだったとしている。

これは、渡辺の言葉通りに受け取ってもさしつかえなかろう。ミッドウェイの敗北は、山本戦略を挫折させ、短期間の集中打撃でアメリカを和平に追い込むという細い糸のような一《いち》縷《る》の望みさえも奪い去ってしまったからである。

第九章　南溟の終止符

山本の心痛

一九四二（昭和十七）年七月一日、ミッドウェイの敗戦を受けて、連合艦隊司令部はＦＳ作戦を中止するべきだとの結論に達した。それを受けて、軍令部も七月六日にＦＳ作戦取りやめを決定している。戦略攻勢の秋《とき》は終わった。山本五十六《やまもといそろく》の抱いた短期間の連続打撃による講和という淡い夢は打ち砕かれてしまったのである。

もっとも、山本は、ミッドウェイ作戦以前にすでに、長期戦になるかもしれないと考えはじめていた節がある。早くも一九四二年二月十二日付の堀悌吉《ほりていきち》に宛てた書簡には、「飛行機が予想よりいたまないから、今の内に急速養成がよかろうと思って取りかかって貰った。

追々《おいおい》小艦艇や安い貨物船なども必要を痛感する様になるから、準備が入ると思う」（『大分県先哲叢書　堀悌吉資料集』第三巻）とある。短期戦で押し切ることが可能だとの公算があれば、こうした配慮はしないだろう。事実、ＭＩ作戦直前に、機動部隊の搭乗員の少なからぬ数が、内地その他の教官に異動している。これは長期戦のためのパイロット養成を考えれば、必要不可欠な措置であった。

さらに、山本が切望していた外交による解決も、いっこうに着手される気配がない。シンガポール陥落から二か月ばかりのこと、四月一日に山本の旧知である桑原虎雄《くわばらとらお》少将が、連合艦隊旗艦の大和《やまと》を訪ねた。このとき、桑原は、講和についてどう考えているか、山本に尋ねてみたという。答えはこうであった。「それは、今が、政府として和を結ぶ唯一の、絶好のチャンスじゃないのか。日本として、それを切り出す以上は、領土拡張の気持が無いことをよく説いて、今まで占領した所を全部返してしまう、これだけの覚悟があれば、難かしいけど、休戦の成立の可能性はあるね。しかし、政府は有頂天になってしまっているからなア」（阿川『山本五十六』、文庫版、下巻）。こうして嘆いているうちに、ミッドウェイ海戦で敗れ、「唯一の、絶好のチャンス」は空費された。

山本にとっては、長期の総力戦という、なんとしても避けたかった事態が現実になりつつあったのだ。当時、連合艦隊の作戦参謀となっていた三和義勇《みわよしたけ》大佐の日記（一九四二年七月一日の条）には、山本の苦衷《くちゅう》が描かれている。
「新作戦の研究に於《お》いて、航空機の生産状況今日の如《ごと》くんば、消耗量は遂《つい》に補給量を上廻《うわまわ》る結果となるを以《もっ》て、これを何とか所望高まで引上げざる限り、実施せざるを可とするの結論となる。〔原文改行〕此《こ》の事は、長官に於《お》かれては、日独伊三国同盟締結以来心痛され居たる処《ところ》、其《そ》の後改善のあとを見ずして今日となる。遺憾至極《いかんしごく》なり」（『戦史叢書　大本営海軍部・聯合艦隊』、第三巻）。

「通りに放りだされた一挺の銃」

山本戦略が蹉跌《さてつ》を迎えるとともに、太平洋に戦略的な無風状態が訪れた。前出のイギリスの歴史家ウィルモットは、この時期について比喩《ひゆ》を用い、「戦略的主導権は、通りに放りだされた一挺の銃のようなもので、いずれの側も、それを拾いあげ、使える状態にあった」と評している（H. P. Willmott, *The War with Japan*）。その「一挺の銃」を最初に拾い上げたのは、アメリカであった。一九四二年八月、ソロモン諸島のガダルカナルで反攻を開始したのである。

もっとも、この攻勢は必ずしも戦略的必要からみちびかれたものではなかった。そもそも、南西太平洋での攻勢計画など、戦前の米海軍の対日作戦計画では、まったく考慮されていなかったし、何よりも一九四二年夏の時点では、ワシントンの米軍首脳部は、本格的反攻はまだ時期尚早とみなしていたのだ。ところが、南西太平洋方面司令官ダグラス・マッカーサー元帥という歴史的個性が動因となった。マッカーサーは、日本軍に逐《お》われてフィリピンから脱出したのち、一貫してラバウルを目標とする反攻を主張してきた。一九四二年五月、マッカーサーは南西太平洋における攻勢開始をワシントンに要求した。目的は東部ニューギニアとラバウルのあるニューブリテン島の占領であり、最終的にはトラック諸島を狙うとしたのである。

　このマッカーサー案を聞いた合衆国艦隊司令長官アーネスト・キング大将は気乗り薄だった。自分が反攻の表舞台に立とうとするマッカーサーの意図は見え透いていたし、かかる大作戦を遂行するだけの戦力は、米海軍にはまだなかったのだ。ゆえに、キングは六月二十五日に、サンタクルーズ諸島とソロモン諸島のいくつかの地点を占領するという代案を出した。

　かくて、陸軍と海軍の綱引きがはじまり、その過程で、具体的な作戦計画が立案されていく。それは、八月一日に開始される攻勢により、サンタクルーズ諸島、ツラギならびにその隣接地点複数を確保、ついで、ソロモン諸島、ラエ、サラモア、ニューギニア北西岸沿いの陣地を占領、最後にラバウルと、ニューブリテン島・ニューアイルランド島の隣接陣地を奪取するというものだった。七月二日、米海軍は、マッカーサーとの権限争いで成功を得た。

作戦境界の変更がなされ、右の諸地点を含む地域は、マッカーサーの南西太平洋方面総司令部から、チェスター・ニミッツ大将の太平洋方面総司令部の管轄に移されることになったのである。

その直後、七月五日に、ガダルカナル島に日本軍が飛行場を建設するとの情報を得た。七月十日、米軍は、マッカーサーが希望するような大規模な作戦を実行するだけの充分な兵力がないことを勘案し、最初にガダルカナルを占領するのが得策であるとの結論に達した。つまり、ガダルカナル攻略作戦は、六月二十五日にキングがソロモン作戦案を示してから、七月十日の決定に至るまでの、わずか半月ほどでひねりだされたことになる。なお、日本海軍がガダルカナル方面に飛行場を建設したことがアメリカを刺激し、反攻を誘発したと批判する声がしばしば聞かれるが、かかる認識は正確ではない。ここで述べたごとく、アメリカは、マッカーサーの発案により、すでに攻勢を計画しており、ガダルカナルの飛行場建設は、その目標選定に影響したにすぎないのだ。

また、この間に日本側は、ミッドウェイの敗戦により、ポート・モレスビーへの海上侵攻は困難になったと判断し、オーウェン・スタンレー山脈越えの陸上ルートで攻撃すると決していた。これを察知したマッカーサーは、東部ニューギニアで敵を迎え撃つべく、兵力を集中した。そのため、以後のガダルカナル戦役において、日本軍は、太平洋正面のみならず、

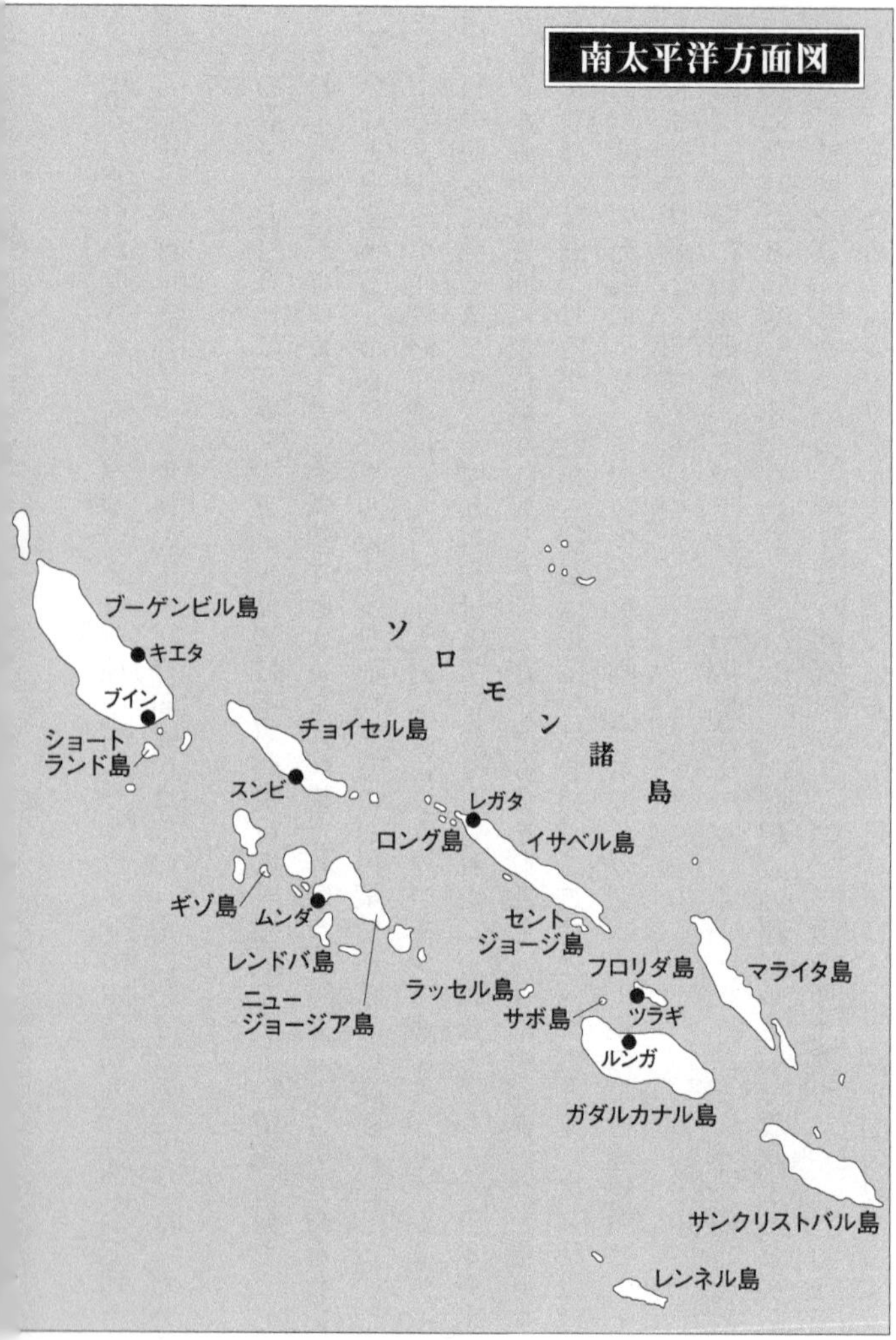

南太平洋方面図
ブーゲンビル島
キエタ
ブイン
ショート
ランド島
チョイセル島
スンビ
ソ
ロ
モ
ン
諸
島
レガタ
ロング島
イサベル島
ギゾ島
ムンダ
レンドバ島
ニュー
ジョージア島
セント
ジョージ島
フロリダ島
マライタ島
ラッセル島
サボ島
ツラギ
ルンガ
ガダルカナル島
サンクリストバル島
レンネル島

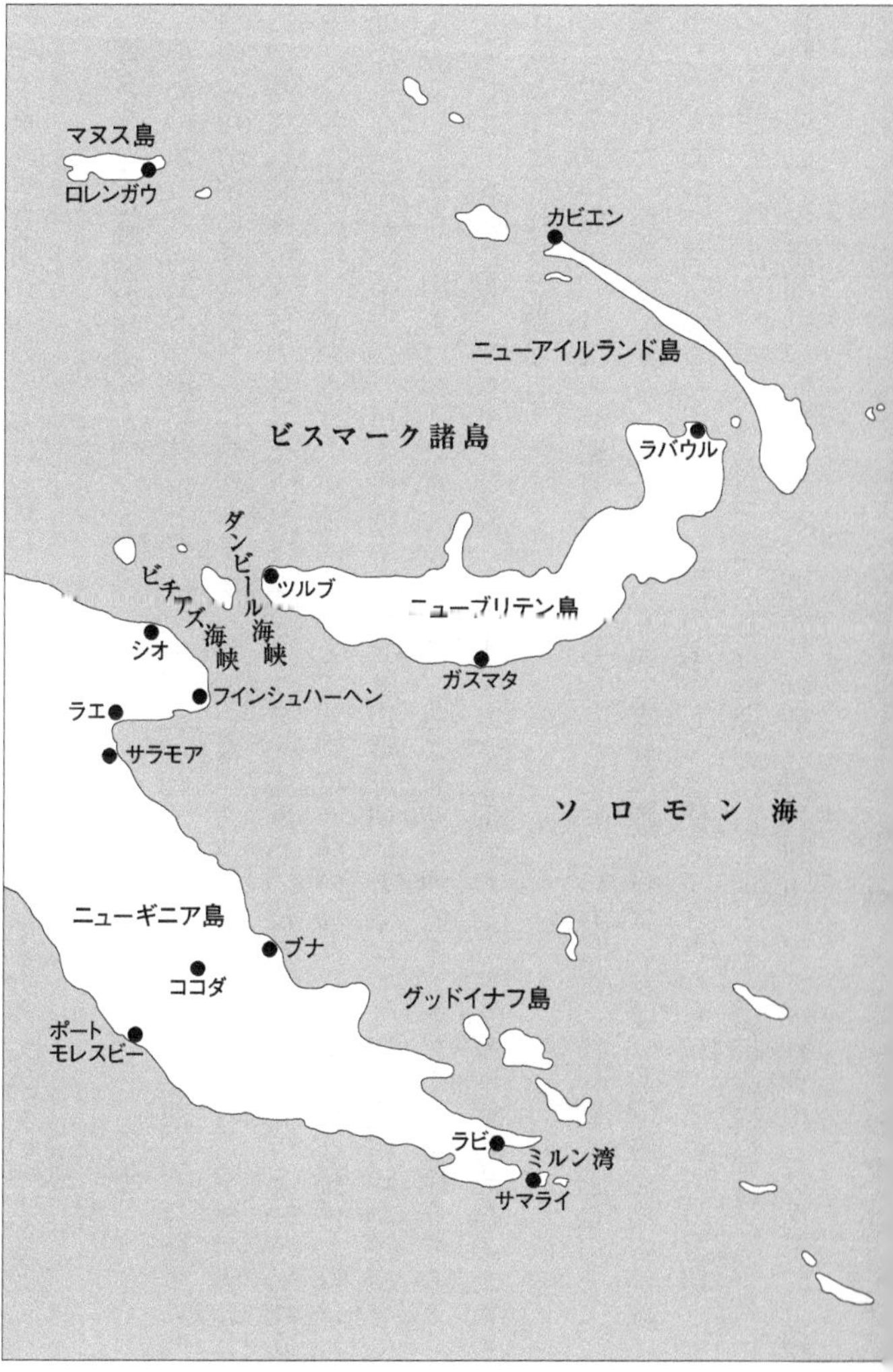

マヌス島
ロレンガウ
カビエン
ニューアイルランド島
ビスマーク諸島
ラバウル
ダンピール海峡
ビチアズ海峡
ツルブ
ニューブリテン島
シオ
ガスマタ
フインシュハーヘン
ラエ
サラモア
ソロモン海
ニューギニア島
ブナ
ココダ
グッドイナフ島
ポート
モレスビー
ラビ
ミルン湾
サマライ

ニューギニア方面からの圧力にも抗しながら、戦わねばならなくなっていくのである。

ガダルカナル戦役の開始

前述のように、FS作戦自体は七月に中止となった。しかし、それより前、六月後半の連合艦隊司令部にはなおFS作戦案がくすぶっていた。ミッドウェイで失われた空母の代わりに、基地航空隊の支援のもとで、フィジーやサモア方面への攻勢を継続しようというのである。そのためには、ガダルカナルをはじめとする南東方面の島々に航空基地を整備しなければならない。幸か不幸か、MI作戦中止やFS作戦延期にともなって四個設営隊が手空きになっていたから、山本は、それらを投入して、急ぎ航空基地のネットワークを確立するように命じた。SN作戦、ソロモン諸島、ニューギニア東部における航空基地獲得設営のための作戦と称せられる行動であった。

このSN作戦は、今後の戦略方針が定まらないうちに、いわば第二段作戦の慣性のままに進められた、軽率な一手だったといえる。充分な守備隊を付けぬまま、設営隊を南の前線に出したとあってはなおさらで、敵が兵力を集中して急襲してきたならば、それらは好餌《こうじ》となってしまう。一九四二年八月七日、かかる事態が現実のものとなった。連合軍は「望楼《ウォッチタワー》」作戦を発動、空母部隊の掩護《えんご》のもと、アメリカ第一海兵師団はガダルカナルとツラギに上陸、飛行場や水上機基地を占領したのである。

こうして、せっかく建設したばかりの航空基地を奪われた恰好《かっこう》になった連合艦隊だったが、その反面、敵がガダルカナルに来襲したことを歓迎する空気もあった。宿敵の米空母部隊を捕捉撃滅する好機が到来したものとみなしたのだ。

連合艦隊司令部は、軍令部と連絡協議し、敵空母部隊の撃滅と航空基地奪回のために出撃することを決め、連合艦隊司令部も委任統治領のトラック島に進出することにした。けれども、早くもこの段階で、作戦次元における山本の、というよりも、昭和海軍の欠点である目標の二重性とあいまいさが頭をもたげていた。連合艦隊はたしかに、右のように方針を定めはした。だが、米艦隊の撃滅と、陸軍によるガダルカナル飛行場の攻撃支援とを同時に遂行し得ない場合は、いずれを優先するのかは、判然としないままだったのである。およそ半年にわたるガダルカナル戦役を通じて、明確に定められぬことなく、さまざまな問題を生じせしめることになる問題であった。

勝利か失敗か——第一次ソロモン海戦

連合艦隊が目的を明示しなかったことは、ガダルカナル戦役の最初期段階に起こった第一次ソロモン海戦（アメリカ側名称「サボ島海戦 Battle of Savo Island」）において、すでに悪影響をおよぼしている。一九四二年八月八日から九日にかけての夜、外南洋方面を担任するため、七月に新編されていた巡洋艦主体の第八艦隊は、ガダルカナルに突入、重巡四隻を撃沈、一隻を大破させるという大戦果を挙げながら（ほかに駆逐艦二隻大破）、自らはほとんど損害なしと（ただし、帰投中に重巡加古《かこ》が米潜水艦により撃沈されている）、輝かしい勝利を得た。ところが、第八艦隊司令長官三川軍一《みかわぐんいち》中将は、夜明けとともに米空母の艦載機に攻撃を受けることを恐れ、無防備となった敵輸送船団には手をつけぬまま、戦場を離脱してしまったのである。いかに戦術的な大勝利を得たとはいえ、上陸部隊の急所である輸送船団撃滅のチャンスを逃したことは大きなミスであった。それゆえ、三川の決定は不適当であり、輸送船団撃滅、ひいてはガダルカナル上陸作戦の撃退という戦略・作戦次元の成功を放棄してしまったとの批判が少なくない。はたして、それは妥当かどうか。

まず、この問題を論じる際に見逃されがちな事実を指摘しておこう。三川は、外南洋方面の防衛を任務とする第八艦隊司令長官の権能をもとに、敵艦隊急襲の必要と可能性があると判断して出撃したのであって、上部組織の連合艦隊司令部から具体的な指示を受けたわけではない。すなわち、隷下の艦船を失う危険を冒しても、戦略的な目標である輸送船団を撃破せよと命令されてはいないのである。ならば、つぎなる打撃を基地航空部隊に任せて、味方の戦力を温存したまま避退するとの決断に至ったとしても、一部の議論にあるように、三川は失敗したと責めるのは、いささか酷ではないかと筆者には思われる。ちなみに、三川は、第八艦隊に赴任するため、内地から出発する際、永野修身《ながのおさみ》軍令部総長から、「無理な注文かも知れないが、日本は工業力が少ないから、艦を毀《こわ》さないようにしてもらいたい」と注意されたと、戦後に回想している（『戦史叢書　南東方面海軍作戦』、第一巻）。

つまり、輸送船団も攻撃するという独断ができなかった、百点満点の答案を書かなかったと、三川を批判することは可能であろうが、問題はむしろ、目標の優先度について明確な指示を与えなかった連合艦隊の側にあるだろう。

さりながら、山本は、三川が当然輸送船団も攻撃するだろうと、命令も出さぬままに期待していたらしい。渡辺安次《わたなべやすじ》参謀の戦後の回想によれば、「連合艦隊司令長官は、外南洋部隊指揮官が引き揚げを命じたことを電報で知り、同部隊は作戦目的を達成していないので、シヨートランドで補給のうえ、再度突入するものと考えていた。しかし、ラバウルまで引き揚げてしまったので、作戦目的を達成しなかったことを非常に不満とした」のである（『戦史叢書　南東方面海軍作戦』、第一巻）。山本の「無口」は、いまや作戦に弊害をおよぼす宿痾《しゅくあ》となっていたといえるかもしれない。

なお、本書の主題からはやや外れるけれども、米輸送船団を撃滅していれば、上陸した第一海兵師団を撃退できたかどうかについて、これもあまり論議されていないポイントを指摘しておきたい。周知のごとく、第一次ソロモン海戦の直後、米輸送船団は装備や物資の荷揚げを中止し、第一海兵師団を置き去りにして、逃げ去ってしまった。そのため、第一海兵師団は補給に悩むことになる。有名なモリソン戦史（米海軍公刊戦史）などで、この点が強調されているため、これを過大に認識している向きも少なくないようだ。さはさりながら、海兵隊は、海軍の敗北を補うだけの戦果を地上で上げていた。日本海軍の設営隊が備蓄していた大量の物資を鹵獲《ろかく》していたのである。海兵隊の攻撃が急であったため、設営隊は物資を焼却することができなかったのだ。

　それらは、膨大な量におよんだ。第一海兵師団がガダルカナル作戦終了後に提出した最終報告によれば、ツラギ方面だけで、ケロシン三百ガロン（一米国液量ガロンは、三・七八五四一二リットル）、ガソリン五百ガロン、米二百五十二俵、乾パン四十四箱等々を奪っていた(United States Marine Corps 1st Division Report on Guadalcanal Operation Volume 2)。海兵隊公刊戦史の表現を借りれば、「鹵獲《ろかく》された物資には、武器、弾薬、装備、食料、衣服、工具、構築資材など、軍隊が使用する、あらゆる種類の物資が含まれていた」のだ（Frank O. Hough et al., *History of U.S. Marine Corps Operations in World War II*, Vol.I)。また、前述のごとく、モリソン戦史も、糧食を一日二回に節約し、日本の米を使ったと、物資不足を述べてはいるけれども、一方、そうした措置によって、一か月は保たせることができたとも記されている

（別の箇所には、八月九日午後中頃の時点で三十七日分の食糧を陸揚げしたとある）。ただし、航空燃料や爆弾、弾薬は補給してやる必要があったが、それは八月十五日に旧式駆逐艦四隻によって実行された（Samuel Eliot Morison, *History of United States Naval Operations in World War II*, Vol. V）。

従って、第八艦隊が輸送船団を撃滅していたとしても（むろん、長期的・作戦的には大きな影響をおよぼすにせよ）、第一海兵師団がただちに補給の欠乏を来《きた》して、戦闘不能になる、あるいは撤退することは考えにくいのであった。

初期段階で大勢は決まっていた

ガダルカナル戦役においては、軍令部と参謀本部、連合艦隊、現地の陸軍部隊を指揮する第一七軍と、さまざまなファクターがあり、それらが関係する日本側の指揮統率を詳述することは、紙幅の都合上難しい。また、約半年におよんだ本戦役のなかで生起した陸海空の諸戦闘のうち、主要なものだけを叙述するだけでも、もう一冊分ほどのボリュームを要するであろう。そこで本書では、山本五十六という主題から、彼がガダルカナル戦役で取った戦略、作戦、戦術の当否を問うことに焦点を絞りたい。

その前提として、明確に認識しておかなければならないのは、米軍がガダルカナルの飛行場（ミッドウェイ海戦で戦死した海兵隊のパイロットにちなんで、「ヘンダーソン」と名付けられた）を占領したことによって、戦争の諸階層すべてにおいて、有利を得たという事実である。戦略次元においては、ヘンダーソン飛行場をわがものとしたことで、そこを基地とする航空機の支援のもと、さらに攻勢を進めるための足場を得た。それが作戦次元と戦術次元の優位につながる。日本側の対応としては、米軍の攻勢を封じるために、ガダルカナルを奪回しなければならず、実際、それを試みた。ガダルカナル戦役中、戦略的には米軍が攻勢に出ているにもかかわらず、作戦・戦術次元では、ほとんどの場合、日本側が攻撃を行っていることを想起されたい。

その際、米軍は、作戦次元と戦術次元における防御側の利点を享受することができたのである。陸上では、地形を利用し、堅固な陣地に拠《よ》りつつ、補給も乏しいなかでジャングルを行軍して疲弊した日本軍を待ち受け、これを叩《たた》く。海上では、航空機の支援を受けながら、潜水艦の待ち伏せ等も活用し、来攻、もしくは陸軍部隊の補給にやってくる日本艦船に対することが可能であった。空では、ラバウルから約一千キロ先にあるガダルカナルまで（この距離は、零戦の行動範囲の限界に近かった）、はるばる飛行してくる日本軍の攻撃隊を、孫子《そんし》のいう「逸を以て労を待つ」状態で邀撃《ようげき》できた。つまり、米軍は「望楼」作戦の初動段階で、きわめて有利な態勢を固めていたことがわかる。

そのカギとなったのは、八月二十日、護衛空母ロングアイランドによってヘンダーソン飛行場に運ばれた海兵隊の航空機三十一機であった。それ以降、米軍は、何度か苦しい局面に追い込まれることはあったにせよ、常に日本軍に対して、優位を維持していたのである。

前出のウィルモットは、かかる事情について、興味深い指摘を行っている。「『サボ島海戦』〔第一次ソロモン海戦〕が、日本軍にとって、この戦役を長引かせずに制する最高のチャンスだったというのは正しくない。むしろ、つぎの戦闘までに――八月二十四日の『東ソロモン海戦』〔Battle of the Eastern Solomons. 日本側呼称は「第二次ソロモン海戦」〕――本戦役における日本の勝利が去ってしまったのだ」。その日本側の勝機を失わせたファクターとは、もちろんヘンダーソン飛行場への海兵隊航空隊の進出である。

ウィルモットによれば、ガダルカナルの戦いは、実は、まさに日本軍が想定していた通りの戦闘だった。来たるべき米軍の反攻は、日本の国防圏外郭の島嶼《とうしょ》地帯に向けられるはずだ。ならば、そうした反撃に対しては、攻撃を受けた地点に隣接する基地群の陸上機と艦隊によって地上部隊を支援し、米軍を消耗させる。一九四二年から一九四三年までのソロモン諸島は、こうした作戦・戦術が有効に使用できる戦場だったが（ウィルモットは、太平洋戦争中、かような状況が生起したのは、唯一ガダルカナル戦役のみだったと断じている）、ヘンダーソン飛行場を奪取した米軍は、日本軍の計算を根底からくつがえし、彼らが夢想だにしなかった不利な戦いを強制することに成功したのである（H. P. Willmott, *The War with Japan*）。
つまり、ガダルカナル戦役は、初期段階で大勢が決していたのだ。

「ぶれる」山本

こうした状況であるから、ガダルカナルの飛行場奪回こそが最優先の目標とされるべきだったが、山本と海軍の姿勢はぶれた。大本営が「速《すみやか》に出発し得る第十七軍の一部を以て、海軍と協同し、『ガダルカナル』島所在の敵を撃滅して、同地の要地、とくに飛行場を奪回する」と定めた（一九四二年八月十二日付陸海軍中央協定）にもかかわらず、反攻に当たる陸軍部隊「川口《かわぐち》支隊」のガダルカナルへの輸送を掩護していた連合艦隊は、米空母部隊出現の報を受け、その撃滅を優先してしまった。結果として生じた第二次ソロモン海戦（一九四二年八月二十四日）では、米空母エンタープライズを中破させたものの、日本側も小型空母龍驤《りゅうじょう》を失い、さしたる戦果を得られぬままに終わる。結局、ガダルカナル反撃の第一陣「一木《いちき》支隊」の潰滅（八月二十一日）に続き、川口支隊の攻撃も失敗した（九月十二日）。

かかる事態に、九月十八日に、あらためて陸海軍中央協定が結ばれ、大本営は、「陸軍兵力資材の増加を待って、陸海軍戦力を統合発揮し、一挙に『ガダルカナル』飛行場を攻撃奪回す」と命じる。第一目標はガダルカナルの飛行場だと念押ししたかたちだ。それにもかかわらず、十月四日に出された連合艦隊命令作第二五号には、こう書かれている。「連合艦隊は〔中略〕、陸軍と協同、まずガ〔ダルカナル〕島基地を奪回し、ソロモン諸島敵陸上兵力を掃討するとともに、敵艦隊を撃滅せんとす」。

この文言のまま、連合艦隊主力は、出動してきた米空母部隊への対応に終始し、陸軍が第二師団を投入して実行した攻撃にも（十月二十四～二十五日）、充分な支援を与えなかった。しかも、米艦隊に対して、意味のある勝利を収めることもできなかった。十月二十六日の南太平洋海戦（米側呼称「サンタ・クルーズ諸島海戦」Battle of the Santa Cruz Islands）で、米空母ホーネットを撃沈したものの、日本機動部隊も艦載機や搭乗員の大部分を失い、戦力として機能しなくなってしまったのである（『戦史叢書　大本営海軍部・聯合艦隊』、第三巻ならびに戸髙一成『日本海軍戦史』）

こうした流れをみていくと、連続攻勢によって打撃を与えつづけ、アメリカの継戦意志をくじいて講和にこぎつけようとする試みが破綻《はたん》したのち、敵が来攻したのを幸い、これを撃破して、士気阻喪にみちびくという代替戦略にすがったことが見て取れる。しかしながら、山本は同時に、現実によって、ガダルカナル奪回の戦略的必要を思い知らされていた。ゆえに、山本は、大きな犠牲を払ってでも、陸軍部隊と補給物資の輸送に力をそそぐという方向にも「ぶれる」。その典型的な例は、前線でもっとも必要とされる駆逐艦を投入しての輸送作戦、「鼠《ねずみ》輸送」であろう。これによって、多数の駆逐艦が失われ、連合艦隊は主力艦の護衛戦力不足を来すことになる。

さらに、もう一点、ガダルカナルの陸軍支援のため、大型艦に艦砲射撃を行わせたことも、山本が飛行場奪回作戦に大きく振れた例として挙げることができるだろう。やや時系列をさかのぼるが、すでに触れた第二師団の攻撃に先立ち、山本は、戦艦を含む大型艦艇を以て、ガダルカナルの飛行場を叩くという作戦を考えていた。夜間、艦砲で飛行場を制圧したのち、航空撃滅戦を展開、高速船団で陸軍部隊を送り込んで、ガダルカナルを奪回する計画である。不可解なほどに、戦艦を大事にしてきた山本も、とうとう、その投入を決意したのであった。

しかし、ガダルカナル周辺の狭隘《きょうあい》で、しかも敵の待ち構えている水域に、大型艦を突入させるというのは、あまりにも危険が大きすぎる。戦艦金剛《こんごう》と榛名《はるな》を擁する実施部隊、第三戦隊の司令官栗田《くりた》健男《たけお》中将は強く反対した。だが、山本は、もし栗田が行かないというなら、自ら戦艦大和と陸奥を率いてガダルカナル砲撃に向かうとして、異議をはねのけたという。

こうして実行された砲撃作戦は、大きな成功を収めた。重巡青葉《あおば》、古鷹《ふるたか》、衣笠《きぬがさ》による十月十一日の第一撃こそ、米艦隊の迎撃に遭って（サボ島沖海戦。米側呼称「エスペランス岬沖海戦」Battle of Cape Esperance）、不首尾に終わったものの、十三日から十五日にかけて、三夜連続で戦艦や重巡がヘンダーソン飛行場砲撃を試み、所在の航空機のほとんどを撃破したのである。

　ところが、その効果に注目した黒島亀人《くろしまかめと》首席参謀は、リスクを冒しての奇襲作戦であった大型艦の地上砲撃を、もう一度やるべきだと提案した。けれども、宇垣纏《うがきまとめ》参謀長は、奇手を繰り返すのは愚行だと反対する。議論は白熱したが、山本は戦艦の投入を支持し、十一月八日、戦艦比叡《ひえい》と霧島《きりしま》を基幹とする第一一戦隊に挺身《ていしん》攻撃の命令が下った。

　今度はアメリカ軍も待ち構えていた。十一月十三日から十五日にかけて、戦闘が行われ、日本側は戦艦比叡と霧島、重巡衣笠などを失った。その上、陸軍増援部隊のガダルカナル輸送も失敗したのだ（輸送船十一隻中、七隻喪失）。この第三次ソロモン海戦（米側では、「ソロモン諸島海戦」Battle of the Solomons など、さまざまな呼称がある）と呼ばれる戦闘が、ガダルカナル戦役の分水嶺《ぶんすいれい》となった。以後、連合艦隊は、水雷戦隊が戦果を上げた十一月三十日のルンガ沖夜戦（米側呼称「タサファロング沖海戦」Battle of Tassafaronga）のような戦術的勝利を上げることはあったものの、戦略的・作戦的に有効な手を打てぬまま、ずるずると押されていくのである。

航空消耗戦の悪夢

以上みてきたように、連続打撃戦略が挫折してからの山本は精彩を欠き、その戦略も、来攻する米艦隊の撃破とガダルカナルの奪回という二つの目標のあいだで動揺していた、あるいは、二兎を追っていたと批判することが可能であろう。さりながら、山本にとって、より深刻だったのは、あれほど恐れ、回避しようとしていた消耗戦が現実となりつつあったことだろう。

二八七頁の表に示すように、いまや誰もが海軍の主兵と認めるようになった航空戦力の損耗は、すさまじい規模に達していた。かつて山本は、こうした事態に備えるべく、航空機増産や搭乗員養成に尽力したのであったが、記述のごとく、それが実を結ぶことはなかった。その結果、航空機の補充が消耗に追いつかず、海軍航空隊の戦力は破断界《はだんかい》を迎えようとしたのである。山本は、海軍、ひいては日本が崩壊しつつあるのを実感させられたにちがいない。しかし、彼にできるのは、ひたすら東京に航空機の補充を要請することだけだった。

そうした山本の心情をよく物語っている史料に、一九四四年に出版された『山本元帥・増産遺言集　兵を空拳に泣かすな』がある。山本が折に触れて出した手紙から、航空戦に触れたものを集めた書簡集だ。今では実物が失われてしまったとおもわれる手紙も収録した貴重な史料であるけれども、ただし、その使用には注意を要する。というのも、編者は、本書冒頭でも述べたように、士気高揚のために山本書簡の一部を削除した廣瀬《ひろせ》彦太《ひこた》なのである。従って、『兵を空拳に泣かすな』に収められた手紙にも、抹消された箇所《かしょ》があるのではないか

年　月	主　要　作　戦	搭乗員損失(人)	海軍機損失(機)
1942年 8月	ガダルカナル島に米軍上陸、一次・二次ソロモン海戦	460	352
1942年10月	南太平洋海戦	451	423
1942年11月	第三次ソロモン海戦	237	345
1943年 1月	レンネル島沖海戦	196	230
1943年 2月	ガ島撤収、イサベル島沖	210	265
1943年 4月	「い号」作戦(山本長官戦死)	237	300
1943年 6月	レンドバ島上陸	318	425
1943年 7月	クラ湾、コロンバンガラ島	206	478
1943年11月	ギルバート航空戦(「ろ号」作戦)	738	689
1943年12月	マーシャル諸島、ブーゲンビル島	412	556

ソロモン主要海空戦における損害

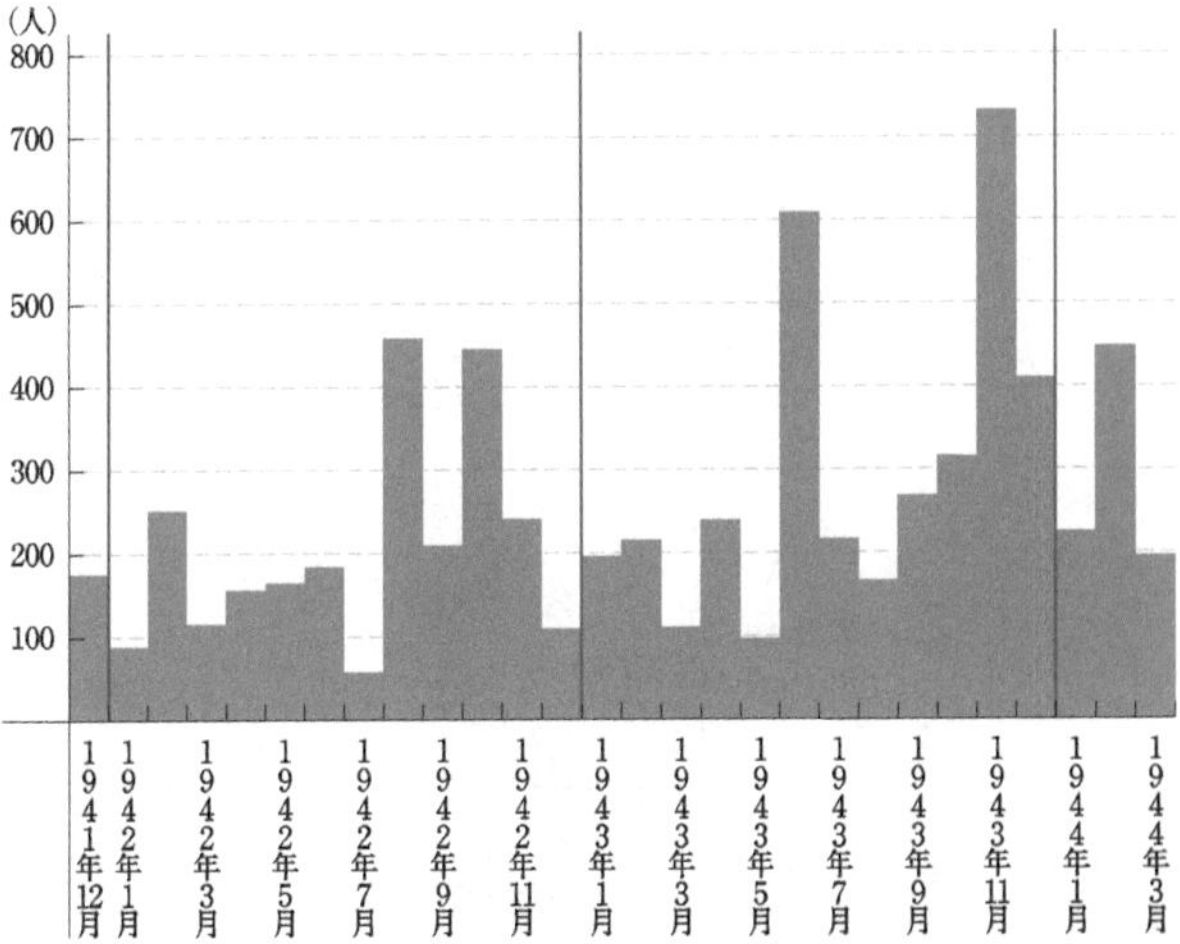

海軍機搭乗者の損耗推移

と疑わざるを得ない。

しかしながら、廣瀬の前編著『山本元帥・前線よりの書簡集』と、オリジナルの手紙を引き比べてみると、プロパガンダを目的とした削除はあっても、捏造《ねつぞう》はしていないということが確認される。おそらく、廣瀬も、山本が書いていないことを書き加えたりはしていないと思われる。よって、部分的な削除が加えられ、真意がゆがめられている可能性はあると留保を付けた上で、以下、山本の航空消耗戦認識を示していると思われるものを引用したい。

「開戦一周年と相成《あいなり》、米国は追々《おいおい》其《その》真価を発揮し来れるやの感有之候処《これありそうろうところ》、我《わが》国内は此《こ》の一ヶ年に果して幾許《いくばく》の戦時態制《ママ》整頓に進展を見たるや。船舶兵器燃料等に幾許の増産を示したりとするか。切に願う所は、前線忠勇無双の将士をして空拳に泣かしむるの惨、長《とこし》えになからしからんことにて候」（一九四二年十二月、反町栄一《そりまちえいいち》宛。以下、すべて日付記載なし）。

「小生の見を以てすれば、米国は未だ本格戦には入り居らざる次第《しだい》にて、日本も夢未だ醒めざる情態と見受候。〔原文改行〕世界交戦国、何《いず》れの所に、徴兵適齢二十歳据置、婦女子無徴集の呑気《のんき》の戦時態制あらん。之では成程《なるほど》、鉄も、石炭も、船も、飛行機も不足する筈だと被存候《ぞんぜられ》」（一九四三年三月初めごろ、飯塚謙三《いいづかけんぞう》宛。飯塚は当時柏崎瓦斯《がす》株式会社の専務で、山本と親交があった）。

「何を措《おい》ても、ϒ〔飛行機〕が第一、次は船舶。何卒此上共《なにとぞこのうえとも》御奮励願上候《ねがいあげそうろう》」（一九四二年一

月末、郷古潔《ごうこきよし》宛。郷古は三菱重工業社長）。

「決戦兵力の為、ϒ、ことに無敵たるべき戦闘機に於而《おいて》は、質量共に不断の努力向上を緊要とする次第なれば、此上共御奮励偏《ひと》えに祈上《いのりあげ》候」（一九四二年十二月末、赤芝千杖《あかしばちひろ》宛。赤芝は、山本が霞ヶ浦航空隊副長時代に射爆教官を務めていたことがある元海軍中佐で、当時、中島飛行機株式会社の重役だった）。

「〇〇螺子《ねじ》、矢嶋君会長は名案と存候《ぞんじそうろう》。英米が十五万基の飛行機を作る以上、当方も二十万基位は必要と被存候。従《したがっ》て螺子方面も相当の大拡張を要するは自然の数と存候」（一九四二年五月、反町栄一宛）。

「アメリカはいくら軍艦を沈められても、飛行機をうち落とされても、次々と新しいものを造って出て来ます。日本でもまけずにもっともっと軍艦や飛行機を造って送って下さい」（一九四二年三月初め、飯塚紳子《いいづかのぶこ》宛。国民学校生徒だった飯塚の慰問状に、山本が返事したもの）。

「小生近況。内地ではストーブ無しでさぞ寒いだろう。小生頑健なれども、太るのは止ったよ。小生自身の判断によれば、飛行機供給量の不足による栄養不良かと判定している」（一九四三年二月下旬、片山登《かたやまのぼる》宛。片山は海軍少将で、山本の海兵同期生）。

いずれも、総力戦体制移行の未成や出遅れに対する山本の焦慮と憤りが伝わってくる文章であるかと思われる。

「白鳥の歌」

いずれにせよ、重なる消耗によって、連合艦隊とガダルカナルの陸軍部隊は、ともに限界に達していた。この戦役の勝敗はすでに定まっていたのである。日本側の課題はいまや、いかに勝つかではなく、どう終わらせるかであった。

一九四二（昭和十七）年十二月二十八日、ソロモン方面の戦況を憂慮した昭和天皇は、退くか否かを検討するために大本営会議を開くように求めた。これを受けて、大晦日《おおみそか》、十二月三十一日に御前会議が開かれる。席上、永野修身軍令部総長が、奪回作戦を中止、明年一月下旬ないし二月上旬にわたる期間に、ガダルカナルに在る陸海軍部隊を撤収させたいと上奏、昭和天皇の裁可を受けた。

一九四三年一月四日、大本営の命を受けた山本は、ただでさえ少なくなっていた手持ち駆逐艦のほとんどすべてを投入して、「ケ号」作戦、すなわちガダルカナル撤退を成功させるとの決意を示した。その言葉通り、二月上旬に三次に分け、駆逐艦のべ二十二隻を集中して、撤収作戦は実行された。連合艦隊は、ガダルカナル北方海面に艦隊を出動させ、米空母部隊の注意を引きつける一方、ラバウルと北部ソロモン諸島に集結させた駆逐艦と輸送船が急ぎ輸送に当たったのである。アメリカ側の戦史も、いまいましげに記している。「しかし、二月九日、〔挟撃をはかった〕米軍部隊が合同を完了したとき、彼らが知り得たことは、獲物はすでに網から洩《も》れてしまっていたことである。米軍の注意が他に牽制《けんせい》されていたとき、約二十隻の日本駆逐艦は夜間高速で三回にわたりスロット〔ガダルカナル周辺の狭隘な海域の意〕を往復、半ば飢餓状態にあった一万二千名の日本陸軍守備隊の生存者を撤収したのである」（C・W・ニミッツ／E・B・ポッター『ニミッツの太平洋海戦史』）。

白鳥は、死する前にこそ、もっとも美しく鳴くという。このガダルカナル撤退から程なくして、山本が戦死することを考えれば、「ケ号」は、作戦次元におけるその「白鳥の歌」だったのかもしれない。さりながら、山本はガダルカナル撤退後もなお、不可解な、敢《あ》えていえば「蛇足」ともいうべき手を打っている。

「い号」作戦の謎

一九四三年三月二十五日、永野軍令部総長は、山本に「大東亜戦争第三段作戦帝国海軍作戦方針」を指示した。そこでは、「東亜海域に来攻する敵艦隊及《および》航空兵力を撃滅し、且《かつ》敵海上輸送路を破壊すると共に、速《すみや》かに帝国自彊《じきょう》必勝の戦略的態勢を確立し、以て敵の戦意を破《は》摧《さい》するに在り」との大綱が示されている。戦略的な防御態勢に移行しつつ、後手から連合軍攻撃部隊を撃滅して、敵の継戦意志をくじくということで、もはや、それしか選択肢がないのはわかるにせよ、決め手に欠ける戦略と評さざるを得ない。

それは措《お》くとして、かかる方針に従うなら、山本は、ガダルカナルを抜かれた以上はソロモン、ニューギニア方面を固め、航空戦力の再建に努めなければならないはずであろう。ところが、山本は正反対の一挙に出ている。一九四三年四月、ラバウルに将旗を進めた山本は、基地航空部隊（第一一航空艦隊）ばかりか、空母機動部隊（第三艦隊）の艦載機までも飛行場に陸揚げして、ガダルカナル、ニューギニア方面に一大空襲作戦を実施させたのである。

一応は、航空撃滅戦が目的であるとはされていたが、こういうかたちでは、迎撃の利点を活用し、回復力にも優れた連合軍のほうに分があるのはあきらかだった。結局、四月七日から十四日にかけて実行された「い号」作戦は、駆逐艦一、油槽船一、コルベット艦一、オランダ商船一を撃沈し、航空機二十五機を撃墜しただけで終わった（ただし、日本側は、巡洋艦一、駆逐艦二、輸送船二十五を撃沈し、航空機百三十四機を撃墜したと過大な戦果判定を下していたとされる）。日本側の損害は、戦闘機十八機、艦上爆撃機十六機、陸攻九機である。一見少ないように感じられるかもしれないが、空母の発着艦が可能な熟練搭乗員が失われたことを考えれば、そのダメージは数字以上のものがあったといえる。

いったい、山本は何故にかくも成功の見込みのない攻撃を強行したのだろう。海軍航空隊が悲惨な状態にあり、その再建も緒についたばかりだということを、山本は誰よりもよく知っていたのではなかったか。それとも、負けが込んできたギャンブラーが、あり得ないような出目を期待して、残るチップをすべて賭けるような、自暴自棄に近い行動だったのか？

「い号」作戦にはながらく、そうした批判や疑問が向けられてきた。だが、最近になって、同作戦が決行された真の理由を示唆する証言が公表されている。前出の、旧海軍ＯＢによる研究会「海軍反省会」での、佐薙毅《さなぎさだむ》元大佐の発言だ。それによれば、ガダルカナル撤退を奏上した際、永野軍令部総長は、同島を放棄するけれども、その後、中部ソロモンの基地から攻撃をかけ、敵の輸送などを遮断する企図であると述べていた。昭和天皇は、それを覚えていて、だいぶ経ってから、ガダルカナル攻撃はどうなっているのかと、永野に不満を洩らしたというのである。

「というのは、ガ〔ダルカナル〕島戦で搭乗飛行機《ママ》〔「搭乗員と飛行機」か？〕を消耗していますから、一時整備するために航空攻撃あたりも実施できなかったわけです。そこをまあ、そういうご質問が陛下からあったわけです。〔中略〕それを陛下がおっしゃったことが、やっぱり連合艦隊に私何か伝わったんだと思うんです。陛下がね（そうおっしゃった）。それで名目は連合艦隊としては敵の次期攻勢作戦の気配が濃厚である、敵の作戦の発動するのを叩く、先に先制的に叩く必要があるということで、それには基地航空隊を若干勢力を充実していく、配備していくと。それから連合艦隊の母艦のほうをあれ（協力させて）で、両方で一挙に敵の次期作戦の目を絶とうということを、連合艦隊で考えたと。私はね、そこへはっきりした誰がどう言ったというあれ（証拠）はないんですけれど、その陛下のご軫念《しんねん》、ご下問が反映しているという印象を非常に持っているんですわ」（戸高一成編『［証言録］海軍反省会8』）。

つまり、「い号」作戦は、約二年後の戦艦大和の沖縄出撃と同様の構図で、昭和天皇への忖度から計画実行されたというのである。もし、佐薙の言葉が事実だとしたら、山本、ひいては日本海軍は、軍事的合理性よりも天皇に対する面目を立てることを優先するという、戦略、作戦、戦術のすべての次元にわたる過誤を犯したと批判されてもしかたあるまい。ただし、今のところ、佐薙証言を裏付ける文書や回想記は発見されておらず、そうした判断は留保するほかないのである。

ラバウル進出をめぐるあつれき

先に触れたように、山本は「い号」作戦に先立ち、連合艦隊旗艦（当時は戦艦武蔵《むさし》）を下りて、ラバウルに向かった。しかし、山本にとっては、将旗を前線に進めるのは不本意なことだったようだ。明治のころは、陣頭に立って現場の総指揮を取るのが、連合艦隊司令長官の機能であり、責務だった。だが、昭和の連合艦隊司令長官は、通信連絡機能に優れた中央司令部から、広大な海域に展開した艦隊や航空隊の全般的統帥に当たるべきだと、山本は考えはじめていた。

当時大佐で、軍令部の第一課長だった山本親雄《やまもとちかお》が、連合艦隊司令部の参謀たちから聞いた話によると、山本五十六はラバウル進出に反対していたという。「広大な戦域にわたる大作戦を指揮する最高指揮官は、軽々しく最前線に出るべきではない。アメリカのニミッツを見ろ。彼は真珠湾にひっこんで一歩も出てこぬではないか。ニミッツがみずから最前線に出てくるなら、おれも出かけてもよい。さもないのに、のこのこ第一線に出る馬鹿がおるか」というのが、山本長官の言であった（山本親雄『大本営海軍部』）。

また、ラバウルに出発する前日、一九四三年四月二日には、留守居を務めることになった藤井茂《ふじいしげる》政務参謀に、「近ごろ内地では、陣頭指揮ということが流行《はや》っているようだが、ほんとうを言うと、僕がラバウルへ行くのは、感心しないことだ。むしろ、柱島行きなら結構なんだがね。考えてみたまえ。味方の本陣が、段々敵の第一線に引き寄せられて行くという形勢は、大局上、芳しいことじゃないよ。士気の鼓舞という意味では、むろん話は別だがね」（阿川『山本五十六』、文庫版、下巻）。

もっとも、かくのごとき山本の主張には誤解があったといえる。「広大な戦域にわたる作戦を指揮する」のは、連合艦隊司令長官ではなく、軍令部のはずなのだ。ところが、真珠湾《しんじゅ》攻撃以来、山本が獲得したカリスマと影響力により、連合艦隊司令部は高級統帥において、事実上、軍令部と並立する存在になっていた。それが、さまざまな弊害をもたらしたことは、たびたび指摘してきた通りだ。

しかも、山本のラバウル行きが必要となった背景には、官僚組織としての海軍ならではの事情があった。「い号」作戦には、虎の子の空母艦載機が投入される。従って、機動部隊（第三艦隊）司令長官である小沢治三郎《おざわじさぶろう》中将が中心となるべきなのに、艦載機が展開するラバウルの責任者、第一一航空艦隊司令長官である草鹿任一《くさかじんいち》中将よりも後任であるため、関係がぎくしゃくしている。そのため、ここは山本の直接指揮をあおがなければならないということになったのである。

いわば、山本のラバウル進出には、連合艦隊司令長官と軍令部の二元性、硬直した年功序列といった日本海軍の制度組織上の問題が露呈していたといえる。

長官機還らず

右記のような心中の不満はあったにせよ、ラバウルに到着した山本は、指揮を調整し、将兵の士気を鼓舞するというおのが役目を誠実に果たした。攻撃隊が出撃する際には、必ず真っ白な第二種軍装を着て、これを見送ったというエピソードは、このときのことだ。

けれども、山本はもう、自らと海軍、さらに日本には先がないと達観していたように思わ

ラバウルで航空隊の出撃を見送る山本

れる。すでにミッドウェイ海戦の敗北によって、もとより見込み薄だった短期戦による結着は期待できなくなった。続くガダルカナル戦役の結果、連合艦隊は逆転不可能といっても過言ではないほどに消耗してしまった。その冷厳な事実を識《し》る山本としては、成功しないとわかっていても、まだしも軍事的合理性の残る作戦に身命を賭すしかなかった。

かかる窮境のなか、山本は死を恋う心境に立ち至っていたと思われ、一九四二年九月には、「あと百日の間に小生の余命は全部すりへらす覚悟に御座候」としたためた手紙を、郷土の知人上松《うえまつ》翁《おきな》に出している。

当時は支那方面艦隊司令長官となっていた吉田《よしだ》善吾《ぜんご》も、この時期に、山本から受け取った手紙を読んで、「どうも死ぬつもりでいるらしいよ」と、同艦隊の参謀長に語ったという（阿川『山本五十六』、文庫版、下巻）。

そうした状況のなかで、「い号」作戦が終了すると、山本は、ガダルカナルにもっとも近いショートランド方面の基地を、一式陸攻に乗って、激励してまわりたいと言い出したのである。それも、護衛戦闘機はわずか六機ということにされた。

右に記したような事情から、この視察は、攻撃され、戦死することを期待した山本の、いわば自殺の試みではなかったとする説がある。しかし、山本の情の厚さに鑑みると、同乗する連合艦隊司令部の要員や搭乗員も道連れにするような自殺行に出るとは考えにくい。むしろ、山本は、このあとに思い切って、防衛圏を下げる計画を練っており、その際、置き去りにせざるを得ない外郭地帯の航空隊にどうしても顔を見せたかったのだとする推測のほうが当たっているのではないか。だが、それを裏付ける史料はない。山本が危険な視察に固執した理由は不分明のままである。

いずれにしても、一九四三年四月十八日、山本五十六の搭乗した一式陸攻は、日本の暗号を解読した米軍戦闘機による待ち伏せを受け、撃墜された。このとき、山本襲撃のチャンスがあることを知ったニミッツは、太平洋艦隊の情報参謀に、彼を殺害することに成功したとして、より優秀な指揮官が後任の連合艦隊司令長官になる可能性はないかと尋ねた。答えは、そんな者はいない、敢えていえば山口多聞《やまぐちたもん》だが、彼はミッドウェイで戦死しているというものだった。敵手たる米側が山本を高く評価していたことを示す挿話であろう。また、こうした暗号解読による待ち伏せを防げなかったことまで、山本の判断ミスだと批判するのは、後知恵が過ぎるように思われる。より多くの護衛戦闘機を付すべきだったというのも、前線航空戦力の不足を知る山本がそんなことを命じるのは統率上不都合だったとみる解釈も成り立つだろう。

なお、ブーゲンビル島に墜落した一式陸攻より発見された山本の遺体は、不思議と損傷しておらず、地上に降りたのちもなお絶息していなかったのではないかとする見解もある。なかには、山本は実は生存していて、のちに自決したと主張する向きさえあるが、それは想像力の産物だというほかない。山本は敵弾を受けて機上戦死したのか、それとも、地上でこときれたのかと問われれば、後者の可能性が高いと、筆者も思うが、決定的な証拠がないため、断言は控える。むしろ重要なのは、昭和史研究のベテラン保阪正康《ほさかまさやす》の、海軍当局は山本の死の真相を隠し、「飛行機上にて壮烈なる戦死」をとげたと偽りの公式見解を流布させたとの指摘だろう（保阪正康『山本五十六の戦争』）。もし、そうであれば、山本は死後においても、海軍に利用されたことになる。

ともあれ、南溟《なんめい》の蒼穹《そうきゅう》のもとに、山本の生涯は終止符を打たれた。発見された遺体は荼毘《だび》に付され、その遺骨は戦艦武蔵《むさし》によって東京に運ばれる。以後、山本は、元帥の称号を与えられ、六月五日に国葬に付された。真珠湾攻撃の英雄が戦死したとの凶報に、国民は震撼《しんかん》した。

山本五十六の死を画期として、太平洋戦争の、ごくわずかなりとも希望を持つことができた段階は終わり、日本は、艦船と航空機を溶鉱炉に投げ込み、人を肉挽き機にかけるがごとき惨戦に突入していくのであった。

終　章　用兵思想からの再評価

以上、山本五十六《やまもといそろく》の人生を追ってきた。その際、従来取られてきたような全人格的な評伝をめざす手法ではなく、あくまで用兵思想の観点から軍人山本五十六を検討する視点を採用していることを確認しておきたい。では、その結果はいかなるものであったか。山本五十六は優れた軍人だったのか、それとも「凡将」だったのか？　最後に、この問いに答え、総括を示すことにしよう。

まず、統率の点では、山本が卓越した力を持っていたことは否定できない。霞ケ浦《かすみがうら》航空隊に赴任した当時、航空の素人《しろうと》が何をする気なのかと、むしろ反感を抱いていた航空隊の荒くれたちが、いつしか彼に心服するようになったという挿話だけでも、その証明になろう。また、最初真珠湾《しんじゅ》攻撃に猛反対していた大西瀧治郎《おおにしたきじろう》や草鹿龍之介《くさかりゅうのすけ》が、山本に説得されるや、意見をひるがえして、支持にまわったというエピソードも、山本の人心掌握の巧みさをうかがわせる。

その反面、山本には、統率上マイナスになるほどの「無口」という欠点があった。心を許した少数の者だけにしか本心を明かさない、おのが方針を説明することなく以心伝心で理解されることを期待するといった彼の悪癖は、ついには指揮上の錯誤をも招くようになったのである。これは、指揮のスタイルという側面からも批判されるし、今後も問題とされつづけることだろう。

続いて、本書の主題である、戦術、作戦、戦略の各次元における山本の評価に移る。

戦術次元に関しては、実のところ、判断を下すだけの材料がない。山本が、戦術的能力を要求される下級指揮官であったのは平時のことであり、実際の戦闘でそれを試されることはなかった。ゆえに、その戦術能力は未知数のままに終わったからである。しかし、自ら航空機に搭乗しての指揮（霞ヶ浦航空隊時代）、中攻の開発に示された戦術的センスからすると、かかる次元での山本の能力をことさらに低く評価する理由もないだろう。

作戦次元については、山本の最高傑作といえる真珠湾攻撃に向けられるさまざまな批判の多くが一面的であることは本文で述べた。南方資源地帯の攻略を含む全般作戦を進めるには、米太平洋艦隊の介入を封じる真珠湾攻撃が必要だったたし、その遂行もベストを尽くしたものだった。

さりながら、この真珠湾攻撃以外の山本作戦には、MI作戦やガダルカナル戦役に示されたように、目的の二重性、兵力の分散、航空優先の不徹底等、いくつもの疑問符が付せられる。航空主兵論を唱え、その有効性を自ら証明しながら、ガダルカナルで飛行場砲撃への投入を決断するまで、戦艦を「主力部隊」とし、後方の安全な地点に配置したことも批判される。また、「い号」作戦が、先に述べたごとき昭和天皇への忖度《そんたく》からではなく、山本自身の意思によって実行されたものと仮定するなら、大幅な減点をまぬがれることはできない。

むろん、作戦立案自体は、山本ではなく、主として黒島亀人《くろしまかめと》参謀によるものだったと弁護することは可能である。けれども、作戦の着想のほとんどが山本からでていることは間違いないし、黒島の欠陥を抱えた計画を承認した責任は残る。もっとも、たびたび指摘してきた通り、そうした問題は、山本個人のみならず、軍令部と連合艦隊の二元指揮から来る妥協、先任順序を固守してやまない人事など、日本海軍という官僚組織固有の硬直性に起因するところも少なくないことは付言しておこう。

いずれにしても、作戦次元の山本五十六は、真珠湾攻撃を除けば、愚将とはいわぬまでも、平凡、場合によっては、それ以下の指揮しか示していないことは認めねばならないだろう。

だが、戦略次元になると、山本の評価ははね上がる。いきすぎた戦艦温存、日本の航空戦力整備能力の過大評価といった限界はあるにせよ、航空総力戦を予想しての軍戦備の推進、日独伊三国同盟は必然的に対米戦争につながるとの洞察、さらに対米戦争は必敗との認識。どれを取っても、山本の戦略的センスが光る。もちろん、太平洋戦争の無惨な敗北をみたのちのわれわれにとっては、自明のことと思われるかもしれない。しかし、現在進行形で状況が展開しているときに、日本必敗論に到達した者はわずかだったし、それを明確に表明した者はもっと少なかったのである。

また、航空戦力の整備もままならぬまま、不本意な対米戦争を強いられたのちの、リスクの大きな連続打撃・短期戦戦略も、山本が置かれた立場からすれば、最適解だったと考える。伝統的な漸減邀撃《ぜんげんようげき》作戦は、アメリカのみならず、イギリスやオランダをも敵にまわしたことで破綻《はたん》した。軍令部や陸軍がもくろんだ、南方資源地帯を確保して、長期不敗態勢を整え、来攻する敵を撃滅しつつ、世界情勢の変化を期待するという策も、アメリカの巨大な生産力に鑑みて、早晩挫折するのは眼にみえている（太平洋戦争で現実となった事態だ）。ならば、講和にこぎつける望みは無きにひとしいか細いものであったとしても、山本にとっては、その目標を追求する以外の選択肢はなかった。

むろん、何の制約もなしにベストの策を講じるとしたら、大陸からの全面撤退などの大幅な譲歩による戦争回避だったろうが、そうすることができるのは、国家の指導者、それも強力な権限を有するリーダーのみであったはずだ。しかし、山本は、ラインの一部を預かる連合艦隊司令長官にすぎなかったのである。

かくのごとく、戦いをなりわいとする軍人でありながら、対米戦争必敗を唱え、その回避に努め、ひとたび、それが挫折するや、万に一つであろうと可能性を見いだせるような戦略を策定した。こうした戦略家としての山本の行動には、光彩陸離《こうさいりくり》たるものがある。

戦術次元よりも作戦次元、作戦次元よりは戦略次元と、より高位の次元になればなるほど、優れた指揮官は得られなくなる。山本は、戦術・作戦次元の能力には疑問が残るとはいえ、戦略次元で卓越した識見と決断を示した戦略家・用兵思想家であったと結論づけてもさしつかえあるまい。

自身海軍士官であった松島慶三《まつしまけいぞう》は、戦後すぐに『太平洋の巨鷲　山本五十六』と題した伝記を著した。この書名は、戦時中の山本神格化の影響を受けたものだったであろうが、ここまでの行論から引き出せるように、「太平洋の巨鷲」なる形容は言い得て妙であるかと思われる。

筆者が、戦術・作戦次元における留保を示す意味で引用符を付しながらも、本書に『「太平洋の巨鷲」山本五十六』のタイトルを選んだゆえんだ。

あとがき

かねて、用兵思想の面から、山本五十六《やまもといそろく》の生涯を分析したいと思っていた。が、こうして念願かなって山本伝を著し、いくつかの疑問に筆者なりの答えを出したものの、それ以上に多くの、あらたな謎に突き当たってしまった。山本五十六は、同時代人だけでなく、後世のわれわれにも、その真意を容易に示そうとはしない。

この、巨大な歴史的個性との格闘を終えた時点での、偽らざる感想である。

もとより、山本五十六については、反町栄一《そりまちえいいち》や阿川弘之《あがわひろゆき》の名作をはじめ、ただならぬ数の評伝や先行研究がある。そこで同様のアプローチを取っても、ありふれた二番せんじのものしかできないと考え、本書では、徹頭徹尾、用兵思想の観点から山本を検討するという手法を採用することに決めていた。それは、ある程度の成果を得たと自負しているが、たとえば「い号」作戦が発動された理由など、説明しきれない、あるいは、史料状況から判断を留保せざるを得ない点も多々残った。それらについては、今後の研究の進展に期待し、自分も解明に努力することとしたい。

また、右のような姿勢を取ることは、対象の人間的な側面に口をつぐみつづけるという禁欲を強いられることでもあった。これは、山本のごとき魅力的な人物を扱う場合、相当な苦痛なのである。よって、将来、もし機会が与えられるのであれば、今度は、全人格的な山本伝を試みたいと、一冊書き上げたばかりなのに、もうそんな願いを抱かせられる。山本五十六とは、そういう人間なのである。

なお、本書では、戦前・戦中の同時代文献にまでさかのぼって、山本に関係する史資料を可能なかぎり収集、検討する予定であった。いうまでもなく、令和を迎えた今日、山本を直接知る人物に取材することは、ほぼ不可能になっている。だとすれば、信憑性《しんぴょうせい》の低いものも含めて、できるだけ多くの文献を交差照合することが、事実に接近するためには必須の作業だと思われたからである。

ところが、折からのコロナ禍で図書館や文書館の休館があいつぎ、リサーチに万全を期すことが望めなくなったのは、なんとも遺憾であった。それでも、やれる範囲で手を尽くして調査したつもりだが、山本五十六研究の巨大な蓄積に、どの程度まで迫ることができたか。審判は読者にゆだねたい。なお、結果として、本書の参考文献リストは新書としては異例の量となったが、角川新書編集部の快諾を得て、そのまま収録することが可能となった。研究者や歴史愛好家諸氏の参考になれば幸いである。

最後になったが、本書の編集においても、これまで角川新書で上梓《じょうし》した拙著同様、岸山征《きしやまゆき》寛《ひろ》新書編集長のお手をわずらわせた。記して感謝申し上げる。

二〇二一年六月

大木　毅

主要参考文献

山本五十六と彼が関わった政治・軍事の諸問題に関する文献は膨大な量におよび、そのすべてを網羅・列挙すれば、ゆうに文献目録一冊にはなるだろう。本書では、それだけの紙幅の余裕がないため、直接参照・引用した史資料を挙げるに留めた。

【未刊行史料】

・JACAR（アジア歴史資料センター）Ref.C01004228600、海軍軍縮予備交渉に対する帝国政府方針決定の件（防衛省防衛研究所）。

・Hack-Papiere. 山本のベルリン訪問を仲介したフリードリヒ・ハック（Friedrich Hack）の私文書。彼の甥にあたるラインハルト・ハック（Reinhard Hack）氏が所蔵していたものを、フライブルク大学教授のベルント・マルティン（Bernd Martin）博士が発掘された。筆者に閲覧を快諾されたマルティン教授に感謝したい。

・RM11 (Marineattachégruppe)/1, Bundesarchiv/Militärarchiv（ドイツ）.

・RM12 II (Marineattaché)/ 250: OKM-M Att. -Kriegstagebuch des Marine attachés und militärischen Leiters der Grossetappe Japan-China, Bd.4 (1[illegible]). 9. 1941-31.1.1942), Bundesarchiv/Militärarchiv（ドイツ）.

・Nachlaß Brüder Kordt (ED 157), Teil B. Erich Kordt, ED 167/29, Institut für Zeitgeschichte（ドイツ）.

・United States Marine Corps 1st Division Report on Guadalcanal Operation Volume 2. Defense Technical Information Center (https://apps.dtic.mil/dtic/tr/fulltext/u2/a587853.pdf).

【刊行史料・史料集】

・伊藤隆編『高木惣吉　日記と情報』、上下巻、みすず書房、二〇〇〇年。
・伊藤隆／野村実編『海軍大将小林躋造覚書』、山川出版社、一九八一年。
・宇垣纏『戦藻録』、原書房、一九六八年。
・大分県立先哲史料館編『大分県先哲叢書　堀悌吉資料集』、全三巻、大分県教育委員会、二〇〇六～一七年。
・外務省編『日本外交年表竝主要文書』、上下巻、日本国際連合協会、一九五五年。
・木戸幸一『木戸幸一日記』、上下巻、東京大学出版会、一九六六年。
・軍事史学会編『大本営陸軍部戦争指導班　機密戦争日誌』、上下巻、錦正社、一九九八年。
・軍事史学会編、黒沢文貴・相澤淳監修『海軍大将嶋田繁太郎備忘録・日記Ⅰ　備忘録第一～第五』、錦正社、二〇一七年。
・軍事史学会編、黒沢文貴・相澤淳監修『海軍大将嶋田繁太郎備忘録・日記Ⅲ　日記昭和十五年　昭和十六年　昭和二十一年・二十二年　昭和二十二年・二十三年』、錦正社、二〇二〇年。
・財団法人史料調査会編『復刻版　大海令』、毎日新聞社、一九七八年。
・佐藤信太郎編『父、佐藤市郎が書き遺した軍縮会議秘録』、文芸社、二〇〇一年。
・参謀本部編『杉山メモ』、普及版、上下巻、原書房、一九八九年。
・尚友倶楽部原田熊雄関係文書編纂委員会編『原田熊雄関係文書』、同成社、二〇二〇年。

・高木惣吉写、実松譲編『海軍大将米内光政覚書』、光人社、一九七八年。
・高松宮宣仁親王『高松宮日記』、全八巻、中央公論社、一九九五〜九七年。
・武井大助『山本元帥遺詠解説』、畝傍書房、一九四三年。
・田所和雄「山本五十六の書簡」『長岡市研究』、第七号（一九九六年）。
・角田順編『現代史資料 10 日中戦争 3』、みすず書房、一九六四年。
・寺崎英成／マリコ・テラサキ・ミラー編著『昭和天皇独白録 寺崎英成御用掛日記』、文藝春秋、一九九一年。
・長岡市立中央図書館文書資料室編『長岡市史双書45 山本五十六の書簡──長岡市立中央図書館文書資料室所蔵資料を中心にして──』、長岡市立中央図書館文書資料室、二〇〇六年。
・野村実編『侍従武官 城英一郎日記』、山川出版社、一九八二年。
・原田熊雄述『西園寺公と政局』、全八巻・別巻一、岩波書店、一九五〇〜五六年。
・廣瀬彦太編『山本元帥・前線よりの書簡集』、東兆書院、一九四三年。
・同 『山本元帥・増産遺言集 兵を空拳に泣かすな』、航空工業會、一九四四年。
・防衛庁防衛研究所戦史部編『史料集 海軍年度作戦計画』、朝雲新聞社、一九八六年。
・防衛庁防衛研究所戦史部監修／中尾裕次編『昭和天皇発言記録集成』、上下巻、芙蓉書房出版、二〇〇三年。
・Chapman, John W (ed. & tr.), *The Price of Admiralty. The War Diary of the German Naval Attaché in Japan, 1939-1943*, Vol.4, Ripe, 1989.

【レファレンス・ブック類】

・片岡徹也編『軍事の事典』、東京堂出版、二〇〇九年。
・上法快男監修／外山操編『陸海軍将官人事総覧　海軍編』、芙蓉書房出版、一九八一年。
・戸髙一成／秦郁彦／半藤一利／横山恵一『歴代海軍大将全覧』、中公新書ラクレ、二〇〇五年。
・秦郁彦編『日本陸海軍総合事典［第2版］』、東京大学出版会、二〇〇五年。
・秦郁彦／原剛／半藤一利／横山恵一『歴代陸軍大将全覧』、全四巻、中公新書ラクレ、二〇〇九～一〇年。

【公刊戦史】

・防衛庁防衛研修所戦史室『戦史叢書　ハワイ作戦』、朝雲新聞社、一九六七年。
・同『戦史叢書　比島マレー方面海軍進攻作戦』、朝雲新聞社、一九六九年。
・同『戦史叢書　蘭印・ベンガル湾方面海軍進攻作戦』、朝雲新聞社、一九六九年。
・同『戦史叢書　北東方面海軍作戦』、朝雲新聞社、一九六九年。
・同『戦史叢書　中部太平洋方面海軍作戦』、全二巻、朝雲新聞社、一九七〇～七三年。
・同『戦史叢書　ミッドウェー海戦』、朝雲新聞社、一九七一年。
・同『戦史叢書　南東方面海軍作戦』、全三巻、朝雲新聞社、一九七一～七六年。
・同『戦史叢書　大本営陸軍部大東亜戦争開戦経緯』、全五巻、朝雲新聞社、一九七三～七四年。
・同『戦史叢書　中国方面海軍作戦〈1〉――昭和十三年三月まで――』、朝雲新聞社、一九七四年。
・同『戦史叢書　海軍軍戦備』、全二巻、朝雲新聞社、一九六九～一九七五年。
・同『戦史叢書　大本営海軍部・聯合艦隊〈1〉――開戦まで――』、朝雲新聞社、一九七五年。

・同　『戦史叢書　大本営海軍部・聯合艦隊〈2〉――昭和十七年六月まで――』、朝雲新聞社、一九七五年。

・同　『戦史叢書　大本営海軍部・聯合艦隊〈3〉――昭和十八年二月まで――』、朝雲新聞社、一九七四年。

・同　『戦史叢書　大本営海軍部・聯合艦隊〈4〉――第三段作戦前期――』、朝雲新聞社、一九七〇年。

・同　『戦史叢書　海軍航空概史』、朝雲新聞社、一九七六年。

・防衛庁防衛研修所戦史部『戦史叢書　大本営海軍部大東亜戦争開戦経緯』、全二巻、朝雲新聞社、一九七九年。

・同　『戦史叢書　陸海軍年表』、朝雲新聞社、一九八〇年。

・Hough, Frank O. et al., *History of U.S. Marine Corps Operations in World War II*, Vol.I, *Pearl Harbor to Guadalcanal*, on-demand-ed., made in Middletown, DE., 2021.

・Morison, Samuel Eliot, *History of United States Naval Operations in World War II*, Vol. III, *The Rising Sun in the Pacific: 1931-April 1942*, reprint-ed., Edison, NJ., 2001.　サミュエル・E・エリオット・モリソン『太平洋戦争アメリカ海軍作戦史第二《マ》巻《マ》　太平洋の旭日　１９３１年～１９４２年４月』、中野五郎訳、上下巻、改造社、一九五〇年。

・Ditto, *History of United States Naval Operations in World War II*, Vol. IV, *Coral Sea, Midway and Submarine Actions: May 1942-August 1942*, reprint-ed., Edison, NJ., 2001.　サミュエル・E・エリオット・モリソン『太平洋戦争アメリカ海軍作戦史第三《マ》巻《マ》　珊瑚海・ミッドウェー島・潜水艦各作戦　１９４２年５月―１９４２年８月』、中野五郎訳、上下巻、改造社、一九五〇～五一年。

・Ditto, *History of United States Naval Operations in World War II*, Vol. V, *The Struggle for Guadalcanal: August 1942-February 1943*, reprint-ed., Edison, NJ., 2001.
・Ditto, *History of United States Naval Operations in World War II*, Vol. VI, *Breking the Bismarcks Baarrier: 22 July 1942-1 May 1944*, reprint-ed., Edison, NJ., 2001.
・Ditto, *History of United States Naval Operations in World War II*, Vol. VII, *Aleutians, Gilberts and Marshalls: June 1942-April 1944*, reprint-ed., Edison, NJ., 2001.
・Ditto, *History of United States Naval Operations in World War II, Supplement and General Index*, reprint-ed., Edison, NJ., 2001.
・Roskill, S. W., *The War at Sea 1939-1945*, Vol. I-II, London, 1954-1956.

【座談会・対談・談話記録】

・「〈軍令部在職者座談会〉太平洋戦争の一三四七日間」『歴史と人物　太平洋戦争シリーズ60年冬号　日本陸海軍かく戦えり』（一九八五年）。
・小島秀雄／野元為輝／松田千秋／黛治夫／横山一郎／野村実（司会）「太平洋戦争　だれが真の名提督か」『歴史と人物』、一九八一年五月号。
・東京新聞・戦後50年取材班編『東京ブックレット⑰　元連合艦隊参謀の太平洋戦争　千早正隆インタビュー』、東京新聞出版局、一九九五年。
・戸高一成編『［証言録］海軍反省会』、全十一巻、ＰＨＰ研究所、二〇〇九～一八年。
・戸高一成・大木毅『帝国軍人　公文書、私文書、オーラルヒストリーからみる』、角川新書、二〇二〇年。

・春山和典『聞き書き　渡辺戦務参謀の語る山本五十六』、私家版、二〇一〇年。後出の『海軍・散華の美学』から、渡辺安次談話のみを抜き出して出版したもの。

【伝記、自伝、回想録、手記】

・阿川弘之『山本五十六』、新潮社、一九六五年。
・同『山本五十六』、上下巻、新潮文庫、一九七三年（旧版に加筆訂正がなされたものが新潮文庫に収められている）。
・同『米内光政』、新潮文庫、一九八二年。
・同『井上成美』、新潮社、一九八六年。
・浅野晃『醜の御楯』、金星社、一九四四年。
・朝日新聞社編『元帥山本五十六傳』、朝日新聞社、一九四三年。
・池田成彬『故人今人』、世界の日本社、一九四九年。
・石川信吾『真珠湾までの経緯　開戦の真相』、時事通信社、一九六〇年。
・市來俊男『真珠湾奇襲攻撃70年目の真実』、新人物往来社、二〇一〇年。
・伊藤金次郎『山本元帥言行録』、春陽堂書店、一九四三年。
・伊東峻一郎『常在戦場の人　山本五十六』、天佑書房、一九四三年。
・稲川明雄『新潟県人物小伝　山本五十六』、新潟日報事業社、二〇〇九年。
・同　『山本五十六のことば』、新潟日報事業社、二〇一一年。
・井上成美伝記刊行会『井上成美』、井上成美伝記刊行会、一九八二年。
・棋本捨三『山本五十六・その昭和史』、秀英書房、一九七九年。

・蝦名賢造『死に往く長官　山本五十六と宇垣纏』、上下巻、西田書店、一九八九年。
・NHK取材班／渡邊裕鴻『山本五十六　戦後70年の真実』、NHK出版新書、二〇一五年。
・生出寿『【凡将】山本五十六』、現代史出版会（徳間書店販売）、一九八三年。
・近江兵治郎『連合艦隊司令長官山本五十六とその参謀たち』、テイ・アイ・エス、二〇〇〇年。
・大木雄二『少國民傳記　山本元帥』、大日本雄辨会講談社、一九四四年。
・大佛次郎『山本五十六元帥』、學藝社、一九四四年。
・緒方竹虎『一軍人の生涯』、新版、光和堂、一九八三年（初版は、文藝春秋新社、一九五五年）。
・賀屋興宣『戦前・戦後八十年』、経済往来社、一九七六年。
・衣川宏『ブーゲンビリアの花　山本五十六長官と運命をともにした連合艦隊航空参謀樋端久利雄の生涯』、原書房、一九九二年。
・草鹿任一『ラバウル戦線異状なし――我等かく生きかく戦えり』、光和堂、一九五八年。
・草鹿提督伝記刊行会偏『提督草鹿任一』、光和堂、一九七六年。
・草鹿龍之介『聯合艦隊　草鹿元参謀長の回想』、毎日新聞社、一九五二年。
・同　『連合艦隊の栄光と終焉』、行政通信社、一九七二年。
・同　『一海軍士官の半生記』、光和堂、一九七三年。
・工藤美知尋『劇物語「山本五十六」稜線』、光人社、一九九〇年。
・同　『山本五十六の真実　連合艦隊司令長官の苦悩』、潮書房光人社、二〇一五年。
・工藤美代子『海燃ゆ　山本五十六の生涯』、講談社、二〇〇四年。
・宮内庁『昭和天皇実録』、第七～第九巻、東京書籍、二〇一六年。
・源田実『海軍航空隊始末記』、全二巻、文藝春秋、一九六一～六二年。

・同『真珠湾作戦回顧録』、読売新聞社、一九七二年。
・同『風鳴り止まず』、サンケイ出版、一九八二年。
・近衛文麿『失われし政治――近衛文麿公の手記』、朝日新聞社、一九四六年。
・同『平和への努力――近衛文麿手記』、日本電報通信社、一九四六年。
・近藤良信『海鷲の父　山本五十六元帥』、興亜日本社、一九四三年。
・財団法人史料調査会編『太平洋戦争と富岡定俊』、軍事研究社、一九七一年。
・財団法人水交会編『帝国海軍　提督達の遺稿　小柳資料』、上下巻、財団法人水交会、二〇一〇年。
・坂井多美子編『山本元帥の思い出――三和義勇』、私家版、一九九九年。
・実松譲『提督吉田善吾』、光人社、一九七九年。
・同『米内光政秘書官の回想』、光人社、一九八九年。
・同『米内光政　山本五十六が最も尊敬した一軍人の生涯』、光人社NF文庫、一九九三年。
・澤田謙『山本元帥傳』、拓南社、一九四四年。
・新人物往来社編『山本五十六のすべて』、新人物往来社、一九八五年。
・同『追悼　山本五十六』、新人物文庫、二〇一〇年。
・新名丈夫編『海軍戦争検討会議記録　太平洋戦争開戦の経緯』、毎日新聞社、一九七六年。
・水交会編『回想の日本海軍』、原書房、一九八五年。
・清閑寺健『提督とその母』、金星堂、一九四二年。
・同『山本元帥傳』、フタバ書院成光館、一九四四年。
・反町栄一『人間・山本五十六――元帥の生涯――』、新版、光和堂、一九七八年（初版、上下巻、一九五六〜五七年）。

・高木惣吉『山本五十六と米内光政』、文藝春秋新社、一九五〇年。
・同　『私観太平洋戦争』、文藝春秋、一九六九年。
・同　『自伝的日本海軍始末記』、光人社、一九七一年。
・高田万亀子『静かなる楯・米内光政』、上下巻、原書房、一九九〇年。
・同　『米内光政の手紙』、原書房、一九九三年。
・高幣常市『帝國海軍の生ひ立ちとわれらの提督　山本五十六大将傳』、如風書房、一九四二年。
・田中宏巳『山本五十六』、吉川弘文館、二〇一〇年。
・筒井清忠編『昭和史講義【軍人篇】』、ちくま新書、二〇一八年。
・提督小沢治三郎伝刊行会編『増補　提督小沢治三郎伝』、原書房、一九六九年。
・戸川幸夫『人間提督　山本五十六』、光人社、一九七六年。
・豊田穣／吉田俊雄／半藤一利他『山本五十六【悲劇の連合艦隊司令長官】』、プレジデント社、一九九〇年。
・豊田穣『世界史の中の山本五十六　歴史を動かした英雄たちの研究』、光人社、一九九二年。
・中田整一編／淵田美津雄著『真珠湾攻撃総隊長の回想　淵田美津雄自叙伝』、講談社、二〇〇七年。
・芳賀徹ほか『堀悌吉』、大分県教育委員会、二〇〇九年。
・長谷川清伝《ママ》刊行会編『長谷川清傳』、私家版、一九七二年。
・秦郁彦『昭和史の軍人たち』、文藝春秋社、一九八二年。
・秦賢助『聖將山本元帥伝』、鶴書房、一九四三年。
・同　『山本元帥を生んだ藩風』、立誠社、一九四四年。
・浜田常二良『特派員の手記　大戦前夜の外交秘話』、千代田書院、一九五三年。

・半藤一利『山本五十六の無念』、恒文社、一九八六年。加筆訂正の上、『山本五十六』として、二〇〇七年に平凡社より再刊。二〇一一年、平凡社ライブラリーに収録。
・同『聯合艦隊司令長官　山本五十六』、文藝春秋、二〇一一年。
・福留繁『海軍の反省』、日本出版協同株式会社、一九五一年。
・同『史観眞珠湾攻撃』、自由アジア社、一九五五年。
・同『海軍生活四十年』、時事通信社、一九七一年。
・保阪正康『山本五十六の戦争』、毎日新聞出版、二〇一八年。
・ジョン・D・ポッター『太平洋の提督――山本五十六の生涯――』、児島襄訳、新装版、恒文社、一九九七年。
・本多伊吉『山本五十六と海軍航空――海軍機関大佐の回想とアルバムから』、大日本絵画、二〇一二年。
・本多光夫『〝ザ・マン〟シリーズ　山本五十六』、プレジデント社、一九八〇年。
・本間楽寛『山本元帥傳』、錦城出版社、一九四三年。
・松岡洋右伝記刊行会編『松岡洋右――その人と生涯』、講談社、一九七四年。
・松島慶三『太平洋の巨鷲　山本五十六』、共同出版社、一九五三年。
・「丸」編集部編『山本五十六と連合艦隊司令部』、光人社NF文庫、二〇一二年。
・宮野澄『海軍の逸材堀悌吉　海軍良識派提督の生涯』、光人社NF文庫、一九九六年。
・三輪公忠『松岡洋右――その人間と外交』、中公新書、一九七一年。
・三和多美『海軍の家族――山本五十六元帥と父三和義勇と私たち』、文藝春秋、二〇一一年。
・武者小路公共『外交裏小路』、講談社、一九五二年。
・森山康平『山本五十六は何を見たか　日米開戦に反対したある軍人の本心』、PHP研究所、二〇〇五年。
・山岡荘八『元帥山本五十六』、大日本雄辯会講談社、一九四四年。
・『山川ＭＯＯＫ　山本五十六』、山川出版社、二〇一二年。
・山田遼『司令長官の孤独　山本五十六への鎮魂歌《レクイエム》』、朝日新聞出版、二〇一一年。
・山本元帥編纂会編『噫山本元帥』、山本元帥編纂会、一九四四年。
・山本親雄『大本営海軍部――回想の大東亜戦争』、白金書房、一九七四年。
・山本義正『父・山本五十六　その愛と死の記録』、光文社、一九六九年。
・米内光政述／七田今朝一編『常在戰場』、大新社、一九四三年。
・エドウィン・レートン『太平洋戦争暗号作戦　アメリカ太平洋艦隊情報参謀の証言』、毎日新聞外信グループ訳、上下巻、ＴＢＳブリタニカ、一九八七年。
・和田頴太『真珠湾攻撃その予言者と実行者』、文藝春秋、一九八六年。
・渡邊幾治郎『史傳山本元帥』、千倉書房、一九四四年。
・Hoyt, Edwin P., *Yamamoto. The Man Who Planned the Attack on Pearl Harbor*, paperback-edition, Guilford, CT, 2001.

【研究書、ノンフィクション】
・相澤淳『海軍の選択――再考　真珠湾への道』、中央公論新社、二〇〇二年。
・麻田貞雄『両大戦間の日米関係　海軍と政策決定過程』、東京大学出版会、一九九三年。
・Ｈ・Ｐ・ウィルモット『大いなる聖戦　第二次世界大戦全史』、等松春夫監訳、上下巻、国書刊行会、二〇一八年。

・ＮＨＫスペシャル取材班『ガダルカナル　悲劇の指揮官』、ＮＨＫ出版、二〇二〇年。
・大木毅『第二次大戦の〈分岐点〉』、作品社、二〇一六年。
・太田久元『戦間期の日本海軍と統帥権』、吉川弘文館、二〇一七年。
・大野芳『山本五十六自決セリ』、新潮社、一九九六年。
・奥宮正武『ラバウル海軍航空隊』、朝日ソノラマ航空戦史シリーズ、一九八二年。
・海軍歴史保存会編『日本海軍史』、全十一巻、第一法規出版、一九九五年。
・笠原十九司『日中全面戦争と海軍　パナイ号事件の真相』、青木書店、一九九七年。
・同　『海軍の日中戦争　アジア太平洋戦争への自滅のシナリオ』、平凡社、二〇一五年。
・鎌田芳朗『山本五十六の江田島生活』、原書房、一九八一年。
・亀井宏『ミッドウェー戦記』、光人社、一九八五年。
・同　『ガダルカナル戦記』、全三巻、光人社ＮＦ文庫、一九九四年。
・デーヴィッド・カーン『暗号戦争〈日本の暗号はいかに解読されたか〉』、秦郁彦／関野英夫訳、早川書房、一九六八年。
・ジョン・キーガン『情報と戦争――古代からナポレオン戦争、南北戦争、二度の世界大戦、現代まで』、並木均訳、中央公論新社、二〇一八年。
・工藤章／田嶋信雄編『日独関係史Ⅱ　一八九〇－一九四五』、東京大学出版会、二〇〇八年。
・源田孝編著『戦略論大系⑪ミッチェル』、芙蓉書房出版、二〇〇六年。
・源田孝『アメリカ空軍の歴史と戦略』、戦略研究学会編、石津朋之監修、芙蓉書房出版、二〇〇八年。
・小磯隆広『日本海軍と東アジア国際政治　中国をめぐる対英米政策と戦略』、錦正社、二〇二〇年。
・『航空局五十年の歩み』、航空局五十周年記念事業実行委員会、一九七〇年。

・左近允尚敏『ミッドウェー海戦「運命の5分間」の真実』、新人物往来社、二〇一一年。
・佐藤元英『外務官僚たちの太平洋戦争』、NHK出版、二〇一五年。
・澤地久枝『記録ミッドウェー海戦』、文藝春秋、一九八六年。
・瀬井勝公編著『戦略論大系⑥ドゥーエ』、芙蓉書房出版、二〇〇二年。
・田中利幸『空の戦争史』、講談社現代新書、二〇〇八年。
・千早正隆『連合艦隊始末記』、出版共同社、一九八〇年。
・同　『日本海軍の戦略発想』、プレジデント社、一九八二年。
・同　『日本海軍の驕りの始まり――元連合艦隊参謀の語る昭和海軍』、並木書房、一九八九年。
・綱川政則『ヒトラーとミュンヘン協定』、教育社歴史新書、一九七九年。
・パーク・ディヴィス『謀殺――山本元帥の死――』、吉本晋一郎訳、原書房、一九七〇年。
・手嶋泰伸『昭和戦時期の海軍と政治』、吉川弘文館、二〇一三年。
・同　『海軍将校たちの太平洋戦争』、吉川弘文館、二〇一四年。
・同　『日本海軍と政治』、講談社現代新書、二〇一五年。
・戸高一成『日本海軍戦史　海戦からみた日露、日清、太平洋戦争』、角川新書、二〇二一年。
・鳥居民『山本五十六の乾坤一擲』、文藝春秋、二〇一〇年。
・蜷川親正『山本五十六検死ノート　山本の死をめぐる虚構と真実』、光人社、一九七一年。
・日本国際政治学会　太平洋戦争原因研究部編『太平洋戦争への道　開戦外交史』、新版、全八巻、朝日新聞社、一九八七～八八年。
・C・W・ニミッツ／E・B・ポッター『ニミッツの太平洋海戦史』、実松譲／富永謙吾訳、恒文社、一九六二年。

・野村實『歴史のなかの日本海軍』、原書房、一九八〇年。
・同『太平洋戦争と日本軍部』、山川出版社、一九八三年。
・同『山本五十六再考』、中公文庫、一九九六年（初刊は、『天皇・伏見宮と日本海軍』、文藝春秋、一九八八年）。
・同『日本海軍の歴史』、吉川弘文館、二〇〇二年。
・長谷川甲子郎『山本五十六と民間航空政策——航空局の乗員養成と、その新潟養成所』、私家版、一九九五年。
・服部聡『松岡外交 日米開戦をめぐる国内要因と国際関係』、千倉書房、二〇一二年。
・同『松岡洋右と日米開戦 大衆政治家の功と罪』、吉川弘文館、二〇二〇年。
・秦郁彦『太平洋国際関係史——日米および日露危機の系譜１９００‐１９３５』、福村出版、一九七二年。
・原勝洋『暗号はこうして解読された 対日情報戦と連合艦隊』、ＫＫベストセラーズ、二〇〇一年。
・春山和典『海軍・散華の美学』、月刊ペン社、一九七二年。
・半藤一利／秦郁彦／横山恵一編『日米開戦と真珠湾攻撃秘話』、中公文庫、二〇一三年。
・淵田美津雄／奥宮正武『ミッドウェー』、出版協同社、新装版、一九六〇年。
・同『機動部隊』、朝日ソノラマ、一九七四年。
・ゴードン・Ｗ・プランゲ『トラ トラ トラ 太平洋戦争はこうして始まった』、千早正隆訳、日本リーダーズ ダイジェスト社、一九七〇年。
・同『ミッドウェーの奇跡』、上下巻、千早正隆訳、原書房、一九八四年。
・保科善四郎／大井篤／末國正雄『太平洋戦争秘史——海軍は何故開戦に同意したか』、公益財団法人日本国防協会、一九八七年。
・松浦行真『混迷の知恵――遠すぎた島ガダルカナル』、情報センター出版局、一九八四年。
・黛治夫『海軍砲戦史談』、原書房、一九七二年。
・前田哲男『戦略爆撃の思想――ゲルニカ、重慶、広島』、新訂版、凱風社、二〇〇六年。
・水沢光『軍用機の誕生――日本軍の航空戦略と技術開発』、吉川弘文館、二〇一七年。
・三宅正樹『日独伊三国同盟の研究』、南窓社、一九七五年。
・同　『ヒトラーと第二次世界大戦』、清水新書、一九八四年。
・宮野成二『山本五十六の誤算』、読売新聞社、一九九二年。
・森史朗『ミッドウェー海戦』、上下巻、新潮選書、二〇一二年。
・森本忠夫『敗亡の戦略　山本五十六と真珠湾』、東洋経済新報社、一九九一年。
・森山優『日本はなぜ開戦に踏み切ったか――「両論併記」と「非決定」』、新潮選書、二〇一二年。
・山室英男／緒方徹『検証・山本五十六長官の戦死』、NHK出版、一九九二年。
・山本一生『水を石油に変える人　山本五十六、不覚の一瞬』、文藝春秋、二〇一七年。
・山本昌雄編著『――珍書発掘――帝国陸海軍マサカ物語（1）――広島・他』、戦誌刊行会、一九九〇年。
・同　『――帝国陸海軍マサカ物語（2）――山本五十六提督2ツの重大事件』、戦誌刊行会、一九九一年。
・同　『――帝国陸海軍マサカ物語（3）――山本五十六提督虚構の戦艦砲撃』、戦誌刊行会、一九九三年。
・同　『――帝国陸海軍マサカ物語（4）――パナイ号事件に見る五十六次官手品の数々　虚構の軍

神』、東京図書出版会、二〇〇二年。
・読売新聞社編『昭和史の天皇』、第二〇〜第二五巻、読売新聞社、一九七二〜七四年。
・ロナルド・ルウィン『日本の暗号を解読せよ　日米暗号戦史』、白須英子訳、草思社、一九八八年。
・ディック・レイア『アメリカが見た山本五十六「撃墜計画」の秘められた真実』、芝瑞紀／三宅康雄／小金輝彦／飯塚久道訳、上下巻、原書房、二〇二〇年。
・「歴史読本」編集部編『日米開戦と山本五十六　日本の論理とリーダーの決断』、新人物往来社、二〇一一年。
・エドワード・ローアー『盗まれた暗号――山本五十六謀殺の真相』、三笠書房、一九七九年。
・ウォルター・ロード『逆転　信じられぬ勝利』、実松譲訳、フジ出版社、一九六九年。
・和田秀穂『海軍航空史話』、明治書院、一九四四年。
・Carlson, Eliot, *Joe Rochefort's War. The Odyssey of the Codebreaker Who Outwitted Yamamoto at Midway*, Annapolis, Md., 2011.
・Evans, David C./ Peattie, Mark R., *Kaigun. Strategy, Tactics, and Technology in the Imperial Japanese Navy 1887-1941*, Annapolis, MD., 1997.
・Hobbs, David, *Taranto and Naval Air Warfare in the Mediterranean, 1940-1945*, Barnsley, 2020.
・Konstam, Angus, *Taranto 1940. The Fleet Air Arm's Precursor to Pearl Harbor*, Oxford/ New York, NY., 2015.
・Lowry, Thomas P./Wellham, John W.G., *The Attack on Taranto: Blueprint for Pearl Harbor*, Mechanicsburg, PA., 1995.
・Murray, Williamson/ Millett, Allan R., *Military Innovation in the Interwar Period*, paperback-ed.,

Cambridge et al., 1998.
・Parshall, Jonathan/ Tully, Anthony, *Shattered Sword. The Untold Story of the Battle of Midway*, paperback-edition, Dulles, VA., 2007.
・Peatie, Mark R., *Sunburst. The Rise of Japanese Naval Air Power, 1909-1941*, Annapolis, MD., 2001.
・Prange, Gordon W., *At Dawn We Slept. The Untold Story of Pearl Harbor*, New York et al., 1981. ゴードン・W・プランゲ『真珠湾は眠っていたか』、土門周平／高橋久志訳、全三巻、講談社、一九八六～八七年。
・Sommer, Theo, *Deutschland und Japan zwischen den Mächten 1935-1940*, Tübingen, 1962. テオ・ゾンマー『ナチスドイツと軍国日本』、金森誠也訳、時事通信社、一九六四年。
・Willmott, H.P., *Empires in the Balance. Japanese and Allied Pacific Strategies To April 1942*, Annapolis, MD., 1982.
・Ditto, *The Barrier and the Javelin. Japanese and Allied Pacific Strategies February to June 1942*, Annapolis, MD., 1983.
・Ditto, *The War with Japan. The Period of Balance May 1942-October 1943*, Wilmington, DE., 2002.
・Wohlstetter, Roberta, *Pearl Harbor. Warning and Decision*, Stanford, CA., 1962. ロベルタ・ウールステッター『パールハーバー　トップは情報洪水の中でいかに決断すべきか』、岩島久夫／斐子訳、読売新聞社、一九八七年。

【雑誌記事・論文】

・市來俊男「真珠湾は誇るべき作戦だった…駆逐艦でハワイを目指して」『歴史街道』（二〇一四年一月

号）
・井上慶隆「近世長岡文化史からみた山本五十六と松岡譲」『長岡市研究』、第六号（一九九五年）。
・古田島吉輝「心友となった山本五十六と堀悌吉」『長岡郷土史』第四五号（二〇〇八年）。
・坂田涓三「山本元帥と大楠公」『水交』、一九七五年一月号。
・千早正隆「連合艦隊司令長官山本五十六と軍令部」『歴史と人物　太平洋戦争シリーズ60年冬号　日本陸海軍かく戦えり』（一九八五年）。
・林進「軍楽兵の見た連合艦隊作戦室」『歴史と人物　太平洋戦争シリーズ61年夏号　秘められた戦史』（一九八六年）。
・「山本五十六代表一問一答録」『文藝春秋』（一九三五年三月号）。文藝春秋編『「文藝春秋」にみる昭和史』、第一巻、文藝春秋、一九八八年に再録。
・横谷英暁「（研究ノート）検証近衛文麿・山本五十六会談」『軍事史学』第一九三号（二〇一三年）。
・Fioravanzo, Giuseppe, "The Japanese Military Mission to Italy In 1941," *Naval Institute Proceedings*, Vol. 82/1 (Jan., 1956).

図版出典・写真提供元一覧

【図版出典】

・二四〜二六頁：戸髙一成・大木毅『帝国軍人　公文書、私文書、オーラルヒストリーからみる』角川新書、二〇二〇年

・二二四〜二二五頁、二三三頁、二五五頁、二七二〜二七三頁：防衛庁防衛研修所戦史室（戦史部）『戦史叢書』、朝雲新聞社を参照

・二八七頁：「海軍」編集委員会編『海軍Ｖ　太平洋戦争1』誠文図書、一九八一年

【写真提供元】

・二三頁：共同通信社

・一二一頁：毎日新聞社

・二五六頁：©Robert Hunt Library/Mary Evans/ 共同通信イメージズ

・二五七頁（上下）：大和ミュージアム

・二九七頁：戸髙一成氏

図表作成　本島一宏

大木　毅（おおき・たけし）
現代史家。1961年東京生まれ。立教大学大学院博士後期課程単位取得退学。DAAD（ドイツ学術交流会）奨学生としてボン大学に留学。千葉大学その他の非常勤講師、防衛省防衛研究所講師、国立昭和館運営専門委員、陸上自衛隊幹部学校（現陸上自衛隊教育訓練研究本部）講師等を経て、現在著述業。雑誌『歴史と人物』（中央公論社）の編集に携わり、多くの旧帝国軍人の将校・下士官兵らに取材し、証言を聞いてきた。『独ソ戦』（岩波新書）で新書大賞2020大賞を受賞。著書に『「砂漠の狐」ロンメル』『戦車将軍グデーリアン』（以上、角川新書）、『ドイツ軍攻防史』（作品社）、訳書に『「砂漠の狐」回想録』『マンシュタイン元帥自伝』『ドイツ国防軍冬季戦必携教本』『ドイツ装甲部隊史』（以上、作品社）、共著に『帝国軍人』（戸高一成氏との対談、角川新書）など多数。

「太平洋《たいへいよう》の巨鷲《きよしゆう》」山本五十六《やまもといそろく》

用兵思想《ようへいしそう》からみた真価《しんか》

大木《おおき》　毅《たけし》

2021年7月10日　初版発行
2024年11月5日　4版発行

◆◇◇

発行者　山下直久
発　行　株式会社KADOKAWA
〒102-8177　東京都千代田区富士見2-13-3
電話　0570-002-301（ナビダイヤル）

装 丁 者　緒方修一（ラーフイン・ワークショップ）
ロゴデザイン　good design company
オビデザイン　Zapp!　白金正之
印 刷 所　株式会社KADOKAWA
製 本 所　株式会社KADOKAWA

角川新書

ISBN978-4-04-082382-9 C0221